NOVEMBRE 1995
Si le Québec s'était dit oui le 30 octobre cette année-là
est le dix-huitième ouvrage publié aux Éditions du Québécois
et le deuxième dans la collection « Romans d'ici »
dirigée par Pierre-Luc Bégin.

[dédicace manuscrite]

Cher Robert,
Chère Thérèse,
En espérant vous garder encore suffisamment longtemps pour voir le prochain référendum qui, cette fois-là, sera gagnant, je l'espère.
Avec toute mon affection !
Adélard.

COLLECTION « ROMANS D'ICI »

La collection romanesque des Éditions du Québécois vise à donner la tribune qu'ils méritent aux auteurs d'ici qui lient leur oeuvre à notre situation nationale. Il s'agit de favoriser l'expression et le rayonnement de tous ces auteurs québécois qui n'ont pas abdiqué leur conscience nationale, mais qui, au contraire, s'en nourrissent pour créer une oeuvre originale et poignante qui témoigne de notre existence collective.

Les Éditions du Québécois jouissent pour leurs activités du seul soutien des militantes et militants indépendantistes qui supportent cette œuvre. Qu'ils soient ici remerciés. À ce sujet, remerciements particuliers au journal *Le Québécois*, partenaire privilégié des Éditions du Québécois.

Adélard Guillemette

NOVEMBRE 1995

SI LE QUÉBEC S'ÉTAIT DIT OUI LE 30 OCTOBRE CETTE ANNÉE-LÀ

Éditions du Québécois

Éditions du Québécois
2572, rue Desandrouins
Québec, Québec
G1V 1B3

Tél. : (418) 661-0305

www.lequebecois.org

Conception et réalisation de la couverture : Marianne Saint-Pierre.

Photo de la couverture : CP / Journal de Montréal (Raynald Leblanc)

Classement :

Guillemette, Adélard (1942-)
                Novembre 1995. Si le Québec s'était dit oui le 30 octobre
cette année-là

Littérature québécoise - Roman québécois

Distributeur : PROLOGUE

Diffuseur :

DLL Presse Diffusion
1650, boulevard Lionel-Bertrand
Boisbriand, Québec
J7H 1N7
(450) 434-4350
www.dllpresse.com

ISBN 978-2-923365-18-3

Dépôt légal – Bibliothèque et Archives nationales du Québec, 2007
Dépôt légal – Bibliothèque et Archives Canada, 2007

Adélard Guillemette

NOVEMBRE 1995

SI LE QUÉBEC S'ÉTAIT DIT OUI LE 30 OCTOBRE CETTE ANNÉE-LÀ

Éditions du Québécois

À Andrée, Marie-Julie
et Louis-Charles.

AVERTISSEMENT

Ce livre est une fiction et toute ressemblance avec des personnages connus n'est que le fruit de l'imagination du lecteur...

PRINCIPAUX PERSONNAGES

DU QUÉBEC

Jacques Baribeau
Premier ministre et chef du camp du Oui

Daniel Wilson
Chef de l'opposition et leader du camp du Non

Louise Germain
Ministre des Relations internationales

DU CANADA

Jean Romain
Premier ministre

Lucien Blanchard
Chef de l'opposition

Brian Elgin
Ministre des Pêches

Aldéo Leblanc
Gouverneur général

DE L'ÉTRANGER

Jacques Bouillac
Président de la république française

Bill Simpson
Président des États-Unis

PROLOGUE

27 OCTOBRE 1995, MONTRÉAL, VILLE OUVERTE

La diversité culturelle canadienne a envahi la Place du Canada, éventrant le centre-ville. Avions nolisés et autobus par centaines ont été dégorgés de leurs visiteurs qui déferlent à la tonne sur le boulevard René-Lévesque. Des dizaines de milliers de Canadiens, en pleine déportation à Montréal, venus crier leur amour aux compatriotes québécois, dégoulinant d'un attachement aussi tardif qu'aveuglant.

C'était la dernière trouvaille du camp du Non, dans sa lignée fédérale qui, pris de panique trois jours avant le vote, avait concocté ce pèlerinage dans la métropole, escomptant un miracle de dernière heure. Repartie en fin de journée, la meute s'était gavée de discours, sans doute incompréhensibles pour la majorité des touristes puisque livrés, pour la plupart, en langue indigène. C'était le tribut que le gouvernement du Canada avait offert à tous les Canadiens transis de bons sentiments pour ces Québécois en mal de pays.

Il revenait maintenant aux cols bleus de la Ville de Montréal de blanchir le boulevard et les quartiers avoisinants, ensevelis sous des amonts de détritus abandonnés par ces visiteurs d'un jour.

— As-tu vu ça, toutes ces maudites pancartes par terre? Y auraient pu repartir avec! *We love you, Quebec*! À mort, qu'ils nous aiment!

— Si tu commences à lire toutes les pancartes, tu vas te ramasser pas mal de temps supplémentaire, mon Roger...

— Ce sera au moins une bonne façon de nous rembourser, parce qu'on a payé le quart de ce party-là, sais-tu ça, Bob? Avec nos taxes. Ça m'écoeure pas mal, tout ça. C'est quand même pas à Terre-Neuve ni au Manitoba de venir nous dire comment voter! De quoi y se mêlent? Tu vas voir, y en a qui vont tomber dans le panneau des retrouvailles. Ça me fait vraiment suer. Et tous nos petits mercenaires québécois qui, en bonnes marionnettes, embarquent dans ce jeu-là.

— Toi, on le sait, t'es séparatiste à n'en pas voir clair. Que ça te plaise ou non, y en a au Québec qui croient encore au Canada.

— Je le sais, mais y sont assez grands pour décider par eux-mêmes, sans venir se faire dire quoi penser. Eux autres, ils doivent être morts de rire dans l'avion qui les ramène. Se crissent ben de nous.

— Se crissent peut-être ben de nous, comme tu dis, mais ils ont dû faire réfléchir pas mal de Québécois indécis qui pensent donner encore une dernière chance au Canada.

— Jusqu'à quand faut-il lui en donner des chances au Canada? Ça ne serait pas temps qu'on en donne une au Québec, une chance? En tout cas, moi, mon idée est faite et c'est pas quelques milliers de Canadiens en chaleur qui vont me faire changer d'idée. Coudonc, t'es de quel bord, toi?

— Un vote, c'est secret et, même si je t'aime bien, tu l'sauras pas, mon Roger.

— Ok, ok, j'ai compris. T'es du bord des Anglais. Collectionne-les alors les ciboles de pancartes. Si jamais ce party-là fait revirer le vote, tu vas entendre parler de moi. Ce sera ni plus ni moins qu'un hold-up qu'ils seront venus faire! Quand je vois nos francophones de service, des rois-nègres que notre boss appelle ça, leur faire l'accolade, je me dis que Judas a beaucoup de descendants.

— Mets-en pas trop. Y en a qui y croient sincèrement. Avouons que la manœuvre était un peu grosse. Faut dire que ça déchire bien des familles, ce référendum-là.

— Ça déchire ceux qui aiment ou à qui ça fait l'affaire de nous voir nous déchirer. Pour ceux qui sont solidaires, y a pas beaucoup de déchirement.

À travers ce dialogue de demi-sourds se poursuivit la conversation entre deux cols bleus, préposés à la propreté de la ville retombée dans sa torpeur, se repliant sur son dépit amoureux.

CHAPITRE I

MISE EN BOUCHE

Un salon à Outremont. Lumière avare dans la salle de séjour. Le chic certain de l'ameublement témoigne de l'aisance des propriétaires. Financière, sans aucun doute, culturelle de par l'éclectisme des œuvres d'art qui s'affichent de façon insolente sur les murs.

Meubles de facture italienne qui accueillent généreusement les invités. Ils sont là, une douzaine à alimenter sporadiquement la conversation qui roule en cascade, étouffée parfois par le son bipolaire de la télévision qui obéit au doigt de la maîtresse de maison, maîtresse aussi des ondes. Le moment est capital. C'est en effet l'aboutissement de deux longs mois de campagne référendaire que la soirée de télévision coiffe. 30 octobre 1995.

Longs mois faits de tous les retournements. Campagne cyclique où le Oui et le Non se partagent la tête à tour de rôle. Le Oui qui part en lion pour s'affaiblir progressivement et reprendre la tête après l'arrivée du chef du parti souverainiste à Ottawa, un leader charismatique, au verbe tranchant, qui galvanise les foules de Normandin à Nominingue en passant par Sherbrooke. Un *preacher* laïc!

Pendant ce temps, du côté fédéral, en dépit des efforts du camp du Refus qui trouve bien inégale la lutte des ténors du Oui avec les barytons du Non, une certaine insouciance règne. Sûrs de leur bon droit et donc de la victoire, les matamores à Ottawa regardent les chignons se crêper sur la scène québécoise, se contentant d'y saupoudrer quelques millions…

Les derniers moments de la campagne ont pourtant vu les choses se corser. Même sentiment chez les Goldberg.

— T'as vu ces énervés-là avec leur *love-in* à Montréal. Un troupeau de chèvres débarquées en plein cœur de Montréal, venues des Prairies et je ne sais d'où, nous bêler leur amour. Y me font suer!

– Voyons Guy, toi un professeur de sciences po aux analyses acérées et à la langue si châtiée, tu ne vas pas croire que cette meute puisse changer quoi que ce soit aux profondes aspirations des nôtres.

L'atmosphère est de plus en plus fébrile dans le séjour et se densifie au gré des résultats qui défilent. La joute est fort serrée et évolue en montagnes russes selon l'origine des résultats. Le Lac-Saint-Jean fait lever Outremont à deux ou quatre fesses serrées près, pendant que les résultats venus du West Island génèrent des coïts interrompus.

Un microcosme du Québec se retrouve dans le salon. Les hôtes Stanley Goldberg et sa blonde, Paule Dion, représentent les deux faces du Québec moderne. Lui, anglophone plutôt zen mais secrètement amoureux du Canada, partage son *home* avec une jeune attachée politique de la ministre québécoise de la Culture. La relation dure depuis deux ans. Follement amoureux l'un de l'autre, la séparation n'est envisageable que pour le Québec, pas pour leur couple. Stanley est néanmoins capable de refréner ses élans romantico-politiques lorsque parviennent les votes des régions les plus fédéralistes du Québec. Mais il appréhende l'issue de la soirée, davantage pour les siens que pour lui d'ailleurs, bilingue et passablement bien intégré à la société québécoise comme en témoigne cette soirée de veille référendaire qu'il accueille chez lui. Mais son père, fédéraliste intégriste, ne risque guère de se rallier. Peut-être sa belle-fille parviendra-t-elle à le convertir? Souverainiste militante, elle est, par son charme, capable de séduire le vieux dans ses retranchements les plus obstinés.

Pourfendeur d'Anglais depuis toujours, ce n'est sûrement pas dans les intentions du couple Néron-Piché de retenir le père de Stanley. Lui, Alex, haut fonctionnaire frayant dans les sphères pointues du pouvoir à Québec et indépendantiste de la première heure avant même de connaître le fédéralisme de l'intérieur. De par ses fonctions qui l'ont amené, depuis 20 ans, à négocier régulièrement avec les fédéraux, il est devenu nationaliste béton. Sa femme, Lise Piché, n'est pas en reste. Forte en gueule, hyper nationaliste mais québéco-sceptique! Allez comprendre. Un peuple de procrastinateurs! Cela ne l'empêche pas de hurler à toutes les statistiques moindrement favorables à sa cause.

À ses côtés, un professeur de l'UQAM. Généralement moins en humeur que ce soir, plutôt analytique que partisan, mais tout de même favorable à la souveraineté du Québec, sciences po oblige! Sa copine, celle de ce soir, est du monde de la sonde. Et Dieu sait si Anne

Demers a donné dans le dernier mois! Analyses de courbes, de tendances, du vote des vieux, des ados, des crypto-vieux de 50 ans, des femmes blanches et de couleur, bref, tout le spectre des préférences a été sondé. Elle prédit une courte victoire du Non, sans que personne ne l'écoute, sauf son chum Guy Drolet qui n'a pas le choix tellement elle est près de lui.

En face, un couple genre *happy few*, de la jeune génération du multimédia, plutôt neutre « pour ». Elle, Marie-Julie St-Pierre, journaliste à Radio-Canada, semble filer le parfait bonheur avec son Laurent, fana des nouvelles technologies. Si la souveraineté ne leur fait pas peur, ils sont par ailleurs partisans d'une large ouverture sur le monde à laquelle convient les technologies de l'information et des communications, les TIC comme ils disent dans les milieux branchés. New York et Los Angeles sont davantage sur leur parcours que Québec et Ottawa, sauf si, de ces deux capitales, souffle un vent subventionnaire. Néanmoins, ils sont des partisans plutôt amusés de l'allure de la soirée.

Quatre autres personnes complètent la galerie. Un couple gars-gars issu du monde des arts visuels et du milieu des affaires qui, dans la vraie vie, ne se marient guère. Arnaud et Louis sont des amis de Stanley depuis le cégep et se fréquentent de façon suffisamment régulière pour être là un soir de référendum. Profondément souverainiste, l'artiste a réussi à convaincre son compagnon de vie de la justesse de la cause où gagner un pays vaut tout autant que gagner sa vie.

Enfin, complètent la bande, le beau-frère de Stanley, Richard, frère de Paule dont l'humour sert de lubrifiant aux passages trop grinçants de la soirée, et sa copine Lucie, bon public et parfaite militante elle aussi. Celle-ci *trippe* fort à l'esprit de son homme et se permet même de les traduire à Stanley, dont le bilinguisme ne se rend pas toujours à la couche subtile de l'humour de son beauf.

La bière aidant, tout ce beau monde est de plus en plus bavard devant les résultats qui ne se décident pas. L'espèce de tango qui se déroule à l'écran entre les 49 % du Oui et les 48 % du Non laisse peu de place à l'indifférence et à la discipline du groupe. Jusqu'au moment où la télé de Radio-Canada émet son signal traditionnel de l'annonce fatidique qui s'en vient. À 22 heures 36, le chef d'antenne, adopte un ton solennel et annonce la victoire du Oui, selon la formule classique « si la tendance se maintient... »

Un vase chinois, témoignant de l'éclectisme des choix artistiques des hôtes, ne témoigne plus maintenant que de l'incroyable furie qui s'est emparée de la majorité dans le séjour cossu. Sautant par-dessus les débris de la pièce de collection qui a pris le bord, Paule empoigne son Stanley de mari dont la réserve s'est subitement dissipée. Au bord des larmes, gorgés d'émotion, plusieurs s'embrassent, se congratulent, rient, pleurent. Même les tièdes se joignent allègrement au rigodon.

Enfin, 15 ans plus tard, le Québec s'est dit Oui. Toute la hargne que la majorité pouvait avoir contre les fédéraux et leurs suppôts, et le type de campagne qu'ils avaient menée, tombe subitement. L'espèce de félicité ambiante est, l'espace d'une minute, suspendue par une mise en garde du meneur de jeu à la télé qui rappelle que, malgré la prédiction de Radio-Canada qu'il maintient, il reste encore plus de 10 % du vote à dépouiller.

Sans doute inspirée par la peur des patrons radio-canadiens, cette précaution du chef d'antenne ne dilue en rien l'atmosphère de kermesse qui règne au 957, rue Pratt à Outremont. À la suggestion du prof de sciences po, que la bande a rarement vu aussi déjanté, on plie rapidement bagage, direction toute vers le Centre des congrès où se déroule la soirée du PQ. C'est là que les chefs du camp du Oui prendront la parole.

Mais la route est longue et le chemin pour se rendre est incroyablement encombré, d'autres ayant eu la même idée. Règne dans les rues une atmosphère de commencement du monde. La liesse se lit sur tous les visages. Les gens s'embrassent, les inconnus entrent dans la danse. Et si c'était vrai...

Qui n'a pas vu le Québec en fête durant les festivals ne peut envisager celle qui enveloppe tout le pays, suinte de toutes les régions. Toutes les maisons semblent avoir fait le vide pendant que la rue accueille des milliers de fêtards, de drapeaux et de voitures qui défilent le klaxon scotché!

Cette atmosphère indescriptible de carnaval traduit le trop-plein de désir, d'émotions refoulées depuis la défaite crève-cœur de 1980. Tout un peuple qui brise ses peurs, exorcise ses tabous, proclame sa fierté en une nuit dont personne n'espère la fin tant le moment présent est capiteux!

À Québec, la capitale, en cette belle soirée de fin d'octobre, la foule se dirige en masse vers les Plaines, lieu de rassemblement en plein air où la symbolique joue à plein. En cette terre fédérale, la joie, dirait-on, se décuple. L'envers de 1759 où une bataille on ne peut plus pacifique couronne enfin le vainqueur attendu. Les tribuns, qui haranguent la foule, fouettent les troupes de propos historico-politiques qui se perdent dans le tohu-bohu ambiant. Des images défilent sur grand écran montrant des rassemblements spontanés, dans d'autres endroits de la ville que parcourent des camions mobiles. Partout la foire agrémentée de quelques caisses de bière.

De Montréal, d'autres images parviennent montrant des centaines de milliers de partisans défiler rue Sainte-Catherine. Foules euphoriques, mais étonnamment dociles. Aucune bavure n'est rapportée. Cette nuit, tout le Québec vibre à la même cause. En provenance de Chicoutimi, Rouyn, Sherbrooke, Trois-Rivières, Rimouski, Sept-Îles, toutes les images se ressemblent et traduisent unanimement la victoire d'un peuple après deux siècles et demi de patience. Mais où sont donc les perdants, les vaincus? On jurerait que tous se sont ralliés, tellement la joie se lit partout.

Pendant ce temps, toutes les chaînes de télés occupent l'écran, la nuit entière. Les radios, bien sûr, ont abandonné leur programmation régulière et semblent au diapason de la rue par la transmission des entrevues des fêtards. Un vox pop surréaliste.

Dans tous les médias, les analyses se succèdent tentant de disséquer les facteurs de la victoire tout en auscultant les causes de la défaite du Non. Ils ont à peu près tous du mal à masquer leur contentement devant l'évolution des choses. Même Radio-Canada s'extirpe de sa proverbiale objectivité, laissant transparaître chez ses journalistes une argumentation nettement engagée dans l'analyse des causes de la cause. En réalité, ils prennent le relais des techniciens de la soirée référendaire, qui n'ont pu s'empêcher de manifester bruyamment à l'annonce de « si la tendance … »

Radio-Canada a d'ailleurs mobilisé tous ses correspondants à l'étranger pour obtenir des réactions à chaud. Collègues journalistes, citoyens lève-tôt ou couche-tard, selon les fuseaux horaires, politiciens européens et, au premier chef, français livrent en direct leurs réactions. Déjà, Londres, Paris et Bruxelles se réveillent. C'est évidemment sur Paris que toutes les lumières sont braquées. Pour l'instant, peu de chose, mise à part une brève entrevue avec le délégué général du Québec qui n'a pas su camoufler son contentement en dépit de son devoir de réserve de fonctionnaire et de son galimatias diplomatique.

À voguer entre la non-ingérence et la non-indifférence quand on n'est pas Français, on sombre vite dans l'insignifiance. Bref, les Québécois ont su que leur délégué faisait le pied de grue à Matignon, la résidence du premier ministre.

Quant à l'ambassadeur du Canada à Paris, un message laconique a accueilli le journaliste de Radio-Canada, lui martelant qu'il ne laisserait passer aucun commentaire. Mais, connaissant bien le dit personnage qui s'était fait une réputation de très mauvais coucheur, tant auprès des Québécois que des Français, le journaliste eut ce mot historique : « Monsieur l'ambassadeur Benoît Brassard attend les ordres d'Ottawa avant de nous faire part de son désarroi… ».

Ni Londres, ni Bruxelles n'ont pour l'instant commenté la victoire du Oui. On sait déjà la réponse de Londres qui n'a jamais encouragé le mouvement souverainiste du Québec, bien au contraire. Pourtant, elle entretient des liens privilégiés avec le Québec, particulièrement à travers ses ambassadeurs culturels qui n'ont jamais masqué leur attachement à un Québec indépendant. Monsieur Baribeau lui-même affectionne très ouvertement la culture britannique et a souvent manifesté un vif intérêt pour sa civilisation et sa langue dont il a adopté l'accent. Il a également ses entrées dans des sphères d'influence à Londres. Peut-être cela jouera-t-il le moment venu?

Les États-Unis ne sont guère plus loquaces. À Washington, tous font le dos rond, tant le monde politique que diplomatique habitués à la torpeur coutumière que sécrète le plat pays au nord. L'envoyé spécial de TVA à New York a bien tenté un vox pop sur Times Square mais celui-ci s'est terminé en eau de cuisson, à peu près personne ne comprenant le sens de la question, certains même confondant le Québec avec une plante hallucinogène…

Bruxelles se fait tout aussi muette. Trop, parce que c'est aussi de là que peut s'amorcer un mouvement de reconnaissance du futur pays dans le concert des nations. Si chaque pays, membre de l'Union européenne, n'a pas manifesté les mêmes empressements que la France pour la cause québécoise, la situation peut être différente si c'est l'Union elle-même qui prend position au nom des Quinze. De bons débats sont à prévoir en raison, notamment, du lobby canadien qui risque de se développer dans les capitales concernées. Et pour plusieurs, le Canada offre, à bien des égards, des attraits de première force. Un pays que la plupart considèrent comme un modèle qui, jusque-là tout au moins, avait selon eux montré au monde sa grande capacité d'harmoniser des cultures différentes sans sombrer dans le *melting pot* américain, cultures qui d'ailleurs s'abouchaient aux deux grands courants culturels dominants. Mais, Bruxelles ce matin était imperméable à la rue québécoise et aux débordements de joie qui s'y manifestaient. Les journalistes de Radio-Canada se sont butés à un mur.

De retour sur Paris, quelques échos. Toujours un peu frondeurs, les premiers badauds du matin à qui le journaliste de Radio-Canada a fait part de la nouvelle, ont mordu à l'os et ont félicité les Québécois d'avoir enfin dit oui à leur destin. D'autres affirment que 1000 ans après la France c'était le geste qui clôturait tout le mouvement de décolonisation issu de l'après-guerre. Qu'avec tous ces chanteurs qui vampirisent la France, le Québec n'a rien à craindre pour son avenir, ses immensités… Bref, le folklore habituel qui enfin reconnaissait le caractère adulte des cousins d'outre-mer. Même la rue à Paris qui s'éveille, semble vibrer au diapason au fur et à mesure que la presse écrite envahit les comptoirs à journaux qui ont tout juste eu le temps d'intégrer, à la une, l'indépendance du Québec, l'heure de tombée étant trop tardive pour procéder à une analyse plus fine des résultats.

Déjà, la planète s'emparait de l'événement via Paris et son réseau de correspondants à travers le monde. Des images fournies par le Québec défilaient au petit écran, qui français, qui américain, et particulièrement à travers TV5 qui, à la suite de la retransmission du bulletin de nouvelles de Radio-Canada à 8h00 du matin, avait programmé une émission spéciale d'une heure, reprenant des passages des allocutions de messieurs Baribeau et Romain. Se multipliaient les analyses qui reprenaient, en fond de scène, les images de la liesse populaire qui avait déferlé sur tout le Québec. Diffusée à travers toute l'Europe, la chaîne TV5 constituait une vitrine formidable pour l'image du Québec nouveau.

Toujours inquiets des débordements possibles, les principaux gouvernements municipaux avaient fait appel aux services de la police pour effectuer une veille discrète. C'est ce qu'elle fit en distribuant des sourires bienveillants, sinon complices, à tous ces fêtards qui, de toute façon, ne s'en préoccupaient guère. Et dire qu'en certains hauts lieux du pouvoir, à Ottawa, la rue devenait synonyme d'anarchie que seule l'armée parviendrait à contrôler.

Cordée dans deux 4 x 4, la bande des douze réussit à se rendre à destination. Comble de chance, Paule tombe sur sa ministre qui l'étreint et qui décide d'entraîner le groupe à sa suite dans le Palais des congrès où l'atmosphère confine à la folie. L'effervescence surgit de partout. Les pleurs se mêlent aux rires. Et dire que tout cela se passe dans tous les coins du Québec, selon les propos des animateurs qui se succèdent au micro et dont le dessein n'est pas de calmer la foule. Bien au contraire. Ils relaient l'information que la télé véhicule et qui confirme l'avance du Oui. À chacune de leurs interventions, la foule retient son souffle pour mieux l'expulser à l'annonce des résultats. Des musiciens scandent le tout pour bien rythmer l'allégresse ambiante. Le délire!

Les chefs « historiques » sont attendus pour 23 heures 30. La foule espère les entendre tous pour leur faire la fête une fois les résultats confirmés, ce qui sera fait à 23 heures10. Courte victoire du Oui qui obtient 50,45% contre 49,55% pour le Non. Cela augure peut-être de lendemains laborieux, mais ce soir c'est la victoire. Cela seul compte. Le pays du Québec.

Soudain, une rumeur envahit le Palais. Le premier ministre du Canada ferait, dans les prochaines minutes, un discours à la nation. Quelle nation se demandent les animateurs de la soirée relayant une information de dernière heure de Radio-Canada. Sûrement pas à la nation québécoise, scande la comédienne qui s'époumone au micro. Il l'a toujours niée et même reniée! Cette précipitation du premier ministre canadien soulève une certaine appréhension chez les milliers de fêteurs du pays. Et il s'adresserait aux Québécois, avant même leur propre premier ministre?

Pendant que la rumeur se densifie, les hôtes du Palais se font bon prince et se disent que l'avenir leur appartient tout autant que la nuit qui vient. Qu'Ottawa déballe son amertume!

CHAPITRE II

QUAND LES CHEFS
S'ADRESSENT À LA NATION

Pendant qu'au Québec la rue vit une fin de soirée jubilatoire, Ottawa, quant à elle, est en berne. La ville est muette. Seuls quelques rares promeneurs rompent la torpeur qui enveloppe la capitale fédérale.

Le calme de la ville tranche avec l'animation ou plutôt l'agitation, qui sévit à l'étage de l'édifice Langevin qui abrite les bureaux du premier ministre. L'aile entière est sous les lumières. La consternation se lit sur tous les visages. Le premier ministre doit s'adresser à la population canadienne d'ici minuit, même si le référendum était confiné au Québec. Jusqu'à la fin, le premier ministre et ses principaux conseillers n'ont jamais voulu admettre la victoire du Oui qui, au fur et à mesure du dépouillement du vote, devenait de plus en plus inéluctable. La lutte très serrée avait bien sûr forcé la conscription de deux ou trois scribes, près du greffier du conseil privé, qui assistaient le directeur des communications du premier ministre dans la rédaction d'un discours en cas de victoire du Oui. Curieusement, personne ne s'y était mis avant 21 heures 30, trop sûrs de leur bon droit. Et, advenant la victoire du Non, en bon prince, le premier ministre avait convenu avec le chef du camp du Non qu'il reviendrait à ce dernier de s'adresser à la population du Québec, renversant ainsi le rôle qu'en 1980 le premier ministre du Canada avait ravi à son premier partenaire du Québec. Dans ce scénario, lui se réserverait une allocution télévisée, quelques jours plus tard, vantant la démocratie québécoise et le bon sens de sa population tout en ayant quelques mots de compassion pour les perdants que le Canada ne négligerait pas dans le renouvellement du statu quo!

Mais, l'instant d'une courte soirée de télévision, l'histoire avait basculé. L'invraisemblable venait de se produire quand Radio-Canada, la télévision fédérale, annonçait en fin de soirée la victoire du Oui, si la tendance se maintenait. Prier pour un renversement de tendance était déjà inutile. Les minutes s'égrenant, la victoire des souverainistes prenait forme, vote après vote.

Le déclenchement de la Seconde Guerre mondiale n'avait pas dû ébranler les murs du Parlement plus que cette fin de soirée. Personne à Ottawa n'avait prévu cela. La désinvolture du premier ministre jusqu'à la dernière semaine référendaire n'ayant d'égale que celle de son Conseil privé. Tous piqués par la foi du charbonnier. Que faire quand on a prétendu jusqu'à la dernière minute que Dieu lui-même était fédéraliste? En tout cas, tous les couvents de bonnes sœurs l'ont cru.

Le premier ministre, le visage livide d'un bouffeur végétarien, l'air en décalage horaire, est terré dans son fauteuil, songeur, rageur. Il se tourne vers son chef de cabinet, en quête d'un peu de compassion chez ce fidèle conseiller, chez cet ami surtout avec qui il a usé les mêmes bancs d'école. Il était aussi son confident le plus précieux, stratège expérimenté qui savait garder la tête froide en toute circonstance. Il lui fallait ce genre de personne à ses côtés, capable de raisonner le batailleur de ruelle qu'il était.

– Je dois m'adresser à la nation canadienne, dès ce soir. Jean-P., trouve-moi tout de suite Daniel. Il faut que je lui parle. Je ne peux laisser au seul chef du camp du Non, le soin de parler à mes compatriotes. La situation est trop grave.

La confiance ne régnait guère entre le chef de l'opposition à Québec et le premier ministre du Canada, en dépit de leur appartenance à la même fratrie libérale. Déjà, le premier ministre se reprochait d'avoir laissé les leaders québécois fédéralistes trop maîtriser le jeu pendant les dernières semaines de la campagne référendaire.

– C'est pourtant ce qui avait été convenu, de rétorquer son directeur de cabinet. De toute façon, M. Wilson doit s'adresser à la population québécoise. Il l'a déjà fait savoir aux journalistes.

– Sait-on ce qu'il va dire? Il est bien capable de se rallier à la victoire séparatiste, la « démocratie » ayant parlé. Vite je veux lui parler.

Entre-temps, les scribouilleurs du Conseil privé ont livré quelques notes à l'intention du directeur de cabinet, ne sachant trop dans quel sens faire aller leur crayon. Toutes les hypothèses y sont, allant de la reconnaissance de la victoire référendaire jusqu'à l'attitude la plus incendiaire. Le directeur de cabinet ne savait pas trop lui-même où logeait son patron, n'ayant jamais envisagé avec lui la victoire du Oui. Oh, il s'était bien essayé à une ou deux reprises, le seul dans toute cette galère à avoir fait montre d'un peu de sang-froid pendant cette soirée cauchemardesque et même à avoir gardé raison pendant la campagne référendaire. Il n'avait guère aimé voir son chef négliger de faire campagne et surtout avoir systématiquement écarté ses ministres anglophones de ce débat québéco-québécois. « C'est entre nous que doit se régler cette question, » aimait-il répéter, pensant qu'il était bien en selle. Il avait la main haute sur l'organisation du camp du Non, y déléguant ses ministres seniors du Québec, manipulant à sa guise les millions de son gouvernement à travers des organismes fantoches, porteurs de son message, et qui pouvaient se soustraire à la loi référendaire du Québec. À la guerre comme à la guerre, se disait-il et la victoire n'a pas d'odeur. De toute façon, on ne fait jamais de procès aux conquérants, eux-mêmes dictant la loi du vainqueur.

Et là, l'horreur frappait en plein visage.

Au bout du fil, le chef du camp du Non.

— Oui, Daniel. Je n'ose pas te demander comment ça va. Je tenais à te parler maintenant, afin d'articuler nos messages. Je vais m'adresser d'ici minuit à toute la population canadienne, en gros pour lui dire que si nous venons de perdre la deuxième manche, la troisième sera à nous. Quoi? Tu trouves prématuré que ce soir même j'enclenche la revanche? Quoi? Es-tu malade? Tu veux, dès maintenant, te rallier à la victoire du Oui? Tu fais bien de me le dire, car j'aurai une couple de phrases pour ceux qui auraient le goût de jouer au transfuge un peu trop rapidement. Je sais, je sais, vous n'avez que ce mot-là à la bouche, le respect du processus démocratique. Ça ne fait pas toujours des enfants forts et ce n'est pas avec ça que l'on construit un pays, une nation! Ça déchire sa chemise sur toutes les tribunes, plaidant pour un Canada uni et le premier revers venu, c'est prêt à la revirer de bord! Écoute Daniel, je pense que j'en ai assez entendu. Tu ferais mieux de te donner quelques heures avant de t'adresser au monde, sinon tu vas te faire lyncher pendant la nuit par quelques-uns de ceux qui se sentiront trahis par un des leurs. Tes conseils de prudence ont autant d'emprise que que…et puis salut, j'ai autre chose à faire!

Lui raccrochant cavalièrement au nez devant ses conseillers interloqués par la tournure de la discussion avec le chef du camp du Non, le premier ministre réclame, sur un ton bourru, les notes qu'on lui a préparées pour son discours de début de nuit à la télévision. Il a à peine le temps de les lire. Trop de choses se bousculent dans sa tête et les propos qu'il veut tenir sont aux antipodes de ceux que livrera son partenaire à Québec. « Il va demeurer dans l'opposition une maudite secousse avec une déviation aussi lourde de la colonne », se disait-il à voix haute.

Quelques minutes plus tard, le premier ministre du Canada s'adresse à tout le pays sur les deux chaînes de Radio-Canada. Le maquillage réussit à peine à masquer son air hagard. Une mauvaise pub pour les préarrangements! La main tremble, la voix tout autant. L'atmosphère dans son bureau est à couper à la machette.

« Chers concitoyens, chères concitoyennes,

Le Canada vit des heures sombres, sans doute la pire journée depuis son entrée en guerre en 1939. Le parallèle n'est pas vain, puisque la nation canadienne est menacée d'une rupture de ses institutions, semblable à celle que laissait peser sur le monde le péril allemand.

D'entrée de jeu, le discours du premier ministre adopte le ton qu'appréhendait son directeur de cabinet. Une introduction de son cru. Une attaque guerrière, sans nuance, qui ne s'embarrassait guère d'amalgames gênants. Je crains la suite, se disait-il intérieurement.

Un jour sombre pour le Canada, un jour sombre aussi pour le Québec. Pour tous ceux qui au Québec ont cru et croient encore à l'idéal que ce pays a réussi à porter au faîte des nations et qui fait l'envie de la planète Terre. Ceux qui ont dit non à la brisure de ce pays voient, ce soir, cet idéal se diluer dans un avenir incertain, chargé de nuages que les angoisses exacerbées de plusieurs de nos concitoyens risquent de faire éclater.

Certains diront que l'amertume de mon discours se nourrit au sentiment de vindicte du perdant. Mon discours n'est pas amer, il reproduit de façon réaliste les sentiments de la majorité des Canadiens et de la quasi-majorité des Québécois qui refusent de voir ce pays se briser sur les récifs d'un nationalisme qui s'alimente de la peur de l'autre, du refus de la diversité, qui se replie à l'intérieur de barrières que le monde dans lequel nous vivons demande de repousser. Non, mes chers concitoyens, je ne veux pas de ce pays-là qui accepte sereinement de se saborder parce qu'une partie de nos concitoyens du Québec ont décidé d'en forcer la rupture.

Des générations de Québécois et de Canadiens se sont battues pour faire de ce merveilleux pays ce qu'il est devenu. Mes ancêtres ont sué sang et eau pour lui prêter vie, le faire grandir et, par un dramatique retournement de l'histoire, une très courte majorité de Québécois y mettraient fin? Je refuse cela en tant que citoyen du Québec et premier ministre du Canada.

Si une nette majorité de Québécois s'était prononcée, l'histoire eût pu être différente. Encore qu'une majorité de Québécois ne feront jamais le poids devant tous nos compatriotes canadiens qui ont sans doute aussi leur mot à dire dans la suite de ce pays. Le droit à l'autodétermination du Québec signifie-t-il, pour le reste du Canada, le droit à l'autodestruction? Je n'en crois pas un mot et je m'engage, devant vous tous, à utiliser tous les moyens que me permet la constitution pour défendre la survie de ce pays que 50,000 personnes ne peuvent, à elles seules, démanteler.

De quoi les jours prochains seront-ils faits? J'aurai très certainement l'occasion de m'adresser, à nouveau, à vous très bientôt pour vous dire ce que votre pays et votre gouvernement comptent faire pour assurer le futur.

Quant à mes concitoyens de langue anglaise du Québec, je veux vous rassurer. Le Canada, votre pays et Ottawa, votre capitale, ne vous laisseront jamais tomber. Vous faites partie de la majorité de ce pays, vous êtes Canadiens à part entière. Votre terre d'accueil c'est le Canada et le Québec dans le Canada. Cela constituera toujours votre meilleure garantie.

À mes compatriotes du Québec, je sais qu'une majorité d'entre vous a voté pour la séparation de notre belle province. J'interprète votre vote comme un vote de protestation. C'est vrai que le Québec n'a pas toujours eu la place qui aurait dû être la sienne à Ottawa. Je comprends votre lassitude. Mais les choses ont bien changé depuis 25 ans. Les Québécois ne sont plus les valets de personne à Ottawa. La meilleure preuve est ma présence ici, ce soir, devant vous comme premier ministre du Canada. Nous sommes les représentants de cette société distincte et nous continuerons de défendre vos intérêts à Ottawa. C'est un mauvais rêve que nous faisons tous ce soir. Le pays a besoin d'aménagements nouveaux, j'en conviens. Je m'y attaquerai, je m'y engage.

Enfin, un dernier message à tous ceux qui considèrent comme acquise et définitive la victoire du Oui et qui seraient tentés de pactiser trop rapidement avec l'adversaire séparatiste. Je leur dis : attention, le Canada n'a pas dit son dernier mot. Si le Québec vient de prendre sa revanche, le Canada doit l'avoir aussi, d'autant plus que la trop courte victoire du Oui ne peut avoir de valeur définitive. J'ai le goût de me battre encore pour mon pays. Tout mon gouvernement aussi et sans doute tous nos collègues des autres provinces. Le Québec doit en être conscient. Faut-il y voir là des propos menaçants? Loin de moi cette idée. Il faut par ailleurs bien lire la réalité et être prêt à y faire face, sinon des lendemains périlleux nous guettent.

Bonne nuit! »

Dès les caméras éteintes, le premier ministre rugit.

— Tu peux me dire qui a écrit ce maudit discours? De la poésie politique! Je n'ai pas compris la moitié des mots que vous m'avez mis dans la bouche. C'est pas comme ça que je parle! Mes électeurs ne me comprendront plus.

— Si vous aviez pris la peine de mieux vous y attarder, de plaider son directeur de cabinet. Les circonstances sont exceptionnelles. Vous ne pouviez pas livrer un discours de campagne électorale.

— En tout cas, ôte-le de ma vue, ce crisse de journaliste manqué.

Tout l'entourage du premier ministre fédéral en studio ne sait à quel sentiment se raccrocher. Le ton guerrier du discours ne fait certes pas l'unanimité. Même son directeur de cabinet, qui a pourtant commis quelques paragraphes de ce texte, oscille entre l'hébétude et la crainte. En fait, il n'est pas le plus chaud partisan de cette stratégie bien fédérale de remuer les braises de la peur. Il n'a que trop saisi aussi le sens du paragraphe d'entrée en matière, sorti de la plume même du premier ministre, sur la menace que faisait peser sur l'Europe, l'Allemagne nazie. Il était franchement contre ce parallèle outrancier que des têtes brûlées de l'anglophonie canadienne de droite brandissait à l'occasion, contre les dirigeants du Parti québécois. De voir son chef utiliser cette image grossière lui avait déplu souverainement d'autant plus qu'il craignait l'effet boomerang de ce type d'argument. Si le chef avait cru que, par son discours, il avait réussi à motiver son entourage, à réamorcer la lutte, eh bien la partie était loin d'être gagnée. N'est pas Abraham Lincoln qui veut!

À Montréal, au Palais des congrès où avait été diffusé le discours du premier ministre du Canada, les huées accompagnaient la vague, rendant quasi inaudibles plusieurs passages de son allocution. Mais personne n'avait raté le ton revanchard du boxeur d'arrière-cour que représentait pour tout le monde présent à cette soirée le premier ministre du Canada.

Au même moment, dans une aile privée du Palais des congrès où s'étaient regroupés le premier ministre du Québec et sa garde rapprochée, c'est la consternation.

— C'est la guerre qu'il vient de déclarer au peuple québécois. Comment ose-t-il? Comment peut-il, à peine une heure après l'annonce des résultats issus d'une journée modèle de la démocratie québécoise, essuyer ses savates sur le drapeau du Québec et fouler aux pieds l'espérance d'une majorité de ses compatriotes, de s'interroger à voix haute le premier ministre du Québec, Jacques Baribeau.

— C'est la tentation totalitaire, de rétorquer Jean-François Grisé son conseiller politique et principal rédacteur de discours, jamais très loin du chef ni de ses auteurs ou de ses journalistes favoris. Ce jeune, dans la mi-trentaine, manie la plume et le verbe de façon magistrale et est féru de questions internationales. C'est un collaborateur que le premier ministre estime au plus haut point et qui le suit pas à pas. Mais trop de brio indispose parfois l'entourage…

— Lucien, je n'en reviens pas. On le connaît pourtant, Jean Romain. Sous ses dehors de clown, c'est quand même pas un imbécile, même si, dans son cas, l'intelligence peut devenir un facteur aggravant! Comment a-t-il pu, sans aucune espèce de scrupule, en appeler à la mobilisation canadienne autour d'un match revanche lors d'un référendum pancanadien.

— C'est là que votre discours de tout à l'heure, Jacques, prend toute son importance, indique le chef du Bloc, Lucien Blanchard. Qui l'a aiguillé vers cette charge meurtrière à l'encontre du Québec, par devers une majorité qui, même courte, a de son côté tous les précédents internationaux? Ce discours, inspiré par la peur, se situe dans la droite ligne de tous ceux tenus par le fédéral sur cette question. Rappelez-vous 1980 et tous les arguments aussi grossiers que ceux qu'il a invoqués ce soir.

Je ne suis d'ailleurs pas sûr, mais pas sûr du tout, que bien du monde à Ottawa, et même au sein de son Conseil des ministres, partagent son approche. Ses instincts de tueur risquent de se retourner contre lui et bizarrement de peut-être même servir notre cause. En effet, les Québécois n'aiment pas beaucoup les mauvais coucheurs. D'ailleurs, une petite phrase dans votre discours mettant en parallèle la réaction de René Lévesque en 1980 avec celle de Romain, 15 ans plus tard, illustrerait la vraie dimension du personnage.

Et je pense aussi à la réaction internationale, notamment à celle de Paris qui a déjà vécu des référendums aux résultats serrés. Mais surtout, à priori, hostile à ce genre de discours à la Pinochet qui pilasse allègrement les fondements mêmes de la démocratie. Bien d'autres capitales réagiront mal dont Washington probablement en dépit de ce que leur ambassadeur à Ottawa, James Barnard, pourra suinter de sirupeux sur son ami, le premier ministre du Canada.

— Vous avez raison, Lucien. Je trouve pénétrante votre analyse. Jean-François, il faut me crayonner quelques lignes dans la foulée des arguments de M. Blanchard, en réponse à ce discours que l'histoire retiendra sans doute, mais pour les mauvaises raisons. La télévision nous attend dans une trentaine de minutes.

— Radio-Canada vient d'annoncer que le chef du camp du Non, M. Daniel Wilson, doit s'adresser dans quelques instants à ses partisans réunis dans un grand hôtel de Montréal, de crier à la cantonade l'attaché de presse du premier ministre.

Présumant que les propos de ce dernier seraient de la même farine que ceux de son illustre vis-à-vis fédéral, le premier ministre ne souhaite même pas les entendre. Il demande à ses troupes de se retirer, ne tenant qu'à la présence de son épouse, de son premier conseiller politique et de son chef négociateur qu'il avait ainsi désigné pendant la campagne référendaire, le temps de bien préparer son allocution. Bien sûr, elle est déjà en version demi-finale, son conseiller politique ayant tout prévu hormis les quelques paragraphes à insérer en réaction aux discours des chefs du camp du Refus.

— Lucien, souhaitez-vous vous adresser à nos partisans qui doivent sans doute s'impatienter en raison de notre arrivée tardive?

— Écoutez, je n'avais pas prévu de discours. C'est votre soirée, Jacques. Ce résultat, il est le vôtre. Sans votre pugnacité, nous ne serions sans doute pas rendus là. Ce volontarisme politique que vous affichez depuis longtemps et que j'ai parfois contesté pour des raisons que je ne veux pas discuter maintenant, débouche sur un jour de gloire qui est le vôtre. C'est avec vous que le peuple québécois veut le partager. De toute façon, personne n'a besoin de réchauffer la foule. Nos artistes le font mieux que moi.

— À votre guise, mais vous ne pourrez résister longtemps aux appels de nos partisans qui voudront certes vous entendre. Permettez-moi de me retirer, le temps d'une dernière lecture de mes notes. À tout à l'heure.

– Sa modestie subite m'inquiète, Jacques. Dieu sait que la victoire du Oui lui revient en grande partie. Curieux repli, de juger la femme du premier ministre qui avait assisté à toute la scène.

– Allons Lisette, pas de paranoïa. Y'en a assez à Ottawa!

« MESDAMES, MESSIEURS, CHERS AMIS, VOICI MONSIEUR LE PREMIER MINISTRE DU PAYS DU QUÉBEC! »

La foule est en transe. Sauts, cris, sifflements, embrassades. C'est la création du monde. L'ovation dure et perdure. Dix bonnes minutes à se congratuler, s'étreindre, pleurer, rire, chanter « Gens du pays » dans une ardeur qui contraste grandement avec la tristesse qui accompagnait cet hymne à l'amour 15 ans plus tôt. Des images montrant le drapeau du Québec, à des milliers d'exemplaires et se dandinant dans le grand amphithéâtre du Palais nimbé de blanc et de bleu, sont retransmises à la grandeur du Canada et du Québec par Radio-Canada et par d'autres stations de télévision, sans doute répercutées à l'étranger par la meute des journalistes internationaux venus couvrir l'événement. Les images sont aussi retransmises sur écran géant à l'extérieur du Palais des congrès. Y trépigne une foule extraordinairement dense de Montréalais pour qui la fête ne fait que commencer. Une fraternité spontanée unit tous les partisans de la cause, y compris sans doute quelques curieux trop heureux d'entrer dans la danse.

Le chef du camp du Oui et premier ministre du Québec monte sur l'estrade à 23 heures 45. L'euphorie est à son comble. Le premier ministre est rayonnant, le sourire large et engageant, le geste ample et rassembleur. Il réussit enfin à calmer la foule.

« Chers amis, chers amis »

La clameur reprend de plus belle, le sourire éclaté du premier ministre ne tentant absolument pas de la dompter.

« Chers amis,

Nous célébrons ce soir la victoire du peuple québécois. La victoire de nos pères qui ont harnaché cette terre, celle des nations autochtones qui sont nos frères et de tous ceux et celles qui les ont suivis au cours des âges. Ces immigrants de dernière génération sont aussi de notre terre. C'est en bonne partie grâce à eux, qui sont devenus nous, si le Oui l'a emporté. Merci à vous tous qui nous permettez d'achever ce parcours de maturité et de vaincre nos crispations historiques. Ce rêve que nous poursuivons, certains depuis des générations, est en train de prendre forme, sous nos yeux, ce soir. Notre pays, le Québec.

Il est, et je le dis d'entrée de jeu, le pays de tous les Québécois, y compris ceux qui partageaient une autre espérance. J'ai une pensée particulière pour ces derniers qui ont bataillé loyalement pour préserver le Canada. Je voudrais vous dire, à tous sans exception, que le Québec sera pour vous tout aussi accueillant et généreux que le fut le Canada. Tout aussi respectueux de vos droits et libertés. Je vous demande de vous rallier au choix de la majorité, comme l'ont fait tous ceux qui ont dû ravaler leur peine en 1980.

Chers amis, il faut maintenant retrousser nos manches. Tout reste à faire. Nous célébrons ce soir le pays virtuel. Je vous promets que, dans un an au plus tard, nous ferons la fête au pays réel. D'ici là, je compte sur vous tous pour bâtir le Québec nouveau, accueillir les tièdes, convaincre les récalcitrants. Et nous, nous irons nous battre à Ottawa pour traduire en traités ce pourquoi nous existons sur cette terre depuis 400 ans.

Pour paraphraser ce que disait notre « petit père de l'indépendance », comme l'appelait affectueusement Félix Leclerc : « Le Québec n'est pas un petit peuple, il est peut-être quelque chose comme un grand peuple. »

C'est le nirvana au Palais. La foule est en transe à l'évocation du bâtisseur de la nation. Aucun animateur ne tente de faire baisser la clameur, surtout pas le premier ministre.

Je n'ai pas fini…

Nous achevons notre parcours de maturité, ai-je dit plus tôt. Vous avez entendu tout à l'heure le discours du premier ministre du Canada. Rappelez-vous celui de René Lévesque en 1980 empreint de beaucoup de dignité, d'émotions refoulées et d'appel à la grandeur. Quel contraste! Peu de gens, ni du Québec, ni du Canada ne s'y sont sans doute reconnus. Inspirés par le désespoir, ces propos ne reflètent certainement pas les sentiments de la majorité canadienne. Aux appels belliqueux qu'il a formulés, je fais, moi, appel à la coopération et à la solidarité entre les peuples. J'oppose à des propos guerriers, une parole pacifiste qui plaide pour une amitié solide entre deux nouveaux pays : le Canada nouvelle manière et le Québec, capables de partager des institutions et des idéaux communs. C'est d'ailleurs sur cette base que nous avons mené campagne. Je salue, au passage, le discours marqué de sagesse et de maturité qu'a su livrer, il y a quelques minutes, le chef de l'opposition à l'Assemblée nationale et leader du camp du Non. La main tendue à la majorité, je la saisis avec beaucoup d'empressement en même temps que de respect. L'amertume de la défaite est un bien mauvais guide et Monsieur Wilson a su esquiver ce piège avec classe. Toute la population du Québec lui en sait gré.

Je termine en vous disant que, pour moi et mes compagnons de route, le boulot commence, dès ce soir. Pour vous, que la fête continue! »

C'est l'apothéose. Dans les studios de Radio-Canada, les analystes soulignent, à gros traits rouges, la différence existentielle entre les discours des deux premiers ministres, certains y risquant même leur carrière, en tout cas momentanément. Mêmes commentaires à Radio-Québec et à TVA où les parallèles ne manquent pas entre les discours qu'avaient livrés, en 1980, le premier ministre du Canada et le chef de l'opposition à Québec.

Soudain, du mouvement au pied de la scène bondée de partisans. Un homme s'avance, tentant manifestement de se frayer un passage jusqu'à la tribune. L'ayant repéré, un journaliste de TVA le kidnappe littéralement pour une entrevue. Bien vite, la foule le reconnaît et commence à scander son nom. Gourdeau! Gourdeau! Tout l'amphithéâtre lui fait la fête. Gourdeau, l'un des chefs historiques les plus charismatiques de l'indépendance. La foule le réclame. Le pays lui doit bien quelques minutes de gloire, de se dire le premier ministre qui invite ses gardes du corps à lui frayer un passage. Le premier ministre lui confie alors le micro. La foule hurle.

« Mes amis, mes amis,

Je m'excuse de m'imposer ainsi et, en quelque sorte, de briser le magnifique élan que le discours de Monsieur Baribeau a donné à cette soirée historique. Je veux juste vous dire deux mots relatifs aux propos entendus ce soir afin d'en souligner le contraste fondamental. Pendant que notre premier ministre du Québec révélait à la face du monde sa stature d'homme d'État, ce qui en tient lieu à Ottawa illustrait par dix la bassesse du personnage. C'est pour cette raison que je voulais m'emparer de ce micro. Pour dire à notre population, aux Canadiens et à la planète entière que jamais, vous entendez, jamais nous ne laisserons Ottawa et ses suppôts usurper ce que notre démocratie nous a permis de vivre aujourd'hui. Ottawa nous a imposé une fois les mesures de guerre. Il ne le fera pas deux fois. »

La foule est en délire applaudissant à tout rompre l'orateur qui ferait manger les partisans dans sa main. La vague blanche et bleue fait tanguer le Palais pour finalement atterrir devant la scène.

« Mes amis, mes amis,

Je ne serai pas long. Le discours qu'a prononcé ce soir le premier ministre du Canada est indigne. Le parallèle honteux qu'il a osé faire entre l'Allemagne nazie qui menaçait l'Europe et la victoire des nôtres qui mettrait en péril nos institutions démocratiques, doit être dénoncé avec la plus grande virulence. C'est à un appel à la violence qu'il s'est livré, manipulant avec un cynisme digne de son mentor les appréhensions que la communauté anglophone du Québec peut éprouver à la suite de la victoire du Oui. Il faut résister à ces propos méprisants, à la limite du fascisme d'État. Ce premier ministre, que le Canada ne mérite pas, est d'une incommensurable irresponsabilité. J'ai peut-être, par mon intrusion sur la scène, repoussé les limites de la bienséance, mais je pense qu'il faut aller plus loin que la simple dénonciation de ces propos incandescents. Il faut lui faire savoir, à lui et à tous ceux que ce genre de discours peut inspirer, que ce mépris des siens ne passera pas une deuxième fois. Octobre 1970, cela suffit! Novembre 1995, non jamais! Je vous invite donc, vous tous, vos frères, vos sœurs, vos amis, vos enfants, j'invite tous les syndicats, tous les travailleurs, cols bleus, cols blancs, fonctionnaires, infirmières, professeurs, j'invite tout le milieu culturel, bref tout le Québec, à un immense happening dont les préparatifs sont déjà amorcés, qui se tiendra à Québec, dans notre capitale enfin nationale où, vendredi prochain, par centaines de milliers nous dirons NON à la peur, NON aux menaces, NON à la haine et un immense OUI au Québec et aux Québécois de toutes les origines!

Vive le Québec! Vive l'indépendance! Sus aux fascistes! Et à vendredi! »

Cette sortie intempestive de Pierre Gourdeau soulevait chez les analystes les interrogations les plus contradictoires. Connaissant bien le caractère radical du personnage controversé même chez les péquistes, tous se perdaient en conjectures sur les conséquences de son discours, pourtant pacifiste, mais très ferme quant à d'éventuels agissements fédéraux en terre québécoise. Sans doute que plusieurs le suivraient dans cette voie qui répondrait à la force par la force, d'avancer le chef de bureau de Radio-Canada à Ottawa. Ce n'était rien pour rassurer l'entourage du premier ministre qui se serait bien passé de ce coup de sang du plus médiatique des purs et durs.

Tentant tant bien que mal de reprendre le cours de leurs analyses interrompues par l'intervention de Gourdeau, les invités de la chaîne d'État poursuivirent le parallèle qu'ils voulaient faire entre les discours des chefs du camp du Non qui, en quinze ans, s'étaient inversés, Wilson rejoignant Trudeau dans la hauteur de vues, pendant que Ryan et Romain rivalisaient dans le mépris et la mesquinerie. Au moins, Romain avait l'alibi de la défaite. Sur tous les réseaux, y compris TQS qui, pour l'occasion, avait reporté au lendemain la diffusion de son film américain quotidien, reporters et analystes multipliaient les hypothèses sur les impacts possibles des propos du premier ministre du Canada et de la magistrale riposte que Gourdeau lui avait servie.

Comment les troupes du camp vainqueur réagiraient-elles, notamment du côté de la frange la plus militante de la souveraineté? Resteraient-elles coites devant des menaces à peine voilées de contester les résultats du vote populaire? Ces appels à l'insubordination qu'avait répétés le premier ministre fédéral généreraient-ils des mouvements de troupes chez les anglophones du Québec qui se sentiraient appuyés en haut lieu à Ottawa? Fallait-il plutôt n'y voir qu'un dernier sursaut de panique de la part des autorités fédérales qui n'avaient manifestement pas vu venir le coup? Tous les commentateurs opposaient, par ailleurs, l'allocution radicale de Romain au discours rassembleur et serein du premier ministre du Québec de même qu'à celui du chef de l'opposition qui avait réagi en homme d'État, soucieux de la sécurité de son peuple. La raison prévaudrait sans doute, convenaient les commentateurs des chaînes francophones. Sans doute en irait-il autrement dans les médias anglophones…

Le bonheur qui transpirait de la télévision n'était qu'un pâle reflet de ce que la rue offrait. Un spectacle de carnaval. Rio pouvait aller se rhabiller. La nuit serait longue. C'est le début d'un temps nouveau, crachaient deux immenses haut-parleurs au coin de Sainte-Catherine et du Parc.

CHAPITRE III

VIGIE À QUÉBEC

Le Bunker, minuit trente. Le calorifère est en pleine ébullition. Le premier ministre est attendu à Québec dans les prochaines minutes avec son alter ego dans la campagne du Oui, celui qui a déjà été catapulté à la tête des futurs négociateurs du nouvel État.

Déjà, la période d'euphorie s'est assagie et a laissé place à la fébrilité parmi les quelques fonctionnaires conscrits. De même, des ministres sont déjà sur place, convoqués d'urgence par le directeur de cabinet du premier ministre. La ministre des Relations internationales est de loin la plus surexcitée. Le dernier quart de siècle l'a vue arpenter tous les couloirs des officines parisiennes, tisser sa toile jusqu'aux plus hautes sphères de la République française. Les ondes entre Paris et Québec crépitent depuis plusieurs minutes. Le triangle Délégation du Québec, Paris, Québec s'essaie à la rédaction de communiqués, célébrant bien sûr la victoire du Oui, mais sans brusquer le grand frère canadien auquel tient Paris. Si l'enthousiasme a atteint Matignon, la résidence du premier ministre français, la précipitation n'est pas la marque de commerce de leur ministère des Affaires étrangères.

– Rappelle-moi Paris. Qu'a-t-on à autant ergoter avant de se manifester? La non-indifférence ne se bouscule pas trop, de bougonner la ministre des Relations internationales.

Cette lionne de la politique n'est guère patiente en ces heures capitales pour la suite des événements. Spécialiste des relations francoquébécoises, elle est à tu et à toi avec tout le gratin politique français, toutes idéologies confondues. Elle a mis tous ses espoirs dans la réaction de la France à un référendum victorieux. Et alors que tout devait être prêt dans l'heure suivant les résultats selon les ententes convenues au plus haut niveau, Paris n'a toujours pas émis de communiqué ni tenu de point de presse.

— J'avais le délégué général au téléphone il y a deux minutes, de rétorquer le directeur de cabinet de la ministre, un peu interloqué par le ton péremptoire de sa patronne. Il est à la résidence du premier ministre. Vous savez, il n'est que six heures du matin là-bas.

— Bien sûr que je le sais! Dès qu'il rappelle, tu me le passes. Si je suis dans l'impossibilité de prendre l'appel, avertis-le bien que le Québec ne se satisfera de rien de moins qu'un appui très clair à la reconnaissance de l'indépendance du Québec, et dans des délais qui ne sauraient dépasser les 48 heures!

— Voilà où est le problème, ma chère. Comment forcer la main de nos amis et exiger la reconnaissance d'un pays qui n'existe pas encore? Tu as déjà vu cela en droit international? Et au risque de ternir l'euphorie ambiante, notre courte majorité incitera très certainement Paris à la prudence.

Ces propos du sous-ministre du premier ministre, aussi secrétaire-général du gouvernement, dont le flegme et le pragmatisme sont la marque de commerce, indisposent la future ministre des Affaires étrangères du Québec. Cela n'émeut toutefois guère ce vieux loup des relations fédérales-provinciales, rompu également aux affaires internationales. Il incarne le réalisme politique, tempérant du même coup l'activisme de la ministre.

— Au risque de vous froisser, mon cher secrétaire-général, j'en ai assez de tous ces casseux de partys qui sont à pieds joints sur les freins le soir même de la plus grande victoire du Québec. Au prix qu'on paie nos avocats et j'ajouterais nos hauts fonctionnaires, vous devriez être à pied d'œuvre sur la recherche de précédents de cas semblables. Il doit bien se trouver un pays en Afrique…

— Faudrait plutôt chercher dans un bassin de pays qui nous ressemblent un peu tout de même. Comme ministre des Finances, les interrogations de Claude m'interpellent au plus haut point. Une victoire plus affirmée nous aurait sans doute grandement aidés tant sur le plan diplomatique que sur celui des marchés boursiers. L'énervement doit être à son comble chez nos courtiers.

L'arrivée du premier ministre, de son épouse, de son chef de cabinet, de ses deux principaux conseillers politiques et du négociateur-en-chef interrompt la conversation et donne lieu à de nouvelles effusions où les félicitations ponctuent les rires et les pleurs. Mais, rapidement, le premier ministre prend place à la table de conférence invitant son Cabinet restreint et sa garde rapprochée, auxquels s'est ajouté le ministre de la Justice et de la Sécurité publique, à en faire autant. Il semble particulièrement lucide, ayant bien somatisé les quelques scotchs de la soirée.

– Chers amis, le jour I du Québec nouveau débute. Une tâche immense nous attend, à très court terme bien sûr, mais tout au long de l'année qui nous sépare de l'accession du Québec à son indépendance. J'ai déjà demandé au secrétaire-général du gouvernement de convoquer un Conseil des ministres pour aujourd'hui, 14 heures. Nous discuterons de l'ordre du jour dans un instant. Je veux aussi m'adresser à la nation québécoise dès 19 heures, ce soir, sur les ondes de Radio-Québec. Déjà, les arrangements sont pris. J'aimerais convenir avec vous des thèmes de cette allocution. J'espère entre-temps avoir une discussion avec le premier ministre du Canada, mais aussi nous entretenir de l'ordre de marche qu'entendent suivre Paris, Londres et, si possible, Washington dans cette nouvelle conjoncture. La discussion est ouverte.

– Monsieur le premier ministre, vous semblez faire peu de cas de la sortie un peu incendiaire de Gourdeau, même si sur le fond il a en partie raison, de s'inquiéter son directeur de cabinet plutôt zen de nature.

– En partie, dis-tu Roch? En totalité, bon Dieu! Je ne pouvais évidemment tenir de tels propos, comme premier ministre, mais je les endosse tout à fait. La manifestation de vendredi, par ailleurs, m'effraie un peu plus. On ne sait jamais comment cela peut tourner. Suffit de quelques têtes folles… Roch et Jean-François, je vous charge de surveiller ce happening comme il l'a appelé et de vous mettre en lien avec les chefs syndicaux pour tuer cela dans l'œuf…pour l'instant. Ayez cela bien à l'œil. Ce cher Gourdeau, je l'aime bien, mais le jugement, le jugement. Il aurait pu se contenter de faire son effet de manche et arrêter là.

– Monsieur le premier ministre, je me demande si vous ne devriez pas vous dissocier tout de suite du discours de Gourdeau, le supplie quasiment le chef du Bloc québécois. Aussi boutefeu que Romain, finalement. De toute façon, vous savez ce que je pense de lui et, autant que ce soit clair dès maintenant, si vous voulez que je continue à faire équipe avec vous, il faudra l'éliminer complètement du paysage politique québécois, celui-là. La cible parfaite qu'il fallait à nos adversaires politiques. C'est très dangereux. De passer l'éponge sur cette incartade équivaudra à la cautionner, ce que ne manqueront pas d'exploiter nos opposants. Non, plus j'y pense, plus je suis convaincu qu'il faut régler cette bourde qui introduit de l'ambiguïté dans notre victoire.

— M. le premier ministre, surtout qu'elle est bien courte…

Piqué au vif, le premier ministre réagit sèchement.

— Si vous me permettez, on va tirer les choses au clair, tout de suite, pour tout le monde sans exception. Pour aucune considération, je ne veux entendre parler de courte victoire dans mon entourage. Je le sais mieux que quiconque. Mais une majorité s'est exprimée. 50% des voix plus une, c'est la règle partout. Laissez nos adversaires en parler. Ce n'est pas à nous de le faire. Si les tenants du Non avaient gagné, pensez-vous qu'ils auraient invoqué leur courte victoire? Jamais! Bref, ne faisons pas l'autruche, mais ne nous flagellons pas. On a assez eu de victoires morales, si en plus il faut qu'elles soient courtes. Ce que nous avons à faire comme gouvernement, c'est tenter de mieux asseoir notre majorité par des gestes percutants, des opérations particulières. J'ai mes petites idées là-dessus. On aura l'occasion d'y revenir. Quant à Gourdeau, on va dormir là-dessus. Sa manifestation, on verra cela plus tard. Ça s'annule de toute façon, un happening! Alors, monsieur le ministre des Finances, vous alliez dire…

— Permettez-moi de souligner l'absolue nécessité de rassurer le milieu financier dans votre allocution, en dépit du rôle pour le moins désagréable qu'il a joué dans la campagne référendaire. Les indices boursiers risquent sans doute de chuter dès l'ouverture de la bourse ce matin. De façon dramatique? Cela reste à voir puisque nos agents sont déjà à l'œuvre auprès de leurs contacts sur les principales places d'affaires de la planète : Londres, Paris, Tokyo, Zurich, Francfort et bien sûr New York. Vous devriez dès lors, sans révéler toute notre stratégie financière, illustrer les principaux gestes de notre gouvernement pour stabiliser l'économie et rassurer nos investisseurs.

— Et les démarches menées auprès de vos amis, risquent-elles de porter fruit rapidement, de s'enquérir le premier ministre auprès de son ministre des Finances, petit homme plutôt effacé, mais aux relations on ne peut mieux ancrées dans le milieu des affaires.

— Vous voulez dire le ralliement de ces dizaines de personnalités, principalement issues du monde de la finance, à notre victoire et au nouveau pays? Habituées qu'elles sont à conclure des marchés par une poignée de main, je n'ai aucune raison de croire que toutes celles que j'ai serrées dissimulaient un poignard.

— Il ne faut pas être trop naïfs. Et la Caisse de dépôt et le Mouvement Desjardins? Vous avez déjà pris contact? Des alliés sûrs, ceux-là. D'autres interventions?

— Si vous le permettez, monsieur le premier ministre.

— Bien sûr que je vous le permets, puisque je vous le demande, mon cher conseiller stratégique.

— Les thèmes de votre discours télévisé, d'autres les compléteront et j'y reviendrai plus tard. Mais je me permets d'insister sur le ton que vous devriez emprunter. Il faut à tout prix éviter le discours triomphaliste. Bien des sensibilités sont heurtées. Un Québécois sur deux a voté Non. Si l'on peut compter sur le sens de la démocratie de plusieurs, certains ne se feront guère reproche de la contourner, sinon de la violer. Ce discours sera capital et historique. Le ton doit être rassurant, mais ne doit pas masquer ce qui reste à venir. Votre allocution fera le tour de la planète et sera l'objet d'exégèse dans toutes les capitales qui comptent. Car, ne vous y trompez pas, Ottawa est déjà à pied d'œuvre auprès de ses ambassades, dictant ses mots d'ordre qui tournent autour de l'instabilité, de l'incertitude des marchés, de la victoire mince du Oui, je m'excuse de vous le rappeler monsieur le premier ministre, de contestation possible des résultats, etc. Des devoirs de chef d'État vous attendent.

— Je te remercie de me le rappeler et je te promets de n'échapper aucun rire, répond le premier ministre en y ajoutant un long éclat de rire caractéristique de cet intellectuel, bon vivant et dont le côté iconoclaste séduit tant la jeunesse. J'ai bien compris mon confesseur. Mais comme il aura à l'écrire, c'est à lui que s'adressent tous ces mandements. Et vous, mon négociateur-en-chef, vous en dites quoi de cette adresse au peuple?

Le premier ministre sait bien que le rythme qu'il veut donner aux actions post-référendaires risque de heurter son brillant second. Ce dernier, plus calculateur, plus stratégique aussi n'est pas partisan d'opérations qu'il juge un peu casse-cou. Il souhaite donner du temps au temps, ne brusquer personne, permettre à la vie de s'installer comme le lui suggère son vieux fond terrien.

— Vais-je vous étonner si je vous dis que je trouve ce discours prématuré? Personne n'aura encore eu le temps de digérer ni la victoire, ni la défaite que déjà les nouveaux défis leur seront assénés à l'heure du souper. Nous n'aurons, d'ici là, rien su de la réaction d'Ottawa ni de celle de Washington et peut-être pas grand-chose de celle de Paris. Je connais bien nos amis français pour les avoir vus à l'oeuvre de l'autre côté de la barrière et la non-ingérence avait tout autant de poids que la non-indifférence. C'est un secret de polichinelle que le ministère français des Affaires étrangères abrite un nid de fédéralistes qui feront tout pour édulcorer le discours proQuébec de leurs officiers politiques. D'ailleurs, il vaudrait mieux que Louise gagne Paris par le premier vol, pour veiller au grain sur place, si vous me permettez cette suggestion.

— Je suis tout à fait de ton avis, Lucien. Avec l'accord de mon premier ministre, je déguerpis dans les prochaines heures!

— Bref, pour poursuivre sur votre idée d'un discours à la nation, cela sent trop, à mon avis, la précipitation, d'aucuns diraient la fuite en avant. Je vous conseille de laisser passer un peu de temps et de profiter de la présence du Bloc à Ottawa pour forcer le jeu. De toute façon, votre discours de tout à l'heure a sûrement rassuré tous les inquiets.

— Vos précautions sont pertinentes Lucien et je compte d'ailleurs sur vous pour bien aiguiller le travail du Bloc à la Chambre des communes.

Cela dit, mon instinct de jouteur me dit qu'il faut prendre de vitesse les fauteurs de trouble, certains éditorialistes, les prophètes de malheur, les anglophones obtus et les pusillanimes des capitales étrangères, même amies.

Un regard furtif vers sa conjointe qui lui sourit en acquiesçant, le convainc de son bon droit. Il ne croyait pas cependant devoir affronter si tôt les objections de son contradicteur en chef. C'était de commune renommée que les deux ténors de l'indépendance partageaient peu d'atomes. Le premier ministre était bien connu pour, de tout temps, s'être opposé à l'étapisme et à tous ses succédanés. L'autre ténor, le chef du Bloc à Ottawa, apparaissait plus patient, moins coup de sang, plus terre à terre. Et son immense popularité conférait encore plus de crédibilité à son approche prudente. Ce serait pour quand le choc entre ces deux géants?

— Vous partagez l'avis de Monsieur Blanchard, de s'enquérir le premier ministre?

— Les deux stratégies ont du bon, d'arguer son directeur de cabinet qui a le conseil, en général, plutôt sage et serein. Mais si vous décidez d'y aller dès ce soir, on a intérêt à bien garnir nos arrières et, très rapidement, prendre le pouls d'Ottawa, de Paris, de Washington, du milieu des affaires, des syndicats et du milieu culturel. Va falloir être maudite-ment intelligent en 12 heures.

— Monsieur le premier ministre, puis-je vous faire une suggestion? Tous, nous sommes fourbus. Quelques heures d'un bon sommeil s'imposent. Pendant ce temps, Roch et moi vous proposerons un agenda pour le Conseil des ministres ainsi qu'un projet de discours pour ce soir.

— Ta suggestion m'agrée, Jean-François. Je m'étendrai ici au Bunker mais pas avant d'avoir entendu mon ministre de la Sécurité publique. Quelles dispositions avez-vous prises?

— Mes plus récentes informations venues de notre service de rensei-gnement n'indiquent rien de spécial. La Sûreté du Québec est sur un pied d'alerte sur tout le territoire. Les liens avec les polices municipales de Montréal et de Québec sont bien établis. Pour l'instant, la police a plutôt l'air de participer aux débordements d'allégresse qui ont envahi les rues de la capitale et de la métropole que de tenter de les contenir. Déjà, Chicoutimi a rebaptisé la rue Racine en boulevard de l'Indépendance, même si ce n'est qu'une rue à deux voies. Mais, vous êtes bien familier avec le sens de la grandeur de Chicoutimi.

Dans un grand éclat de rire qui secoue tout le bunker, le premier ministre donne le signal d'aller au lit. Il est 3 heures du matin.

– Au fait, mes amis, un dernier mot. Que pensez-vous de l'idée d'appeler Mario Guimond au Conseil des ministres? Il a mené une bonne campagne et nous a sans doute valu plusieurs milliers de votes. De toute façon, l'indépendance du pays est plus large que notre seule formation politique et ce geste s'inscrirait dans la ligne de notre accord du 12 juin dernier. J'espère même aller plus loin et former une sorte de gouvernement d'union nationale en débauchant une ou deux recrues libérales qui cadreraient bien avec nos orientations. Je vous invite à dormir là-dessus en vous disant que c'est peut-être un début de réponse à mon ami Gourdeau. Faut quand même convenir qu'il a un sacré culot!

CHAPITRE IV

PENDANT CE TEMPS, À OTTAWA...

L'atmosphère est mortuaire. Le premier ministre vient de s'adresser au pays sur les ondes de Radio-Canada et de CBC. L'air embaumé, le premier ministre, un Québécois de souche, avocat de province au langage châtié, pris dans son sens le plus littéral, a perdu toute sa faconde. Discours de quelques minutes qui traduit le désarroi du leader fédéral. Sûr de la victoire du camp du Non, il n'était entré dans la bataille référendaire que tardivement, lorsque les sondages mettaient les deux camps nez à nez. Mais, les manœuvres de la dernière semaine, bien appuyées par les forces d'argent et surtout par l'immense chant d'amour que les Canadiens de toute provenance étaient venus seriner au cœur même de la métropole montréalaise avaient, aux dires de ses organisateurs, rompu l'équilibre au profit du Canada. Cela s'est dramatiquement révélé vain.

L'effondrement du château fédéral n'avait d'égal que la ruine des espoirs du châtelain. Comme en proie à des hallucinations, le premier ministre ressasse constamment les mêmes images dans sa tête, le rictus de la lèvre resté accroché. 128 ans d'histoire ne peuvent être balayés d'un trait de crayon, dans une victoire aussi mince des partisans de l'indépendance du Québec. Je suis un battant, se répète-t-il inlassablement. Si un Québécois sur deux a appuyé le Oui, un Québécois sur deux a dit son attachement au Canada. Qui la démocratie défend-elle? Est-ce aux tribunaux de départager tout cela? Mieux, à l'ensemble de la population canadienne?

Par quelques milliers de votes, le Québec a tourné le dos au Canada, répondant à une question dont la clarté n'était pas la première vertu. Canadiens, tenez-vous au Québec? Allez-vous laisser le divorce se consommer, sans réagir? Et vous, du Québec, qui célébrez votre courte victoire, un sursaut patriotique vous est-il indifférent, dans un pays qui vous réserverait une meilleure place? Êtes-vous prêts à négocier un arrangement historique dont le Canada, ce magnifique pays qui fait l'envie de la planète, sortirait gagnant en même temps que le Québec? Et les menaces qui coiffent le tout.

Un discours que les analystes politiques des chaînes de télévision ne s'expliquent pas. D'abord, le ton hargneux, loin de celui d'un homme d'État, où le chantage côtoie un appel du pied guère plus élégant. Même le meneur de jeu à Radio-Canada, Bernard Delondres semble stupéfait. Le soir même de l'aboutissement d'une longue quête démocratique du Québec, où un vote à 50% + 1 est la règle en droit international, Ottawa réagit de façon épidermique où le bâton a beaucoup plus de poids que la carotte. Cela méduse tous les observateurs. Contestation des résultats devant la Cour suprême, hypothèse d'un référendum pancanadien, partition du Québec, bref la totale. Seule l'armée n'a pas été évoquée, avait signalé le commentateur Daniel Lézard. C'est qu'il n'était pas présent à la rencontre du premier ministre avec sa garde rapprochée à Ottawa...

Le Cabinet restreint du premier ministre a gagné son bureau. S'y retrouvent les ministres des Affaires extérieures, de la Justice, de la Défense, des Finances et des Affaires intergouvernementales, de même que trois conseillers proches du premier ministre, dont son directeur de cabinet. Tous sont ses intimes qui lui doivent personnellement leur ascension et leur présence au Cabinet. D'habitude, personne de ce cercle exclusif n'a tendance à critiquer le chef. Ce soir encore moins. L'atmosphère est tellement dense qu'on pourrait la sculpter. Toute la hargne larvée du discours du premier ministre à la télé déferle sans aucune retenue dans le langage qui lui est coutumier.

— Et nos retailles de conseillers sur le terrain au Québec qui nous prédisaient une victoire certaine. Je ferais la job à plusieurs si je les avais devant moi. Tous les millions qu'on a mis dans la balance. Ces jobs de bras à l'Immigration où on a mis au monde plus de Canadiens en quelques semaines que nos filles dans les derniers trois ans? Tabarnak! Et Robin, pis son voyage organisé à Montréal.

— Sans parler des dirigeants du camp du Non. Je vous avais dit qu'on aurait dû le contrôler d'ici, comme en 1980. Wilson, Rivest et même Bédard, tout ça, ce n'était pas très fort face à un tribun comme Blanchard, de risquer son directeur de cabinet.

— Si tu veux, on fera le postmortem un autre jour. Mais d'ici là, on fait quoi? J'ai pas l'intention de me faire doubler par les astuces de Baribeau! Je l'entends rire d'ici!

— Monsieur le premier ministre, j'ai pris sur moi d'alerter nos ambassades à Paris, Washington et Londres avec mot d'ordre de prendre contact très rapidement avec les autorités du pays pour tester leurs réactions, lui annonce le ministre des Affaires extérieures tentant de rassurer le premier ministre et ses proches.

— Rappelle tout de suite et dis-leur que le Canada a la ferme intention de ne pas laisser quelques milliers de votes briser le pays. Le Canada va se battre et qu'ils le fassent savoir dès cette nuit à leurs contacts. Et toi à la Défense? Nos troupes sont-elles sur un pied d'alerte?

— Aucun mot d'ordre dans ce sens n'a été donné sauf celui de se tenir prêt à protéger nos propriétés en territoire québécois si la situation l'exigeait, de répliquer le ministre de la Défense.

— Donne-le, on ne sait jamais. Don, j'aimerais que ton ministère nous fournisse des avis juridiques entourant tous les aspects de ce référendum : la question posée, la majorité, les votes rejetés, on m'a rapporté plusieurs cas à Montréal. Les possibilités de contestation des résultats devant les tribunaux, les majorités exprimées par les pays devenus indépendants dans les dernières années. Je veux tout ça dans les prochaines heures. Pas de temps à perdre.

Les ordres sortent dru, mais personne n'est dupe de l'incertitude qui les gouverne, malgré le ton ferme du premier ministre.

— Monsieur le premier ministre, il y a déjà du monde à l'œuvre auprès des grandes maisons de courtage pour tâter le pouls et éviter la chute du dollar canadien. J'ai déjà parlé au gouverneur de la Banque du Canada pour convenir de la marche à suivre. Ce faisant, je sens bien qu'on fait le jeu du Québec, mais on ne peut rester indifférent au sort de notre monnaie.

— Bien sûr, Peter! Il y a au moins toi d'allumé aux Finances!

La conversation se poursuit au pas de charge, menée par un premier ministre qui commence à reprendre ses esprits. Mais, le désarroi de la machine semble total. L'improvisation est au menu, on la sent à plein nez. Il le sait bien. Aucun plan de prévu pour contrer ce qui lui tombe dessus. Au-delà des rêves bousculés et de la faillite éventuelle d'une carrière politique de plus de trente ans vouée toute entière au Canada, à l'image de son maître à penser, Trudeau, mais carrière vouée surtout à la défaite des séparatistes, c'est lui, le tacticien, le maître des basses œuvres, qui se fait avoir alors qu'il est au sommet de la pyramide. Vulgairement, les culottes baissées.

De quoi avait-il l'air devant des millions de Canadiens et de Québécois, tout à l'heure à l'écran? Et que pensait Trudeau de tout cela, de la défaite de sa vie? Il n'avait pas osé lui téléphoner, à la fois triste et honteux de cette journée noire. Trudeau lui, aurait su parler aux Québécois, user de son charme, de son charisme. Lui, son dauphin, ne pouvait utiliser que ses faibles moyens et le fric qu'il manipulait. N'étant pourtant pas naïf sur le plan politique, il s'était laissé berner par ses conseillers sur l'état des troupes et l'esprit du temps sur le terrain.

Une intervention de son directeur de cabinet le ramènera à la dure réalité avant les premières lueurs de l'aube. Son homme de confiance, le seul qui, de sa garde rapprochée, pouvait encore exercer son sens critique et faire preuve d'un certain réalisme politique.

— M. le premier ministre, la nuit sera courte. Il faut sans doute réunir très rapidement le Conseil des ministres pour donner les mots d'ordre politiques avant que cela ne parte dans toutes les directions. Et je crains que vos ministres ne feront pas tous la même lecture que nous des événements. C'est un secret de polichinelle que certains ministres en ont marre du chantage québécois à la séparation. Le désir de se battre n'est pas uniformément partagé dans votre équipe, comme le jugement d'ailleurs. La grogne sera apparente dès demain, même aujourd'hui…. et il vous faudra bien de la persuasion pour les convaincre de vous suivre. Les tribunaux, d'autres référendums, la partition, voire l'armée, rien n'est moins sûr. D'ailleurs, comment réagiront les autres provinces? Même si elles n'étaient pas plus que nous préparées à la victoire du Oui, certaines voudront très certainement être aux premières loges pour la suite des événements.

— Hors de question! Elles se sont mobilisées à peine quelques heures pour soutenir la campagne du Non. Et encore a-t-il fallu que nous assumions toutes les dépenses. Beau sens du pays et de la péréquation!

No way, elles ne se mettront pas dans nos jambes, à part pour la photo de famille!

Deux ministres présents, issus de l'Ontario, acquiescent du bonnet, mais sans trop de conviction. Le chef de cabinet se rengorge, mais ne peut s'empêcher de rétorquer :

— Faut dire que vous ne leur avez pas beaucoup laissé la chance de s'impliquer. Quoiqu'il en soit, le gouvernement central n'est guère en position de force dans cette souque à la corde. Dans l'esprit de tous, c'est Ottawa qui a perdu le référendum. La bataille se faisait entre Ottawa et Québec et pour tous ceux qui ont participé à la bataille référendaire, c'est Ottawa qui a dû s'avouer vaincue, davantage que les Québécois qui ont voté Non.

— C'est quoi ce discours de Jésuite, baptême? Ceux qui ont voté Non auraient gagné, astheure!

— En réalité, une image pour dire que Baribeau a gagné et Romain, perdu, contrairement au référendum de 1980, où Trudeau a vaincu Lévesque.

— Bon, si t'as l'impression d'avoir gagné le référendum, ça augure bien pour la suite… Écoutez, il est 3 heures du matin. Un Conseil des ministres s'annonce pour 8 heures. Jean-P., tu t'occupes de l'ordre du jour avec le greffier. Pas grand-chose à inscrire. Je veux prendre le pouls de mes ministres. Baribeau a-t-il tenté de me rejoindre? Jean-P., j'aimerais bien lui parler avant ou après mon Conseil des ministres.

Il doit être aussi fourré que moi, se dit-il en aparté. Et avec Blanchard comme second, qui tolère mal de conduire assis en arrière… Tiens, tiens, sans doute de la bisbille en perspective. Pourquoi ne pas miser là-dessus pour redessiner le Canada…Baribeau ne l'a-t-il pas assigné à la tête de l'équipe de négociation?

Sur cette mince lueur d'espoir, le premier ministre congédie son entourage non sans avoir demandé à son homme de confiance de rejoindre, sur le champ, le PDG de Radio-Canada.

CHAPITRE V

GUERRE DES ONDES

Westmount, 3 heures du matin, le 31 octobre. Résidence de pierres grises. Une lumière pâlote luit derrière des carreaux vitrés à l'étage supérieur. La famille Kazanovitch est au lit depuis longtemps, n'ayant rien à célébrer en cette soirée de toutes les inquiétudes. Tous sauf Josh, le père, PDG de Radio-Canada dont il assure la destinée depuis trois ans. Ex-mandarin de la fonction publique fédérale, rejeton de la famille libérale, Kazanovitch a abouti à la tête de la société d'État avec le mandat ferme de faire le ménage. Cette nuit, c'est la déroute. Tout à coup, la sonnerie du téléphone retentit.

— Josh, c'est Jean. As-tu vu comment tes reporters objectifs se sont comportés lorsque Delondres a entonné sa p'tite maudite formule « si la tendance se maintient… »? Je le pensais de notre bord, lui au moins. Même pas capable de camoufler ses petits sourires satisfaits de fin de téléjournal! Et les autres alors! Toute la gang avait l'air en plein orgasme! Même les techniciens qui faisaient swinguer leur caméra. Et tous leurs invités. Y en avait même pas un pour plaider la cause du Canada.

— Monsieur le premier ministre, il y avait tout de même l'éditorialiste de La Presse pour souligner que la victoire du Oui en était peut-être une à la Pyrrhus et tentait de mettre des bémols à ce triomphe fragile. Vous oubliez également Calvechia qui n'est pas, à ce que je sache, devenu souverainiste.

— Tu peux bien m'en nommer deux, le deuxième d'ailleurs ayant l'air particulièrement compréhensif. *Anyway*, tout le monde sait que la boîte est infestée de séparatistes. Ça remonte à avant toi d'ailleurs. Mais je t'avais nommé là justement pour faire du ménage. Ça ne t'a pas trop réussi à en juger par la soirée pourrie que Radio-Canada nous a offerte.

Écoute, je ne t'appelle pas pour te faire le portrait de la soirée, mais pour te dire que, à partir de maintenant, Radio-Canada devient le porte-parole officiel du gouvernement fédéral. À la guerre comme à la guerre! Interdits de séjour, dans ta tour, autant à la radio qu'à la télévision, ta bande d'experts, d'analystes, de lologues toutes catégories confondues, d'intellos, bref tout ce qui bouge à gauche et en faveur de l'indépendance du Québec. Si le Oui a gagné, c'est en grande partie de votre faute et de celle des journalistes qui pataugent dans ta crisse de tour qui penche toujours du même côté!

— Mais, monsieur Romain, ça va devenir invivable en dedans.

— Attends, j'ai pas fini. Tu vas relever de leurs fonctions tes journalistes qui sont manifestement et ouvertement séparatistes. Si tu ne les connais pas, je peux te fournir une liste. Avec ou sans solde, je te laisse le choix. Enfin, interdiction de reprendre entrevues, communiqués, conférences de presse des leaders politiques québécois favorables à l'indépendance. Vous avez fini d'être le cheval de Troie de nos ennemis!

— Monsieur le premier ministre, autant fermer toute la direction de l'information et programmer des films américains à répétition. Au moins, cela serait clair. Lock-out total.

— Non, non, Radio-Canada va rester ouvert pour laisser passer notre information, celle du gouvernement fédéral en faveur de l'unité canadienne. C'est dans votre mandat. Cela fait république de bananes? Sans doute, et ce sera votre rôle de mettre tout le régime en scène!

— Vous savez bien que ça ne pourra pas durer, monsieur le premier ministre. Vous allez semer la révolte. Et comment continuer à prétendre que Radio-Canada remplit son mandat? Vous m'en demandez trop. Je ne pourrai que vous offrir ma démission.

— Je te dis tout de suite qu'y en n'est pas question. Tu la voulais la job? Ben, tu l'as. Je ne fais pas ça pour être populaire. Le Canada vit peut-être ses dernières heures. C'est manifestement un pays en sursis. Si l'on veut assurer sa survie, il faut ce qu'il faut et notamment le contrôle des ondes, au moins celles qui relèvent de nous. D'ailleurs, des ordres seront donnés pour que nos forces armées ceinturent les édifices fédéraux en territoire québécois pour assurer leur protection. Cela vaut aussi pour ta tour d'ivoire. Ça aussi, ça ne sera pas très populaire. Mais quand tu es chef d'État, tu prends des décisions en conséquence.

— Je m'excuse de vous dire cela, mais vous courez droit à la guerre civile, alors que sur la rue, ici à Montréal, c'est la liesse dans toute la population.

— La population francophone, tu veux dire. Moi je pense à la sécurité de la population de toute la ville et de la province.

— Même si cela met en péril la sécurité de vos compatriotes? Sauf votre respect, cette approche boutefeu, vous me permettez de le dire, est on ne peut plus suicidaire. En dépit de tout mon attachement au Canada, je me sens davantage une âme de pompier ce soir.

— Écoute, si tu ne veux pas te retrouver comme pompier au chômage, tu aurais intérêt à prendre en considération ce que je viens de te dire. En ces temps de turbulences politiques majeures, on doit choisir son camp. Ceux qui ne sont pas avec nous sont contre nous. Je n'aurais pas duré longtemps en politique si je m'étais adonné à ta subtilité.

— Avez-vous prévenu ma ministre de tutelle de cette directive?

— Écoute, j'ai dû mettre des cordeaux à la ministre du Patrimoine pour la retenir un peu, elle qui voulait peinturer toute la 20 en drapeaux canadiens! C'est pas elle qui va regimber. Mais, non je ne lui en ai pas parlé. Je n'ai pas eu le temps. De toute façon, ce n'est pas le temps de consulter tout le monde et son père. Le temps est à l'action.

— À l'action directe, à ce que je vois.

— Appelle ça comme tu voudras. Bon, je dois te laisser. La nuit est déjà avancée et j'ai un Conseil des ministres dans quelques heures.

— Avez-vous l'intention de leur faire part de la future mission de Radio-Canada?

— Je n'y ai pas vraiment pensé. De toute façon, c'est moi qui suis aux commandes. Et si tu te trouves en plein sur les barricades, dis-toi que ton sort est plutôt douillet par rapport à ce qui risque d'arriver dans les prochains jours. Allez, bonne nuit.

– Un dernier mot monsieur le premier ministre, peut-on se donner un petit recul de 12 à 24 heures sur ce que nous venons de discuter? C'est gros, très gros comme manœuvre et elle risque d'avoir un effet boomerang sur ceux qui l'ont pilotée.

– T'as peur à ta job, hein mon Josh.

– Je pense aussi à la vôtre, monsieur le premier ministre. Nous n'avons pas beaucoup l'habitude, ici, des coups d'État. Ces gestes me semblent s'en inspirer dangereusement.

– Que de grands mots! On croirait entendre tes experts en stratégie intersidérale. Ne t'inquiète pas pour moi. J'en ai vu d'autres et j'en ai fait voir d'autres à d'aucuns. Si tu veux prendre douze heures pour réfléchir à ton sort, libre à toi. Moi, c'est tout réfléchi. Salut.

Le PDG de Radio-Canada raccrocha, complètement découragé. Un tel coup de fil à 3 heures du matin! Ce n'était pas la première fois qu'il subissait les assauts du premier ministre pour qui Radio-Canada français était l'incarnation du mal. Il ne pouvait pas lui, le premier ministre, contrairement à son père spirituel, menacer de fermeture le réseau n'ayant aucun vase chinois à mettre en montre. Mais Dieu sait qu'il aurait aimé se rendre jusque là. Kazanovitch, de temps en temps, lui donnait un bonbon à sucer : arabesques latérales d'organigrammes, mises à la retraite prématurées, déportation des plus encombrants à Radio-Canada international, exils à Edmonton ou à Matane.

À ses yeux et au jugement de ses amis tout aussi fédéralistes et intégristes que lui, il en avait suffisamment fait. S'il n'avait pas réussi à briser la culture « radio-canadienne » profondément ancrée dans la réalité québécoise, il était du moins parvenu à projeter une réalité pancanadienne aux émissions d'information et aux journaux télévisés. La quotidienneté à Edmonton rivalisait avec les sous-sols inondés de St-Jean, Terre-Neuve, priorisant ainsi ces événements porteurs des nouvelles valeurs canadiennes aux actualités internationales. De même, le virage de la chaîne francophone vers une télévision superficielle abonnée à l'humour et aux variétés, avait eu pour effet pernicieux de détourner Radio-Canada de sa vraie mission de télévision publique. De tout cela, le patron en était bien conscient, mais la course à la cote d'écoute, la concurrence, le grignotage de l'auditoire par la multiplication des chaînes spécialisées avaient forcé ce virage existentiel de la télévision fédérale. C'est cela qu'il aurait voulu raconter au premier ministre tout à l'heure pour rétorquer au jugement péremptoire que ce dernier avait porté sur son travail depuis qu'il assumait la présidence de Radio-Canada. Il n'avait cependant pas réussi, malgré la médecine aseptisée administrée à l'écran québécois, à casser le vieux fond nationaliste de sa branche française, précurseure et même sage-femme de la Révolution tranquille.

Incapable de se rendormir, malgré un scotch double rapidement ingurgité, il décide de confier son désarroi à son vice-président, mais avant tout ami, de la chaîne française. Louis-Charles Hamelin, son bras droit, bon vivant, apprécié de ses troupes, avait réussi à sauver quelques meubles de la branche française dans cette braderie orchestrée par le pouvoir fédéral.

— Hé Josh, qu'est-ce qui te prend? Y est pas loin de 4 heures du matin. Es-tu en train de fêter toi aussi?

— Ah, parce que tu fêtes, toi?

— Ben voyons, ça t'étonne? Pour une fois que le peuple remballe sa peur. Y a de quoi fêter, non!

— J'te croyais plus « neutre ». Le mal grugeait, à ce que je vois, le plus haut niveau.

— Le mal, le mal. Je t'ai connu plus raffiné. Mais, au fait, pourquoi me courir sur mon cellulaire, à cette heure-ci?

— Nous, on veille, mais pas pour les mêmes raisons. Écoute, t'est-il possible de venir me rejoindre chez moi, tout de suite. Des choses graves se préparent, nous mettant en cause directement.

— Des choses graves qui ne peuvent pas attendre quelques heures, jusqu'au petit déjeuner qu'on pourrait partager?

— Non, si tu peux et si tu es en état de réfléchir, j'apprécierais au plus haut point que l'on se voit maintenant. Tu connais mon adresse à Westmount.

— Puisque tu sembles à l'article du pays, je m'extirpe du party, je saute dans un taxi et j'arrive.

Le temps de contourner la foule exubérante par les petites rues et d'atteindre la banlieue cossue mais beaucoup moins festive, le vice-patron de Radio-Canada, chaîne française, arrive chez son patron, le boss des boss.

— Mon Dieu, on dirait qu'un camion t'est passé sur le corps. Blême rare! Qu'y a-t-il d'aussi grave pour me convoquer à une heure aussi indue?

— Louis-Charles, je viens d'avoir une conversation avec le premier ministre.

— Ce n'est pas la première. Ça ne doit pas être cela qui te met dans cet état.

— Si, justement. Je ne te raconterai pas le détail de notre conversation, si on peut appeler cela une conversation. En deux mots, le premier ministre veut, à toute fin pratique, fermer la direction de l'information. Black out total sur tous ceux porteurs du message indépendantiste et de tous ses médiateurs. Aucune nouvelle provenant du gouvernement du Québec ne peut être relayée sur nos ondes. Bref, Radio-Canada doit se coller aux seuls messages du gouvernement du Canada et ignorer à peu près tout de ce qui émane du Québec.

— Complètement dingue. Il est tombé sur la tête. Un véritable coup d'État. Tu ne peux absolument pas donner suite à cette décision qui frôle le fascisme. On risque la guerre civile.

— C'est exactement ce que je lui ai dit, mais il ne veut rien entendre. Pour lui, c'est la guerre. Il ne fera de quartier à personne.

— As-tu tenté de parler au président du Conseil d'administration de la boîte? Peut-être serait-il de bon conseil, en bons termes qu'il est avec la petite baronnie libérale à Ottawa.

— Je ne lui fais pas plus confiance qu'à la ministre du Patrimoine, une Walkyrie qui, je le crains, va faire de la surenchère sur son patron. Ils ont l'air complètement déboussolé à Ottawa, ne sachant pas trop dans quelle direction tirer. Pire, le premier ministre pense déployer les forces armées autour des propriétés fédérales au Québec, y compris Radio-Canada. Ça nous fera une belle jambe, non seulement au Québec et au Canada, mais tout autant à l'international.

— Je suis complètement assommé par ce que tu m'annonces. Les mesures de guerre, version 1995. Décidément, les libéraux ont de la suite dans les idées. Je ne sais vraiment pas quoi te dire, sinon qu'il m'apparaît évident que Radio-Canada ne peut se plier à cette directive. Sinon, c'est sa fin. La Société n'aura plus aucune crédibilité. Ce sera la révolte à l'interne. En tout cas, pour ma part, jamais au grand jamais, je ne cautionnerai une telle opération kamikaze. Toi non plus, j'ose espérer.

— Tu penses! Bien sûr que non. Mais comment?

— Ce n'est pas possible que ses collègues du cabinet endossent cette folie. Encore moins l'opposition. Y a quand même des gens au gouvernement capables de garder raison et sang froid en dépit de la défaite politique de leur camp.

— Tu viens de l'évoquer. On a déjà eu des mesures de guerre qui ont donné lieu à des égarements manifestes de la part d'intellectuels vendus aux droits de l'homme. On ne peut jurer de rien.

— Josh, je ne peux me faire à l'idée. Donnons-nous quelques heures pour organiser la résistance. À moins que…

— À moins que quoi?

— Non rien. J'essaie de réfléchir vite. En attendant, je te suggère de continuer comme si de rien n'était. On ne sait absolument pas comment la situation va évoluer au Québec, mais aussi à Ottawa. Laissons la poussière retomber quelques heures. Le premier ministre fédéral est en pleine crise de panique. Son téléphone en témoigne éloquemment. Je ne suis pas du tout sûr que le ton incendiaire de son discours d'hier soir ait plu à tous ses collègues du Cabinet. En tout cas, il n'a sûrement pas plu à la population québécoise, si l'on en juge par les réactions de la rue. Ses menaces à peine voilées ont heurté de plein fouet tous ceux qui ont loué le caractère démocratique de la journée d'hier. Et ce ne sont pas les frustrations d'un petit politicien en fin de carrière, fût-il premier ministre, qui vont donner le « la » à toute une société. La population québécoise a parlé. On eut souhaité un discours plus affirmatif, mais le Oui est quand même majoritaire. De toute façon, j'ai choisi mon camp. Je respecte ton choix Josh, en espérant que tu sauras ramener à la raison celui qui avait mis en toi toute sa complaisance. Allez, tente de dormir. Moi, je rentre à la maison, sachant que la journée sera longue. Ciao! À tantôt.

— À tantôt Louis-Charles. On n'a rien réglé, mais on est au moins deux à porter cette croix. Que j'étais bien fonctionnaire!

Curieusement, à la suite des révélations de son ami Josh, Louis-Charles n'éprouvait pas le même abattement que son patron. Si le premier ministre voulait assassiner Radio-Canada, il ne pouvait pas mieux s'y prendre. Libre à lui. Mais notre ami rêvait déjà à un scénario préfigurant l'avenir du Québec. Si tout le secteur de l'information se déportait en masse vers Radio-Québec… De toute façon, l'indépendance du Québec réservait à sa chaîne publique un sort plus enviable que celui qui avait été le sien au cours des dix dernières années. La fin des vaches maigres et la mise sur pied d'un secteur de l'information que Radio-Québec n'avait pu se donner jusque là, faute de moyens.

Ottawa voulait jouer dur. Sans doute que Québec n'hésiterait pas une seconde à prendre la relève et à investir ce qu'il fallait pour doter sa chaîne publique de ce qui lui avait fait défaut depuis trop longtemps. Avec qui discuter de tout cela, sinon avec une de ses anciennes connaissances à l'emploi du ministère de la Culture et des communications à Québec. Vite, il fallait le contacter dès les prochaines heures!

Romain faisait bien les choses au fond.

CHAPITRE VI

PREMIERS ÉMOIS

Il est 14 heures le 31 octobre. Le Conseil des ministres affiche complet, à Québec. La salle circulaire, sans fenêtre et morne à souhait, déborde d'éclats de voix. L'émotion est à fleur de peau surtout lorsque le premier ministre fait son entrée. Un immense hourra parcourt la salle et tous se précipitent pour le féliciter, lui donner l'accolade. C'est la cohue. La salle du Conseil a eu peu d'occasions dans toute son histoire de célébrer autant. Pour certains, c'est l'aboutissement de toute une vie, ce rêve auquel ils ne croyaient plus il y a à peine cinq ans. Comme bien des Québécois d'ailleurs.

— Mesdames, messieurs les ministres, déclare d'une voix solennelle le premier ministre manifestement conscient du moment historique que tous vivent. Vous me permettrez d'abord de vous féliciter pour cette extraordinaire victoire qui est la vôtre dans tous les coins de ce pays. La patrie vous a bien rendu la somme de vos efforts. Enfin, le Québec dont on rêve depuis si longtemps, est à portée de main. Ai-je besoin de vous dire que la tâche ne fait que commencer, que la route sera probablement ardue mais que les espoirs dont nous sommes porteurs seront plus forts que les embûches qui nous seront tendues. Et notre victoire n'est pas mince. Elle est immense et le droit international la met à l'abri de tous les faucons.

Notre réunion d'aujourd'hui sera brève, puisque le caucus nous attend dans une heure. Je voulais vous entretenir des projets de mon gouvernement pour les prochaines heures, de l'allocution que je prononcerai à 19 heures à Radio-Québec et des démarches qui sont en cours.

Mon discours se voudra rassembleur. Rassembleur pour nos compatriotes anglophones, les premières nations, nos communautés culturelles et, bien sûr, pour notre population francophone qui a choisi d'appuyer le Canada. Des appels à la société civile, au milieu des affaires et au monde syndical de même qu'au milieu culturel seront lancés pour les inviter à participer activement à la définition du Québec nouveau.

Déjà, Paris, sans se manifester officiellement, nous a assurés de son soutien amical. Jusqu'où ira-t-il? Seuls les prochains jours nous le révéleront. Rien du côté de Londres ni de Washington. Des vérifications faites à Ottawa ont laissé filtrer peu de chose. Des échos informels témoignent cependant d'une certaine anarchie qui y règne. Voilà pour l'état des lieux que je ferai compléter tout à l'heure par notre ministre des Finances dont les nouvelles, sur le plan économique, auraient pu être plus mauvaises.

Avant de lui céder la parole, je voudrais vous dire à tous mon engagement très ferme à ne ralentir en rien la cadence, le rythme d'accession à notre indépendance. Au-delà des statistiques référendaires et des atermoiements auxquels certains pourraient nous appeler, je vous le dis et je le répéterai à la télévision, notre marche est inéluctable et les accommodements au fédéralisme actuel que pourraient nous susurrer tous les modérés de notre histoire et les sirènes de l'étapisme, eh bien! je leur réserverai mon mépris le plus senti. Ce discours, je le tiendrai tout à l'heure au caucus de nos députés. Je n'aurai pas consacré 25 ans de ma vie à une cause qui, finalement, n'accoucherait que d'un demi-pays. Le partenariat, j'y adhère, les institutions communes également, mais seulement dans la mesure où elles n'altéreront pas la capacité d'agir du pays. Je ne suis pas revenu en politique pour diriger un 35ième gouvernement provincial qui essaierait le fédéralisme.

– Jacques, si c'est cela le ton rassembleur de ton discours, je crains fort pour les institutions communes. Et que ça plaise ou non, la faible majorité du Oui ne nous met pas en situation de force pour négocier le pays, de risquer le ministre des Affaires municipales, bien identifié à la frange étapiste du parti.

La longue amitié du premier ministre avec son ministre des Affaires municipales autorisait ce dernier à tutoyer le premier ministre et même à lui tenir ce discours que peu, autour de la table, auraient osé avoir. Néanmoins, quelques regards approbateurs convergeaient vers le ministre des Affaires municipales, tête marchante des modérés. Ce n'était un secret pour personne que ce dernier se contenterait même d'une souveraineté quelque peu diluée, à la sauce bruxelloise. Une partie du caucus des députés partageait son point de vue, d'ailleurs.

— Quand j'ai décidé, mon cher Paul-André, de tenir un référendum au plus tard un an après notre victoire électorale, plusieurs n'ont pas manqué de souligner le caractère bien léger de la brigade qui partait à l'assaut. Ce qui était perçu comme suicidaire pour les troupes souverainistes a fait que le suicide a changé de camp, plastronna le premier ministre.

Un discours, je le répète, rassembleur mais ferme est, au contraire, rassurant pour nos troupes, clair dans nos intentions. Au moins, nos interlocuteurs sauront à quelle enseigne nous logeons, sans méprise possible sur les rapiéçages de pays. Un discours mou, fait de si et de peut-être, est la pire des approches et donnera prise à toutes les magouilles possibles. Ce ne sera pas mon approche.

De toute façon, notre agenda est bien arrêté. Nous procéderons rapidement à mettre en œuvre ce qui est de notre ressort propre : motion solennelle à l'Assemblée nationale qui donnera un caractère officiel à la victoire référendaire, élaboration d'une constitution y définissant, entre autres, nos futures institutions politiques, proclamation de la citoyenneté québécoise. Bref, tout le programme de gouvernement que nous avons discuté déjà et qui a fait consensus.

Parallèlement, débuteront les négociations. D'égal à égal. Sera finalisée dès cette semaine notre équipe de négociateurs pilotée par Lucien Blanchard. Notre ministre des Relations internationales a, quant à elle, des devoirs bien précis à faire auprès des capitales étrangères et s'apprête d'ailleurs à partir pour Paris. Le ministre des Finances, à qui je passe la parole, a lui aussi une mission bien claire à mener.

Pendant ce temps, le directeur de cabinet du premier ministre accourt vers ce dernier. Un appel d'Ottawa qui provient du bureau de M. Romain. Cela semble urgent.

Le premier ministre regagne son bureau accompagné de son premier conseiller et met le téléphone sur « mains libres ».

— Monsieur Baribeau. Je veux d'abord vous féliciter pour votre victoire, même si elle risque d'être à la Pyrrhus. Ce ne sont pas des félicitations formelles parce que des indications sérieuses nous laissent croire, ce que vous savez sans doute déjà puisqu'elles sont le fait des vôtres, que bien des votes favorables au Non auraient été rejetés.

Assez, semble-t-il, pour renverser les résultats, ce qui nous forcerait à les contester. Vous voyez cela, un match nul? Votre victoire aura été non seulement courte, mais brève!

– En dépit de toutes vos circonlocutions et de la fabulation qui les entoure, j'accepte vos félicitations. Mais je vous dis d'entrée de jeu que vos menaces de contestation ne feront guère le poids devant la violation de toutes nos règles de financement démocratique à laquelle vous et votre bande vous vous êtes livrés. Les 5 000 000 $ du camp du Oui n'ont pas pesé lourd devant les millions du camp du Non. Combien a pu vous coûter le *love-in* de Montréal? Combien avez-vous déboursé pour toutes les campagnes publicitaires de votre gouvernement qui, de moins en moins subtilement, moussaient le Non? Combien le Conseil pour l'unité canadienne a-t-il pu décaisser en toute impunité? Vos manœuvres d'intimidation n'impressionnent guère, sans compter ce que nous révélera sans doute l'avenir sur toutes vos turpitudes. Vous auriez gagné ce référendum que j'aurais crié au vol sur toutes les tribunes. Mais, j'imagine que ce n'est pas pour m'entretenir de ces niaiseries que vous souhaitiez me parler d'urgence.

– OK, OK. La suite nous le dira. Je vous appelais pour vous inviter à un tête-à-tête. Je pense qu'il s'impose. En zone neutre, disons à Montréal. Je serai accompagné de mon directeur de cabinet. Nous sommes mardi. Vendredi vous conviendrait-il?

– Tête-à-tête pour parler de quoi? Revenir sur votre entrée en matière, disséquer vos propos méprisants d'hier soir?

– Je crois qu'il est dans l'intérêt de nos compatriotes que l'on se rencontre. On ne peut pas bien longtemps se parler par médias interposés. Il me semble normal d'avoir ce meeting entre nous, ne serait-ce que pour constater de visu nos désaccords.

Un signe de tête de son directeur de cabinet incite le premier ministre du Québec à accepter l'invitation.

– Bon, d'accord. Laissons à nos collaborateurs le soin de convenir du lieu, de l'heure et de l'ordre du jour. À vendredi.

— C'est cela. Vous est-il possible de ne pas ébruiter cette réunion?

— Bien sûr.

De retour au Conseil des ministres, le premier ministre a à peine le temps d'entendre la fin de la réponse du ministre des Finances qui fait part à ses collègues « qu'il faut en saisir le premier ministre dans les meilleurs délais avant que les choses n'aillent trop vite. »

Cette bribe de conversation vient confirmer au premier ministre, qui ne veut pas en savoir plus pour l'instant, qu'une partie de son Conseil des ministres craint un pas de marche trop forcé vers l'indépendance. Il sait que cette ligne de pensée a beaucoup de partisans non seulement au Cabinet, mais aussi au sein du caucus des députés et fort probablement au sein du parti. Qui plus est, cette approche modérée est partagée par son négociateur-en-chef pour qui la faible majorité du Oui le renforce dans ses convictions. Ce n'est pas le temps de brusquer personne alors qu'un Québécois sur deux a appuyé le Non. Le premier ministre coupe court à une discussion qu'il ne veut pas avoir maintenant et se transporte vers le Salon B où se regroupent les membres de son caucus. Tous ses députés sont présents, sans exception. Au-delà des effusions de joie qui se manifestent, le premier ministre reprend en gros les propos qu'il a tenus quelque temps plus tôt au Conseil des ministres.

Pour vaincre toute velléité de temporisation, le premier ministre fait siens les arguments souvent prêtés au camp des purs et durs, auquel il s'identifie depuis toujours. Pour lui, le temps compte et il ne veut surtout pas permettre à Ottawa d'orchestrer la contre-attaque avec les autres provinces, avec les ultras du Québec, avec certains pays étrangers et, au premier chef, avec les États-Unis. D'ailleurs, le premier ministre espère une réaction rapide de l'étranger. Mais, comment provoquer cette réaction qui aurait l'effet d'une reconnaissance juridique sans qu'elle puisse être formelle? Ce sont des gestes de chef d'État que ses concitoyens attendent. Des gestes qui doivent marquer très nettement une rupture rapide avec la situation politique actuelle. Ils doivent faire comprendre à la planète que le processus amorcé avec la victoire du Oui est irréversible et que la déclaration d'indépendance, que l'Assemblée nationale sera appelée à voter très prochainement, prendra effet d'ici maximum un an, suivant le déroulement des négociations avec Ottawa. Les réactions plutôt tièdes d'une partie du caucus, hormis quelques députés qui manifestent plus bruyamment, n'étonnent guère le premier ministre. Est-ce une certaine appréhension de l'inconnu ou la gravité du moment qui modère leur enthousiasme? Il connaît bien ses troupes, mais n'épousera pas leur état d'âme où la crainte de la rupture semble plus présente que les conséquences de la victoire qui, pour l'instant, est loin d'être consommée.

Pour certains, un discours trop volontariste peut être une erreur stratégique qui, par des gestes précipités, risque de brûler les ponts avec le monde canadien dont on veut partager certaines institutions et des outils communs. C'était pourtant là un engagement manifeste des leaders du camp du Oui. Ne risque-t-on pas de se mettre à dos plusieurs de nos partisans qui, même s'ils ont choisi le Québec, n'ont pas nécessairement renié le Canada?

– Monsieur le premier ministre, j'admire et j'envie votre enthousiasme et votre volonté d'agir. Faut-il pour autant tout bousculer sur votre passage et risquer de vous mettre à dos à jamais des partisans du camp adverse que l'on aurait pu rallier à notre cause par une approche plus conviviale? Je pense, ce faisant, traduire dans ses grandes lignes l'état d'esprit d'une partie importante du caucus qui est tout à fait prête à vous suivre, mais dans une démarche plus respectueuse de nos propres engagements.

Cette intervention du député de St-Hyacinthe, applaudie par plusieurs de ses collègues, en suscite une autre de l'aile marchante qui dit son écœurement bien senti de l'école étapiste qui, selon lui, a fait reculer la volonté de l'indépendance d'un quart de siècle. Monsieur Baribeau doit marcher sur la ligne de partage des eaux entre les agités et les modérés du caucus.

Le premier ministre se disait à lui-même qu'il avait fort heureusement peu de temps à consacrer à ce caucus et crut bon de le rompre prématurément. Il assura ses députés que rien de dommageable ne serait entrepris ni à court ni à moyen terme, mais que la marche de l'histoire est inexorable et qu'il y consacrera le plus clair de ses énergies sinon à l'accélérer, du moins à n'en pas ralentir la cadence. De toute façon, dit-il, le caucus sera régulièrement consulté tant sur la marche à suivre que sur les enjeux à négocier.

L'attendait à sa sortie du caucus sa secrétaire personnelle porteuse d'un message urgent de la part du chef de l'opposition, ci-devant chef du camp du Non, envers qui le premier ministre manifestait peu de sympathie malgré son heureux ralliement à la victoire du Oui. Il l'avait oublié celui-là.

— Dites-lui que j'essaierai de le voir dans les prochaines heures, le temps de mettre une dernière main à mon discours à la nation.

CHAPITRE VII

L'APPEL DU 31 OCTOBRE

La victoire référendaire est jeune. Moins de 24 heures. Mais déjà, l'histoire s'écrit. Les choses se bousculent à Ottawa et à Québec. Les vociférations du monde anglo-saxon, que tous leurs médias reprennent en canon, se butent aux appels au calme lancés par quelques leaders d'opinion de toutes tendances politiques. Faut dire que le discours du premier ministre fédéral a échauffé certains esprits qui n'avaient pas besoin de l'être. Fort heureusement, les chefs de partis formant l'opposition à Ottawa ont tempéré le climat et refréné les ardeurs belliqueuses des perdants d'hier. Si les propos du leader du Bloc allaient de soi, ceux du chef du parti Réformiste ont eu l'effet d'un baume sur le cynisme ambiant dans la capitale fédérale. En effet, l'appel de ce dernier au respect du processus démocratique exemplaire que fut le référendum québécois et à la reconnaissance de la victoire du Oui a réjoui bien des acteurs de la scène politique québécoise. Appel d'autant plus étonnant que ce parti de droite partageait peu d'atomes avec la social-démocratie québécoise, mais tout de même pas inattendu puisque son chef avait laissé entrevoir ce type de réaction pendant la campagne référendaire, tout en se signant en l'évoquant. Bien sûr s'était-il pourfendu d'élans nostalgiques autour du mantra canadien, mais le discours du chef formait rempart face à tous les talibans du fédéralisme.

Le premier ministre du Québec a voulu s'adresser d'abord à la nation québécoise, mais aussi à toute la population canadienne de même qu'à l'opinion publique internationale le plus rapidement possible. C'est ce qu'il fera le soir du 31 octobre, à 19 heures, sur les ondes de Radio-Québec.

Radio-Québec nage en pleine euphorie. Le référendum est encore chaud et déjà, la chaîne éducative se retrouve sur les barricades, cette fois-ci du bon côté! Mal aimée des ondes, elle n'a jamais vraiment percé la carapace télévisuelle des Québécois. Faisant à peine partie des marges d'erreur des sondages, confidentielle à souhait, Radio-Québec occupait subitement les devants de la scène. Seule chaîne à appartenir en propre au peuple québécois, elle n'était pas susceptible de tomber sous la coupe fédérale. Pressentant ce qu'il risquait d'advenir de Radio-Canada, le gouvernement du Québec avait, dès le lendemain de la victoire référendaire, débloqué les fonds nécessaires à la mise sur pied expéditive par Radio-Québec d'un service d'information, en faisant appel notamment à des professionnels de Radio-Canada sur qui, pourtant, le couperet fédéral n'était pas encore tombé. En moins de deux, un embryon de service des nouvelles s'était constitué et déjà, avait réussi à aller gruger une partie de l'auditoire radio-canadien. Cela augurait en fait du rôle futur de Radio-Québec dans un pays indépendant. Et il faudrait peu de temps pour qu'un fort contingent d'artisans, de techniciens, de réalisateurs et de journalistes ne manifestent leur intérêt à migrer vers la nouvelle chaîne transformée. Cela semblait en pleine contradiction avec sa licence de chaîne éducative, mais le temps n'était déjà plus aux ergotages du CRTC sur le sexe des ondes.

Radio-Québec était déjà le premier des outils d'un Québec indépendant et pourtant, le Québec nouveau n'avait pas encore deux jours. Les mutations seraient-elles toutes aussi rapides pour tous les organismes dédoublés que le fédéralisme canadien avait engendrés avec son pouvoir de dépenser. Ce n'était que le début.

Radio-Québec attend le premier ministre. L'heure est solennelle, on le sent bien. Déjà, toutes sortes de rumeurs courent sur le coup de force qu'Ottawa se préparerait à perpétrer à travers l'armée. Le bruit se répand aussi sur la division de la famille souverainiste entre les partisans de la marche rapide vers l'indépendance et ceux de la mouvance étapiste, qui a la vie dure depuis les débuts du parti.

Est venu le temps de donner l'heure juste à la population avant que les rumeurs ne s'emballent. Le premier ministre apparaît à l'écran. Le visage est sérieux, la voix bien appuyée. Seul un drapeau du Québec égaie le décor sobre du studio qui accueille le premier ministre.

« Mes chers amis,

Le Québec est aux portes du monde. Hier, vous vous êtes majoritairement dit Oui, à vous-mêmes d'abord, au pays à faire naître ensuite. J'aimerais tout d'abord vous dire toute la fierté que j'ai à appartenir à ce peuple. Ce Oui de la majorité est d'abord et avant tout inclusif. Il englobe tous les Québécois, qu'ils soient enracinés au Québec depuis dix générations ou depuis dix mois. Il accueille avec la plus grande ouverture et le même empressement toutes les collectivités, grandes ou petites, qui nous ont fait l'honneur de choisir le Québec comme deuxième patrie.

Permettez-moi de faire un appel particulier au ralliement à ce projet de pays de la communauté anglophone qui, très majoritairement, a renouvelé lors du référendum son attachement au Canada. Je vous dis que non seulement nous respectons votre choix, mais que nous nous sommes solennellement engagés à maintenir des liens étroits avec ce pays ami que demeurera le Canada : passeport, monnaie, défense et éventuellement une Assemblée commune. Bien des Québécois francophones tiennent aussi à ces attaches qu'une histoire partagée a forgées entre le Québec et le Canada. Je redis solennellement l'engagement du Québec à respecter vos droits, vos institutions, écoles et hôpitaux, vos outils de communications et vos pratiques et lieux culturels. Ainsi, chers concitoyens de langue anglaise, le Québec a été, est et continuera d'être un pays de droit, vous assurant l'égalité de traitement dans ce Québec majoritairement francophone. Je vous invite d'ailleurs à militer activement auprès de vos compatriotes des autres provinces de même qu'auprès de votre députation à Ottawa, pour faire surgir ces instruments de partenariat qui garderont vivants les liens avec le Canada.

Mes engagements, auprès de la communauté anglophone, je les reprends cette fois au profit de nos amis autochtones à qui je tends le rameau d'olivier. Vous revendiquez pour vous-mêmes ce que le Québec poursuit depuis longtemps. Je m'engage à ce que, dans un avenir prochain, une équipe soit mise à pied d'œuvre afin de définir les voies et moyens de donner forme à votre autonomie en territoire québécois. C'est ce que l'on pourrait appeler la "paix des braves" que je vous propose. J'espère du plus profond de moi-même que vous saisirez la main tendue.

Je tenais à m'adresser très rapidement à toute la population afin de lui dire, de la façon la plus transparente possible, notre ordre de marche vers la souveraineté. Car c'est bien de cela qu'il s'agit. Hier, le mandat que vous nous avez donné est de faire surgir le pays du Québec. D'ici le 30 octobre 1996, au plus tard, le Québec accèdera au rang de pays. Comment y arriverons-nous?

Réglons d'abord le cas de la courte majorité que d'aucuns ne manqueront pas d'utiliser pour minimiser la portée de notre victoire. Lorsqu'aux Jeux olympiques, un athlète gagne une médaille d'or avec un dixième de seconde devant son plus proche concurrent, qualifie-t-on sa victoire de courte ou de faible? Et qui dans cinq ou dix ans se rappellera qu'il a gagné sa médaille par une si faible avance? Il sera toujours le détenteur de sa médaille d'or. Pourquoi en irait-il autrement pour nous, sous prétexte que notre majorité aurait dû être de 100 000 ou de 150 000 votes? Où cela s'arrête-t-il? Pour moi, la cause est entendue. Arrivons maintenant à l'essentiel.

Dans l'ordre, nous convoquerons d'abord, comme nous nous y sommes engagés, l'Assemblée nationale pour y voter une motion, à l'unanimité je l'espère, de façon à consigner formellement les résultats du référendum et à y proclamer, de façon virtuelle, l'indépendance du Québec pour, au plus tard, dans un an. En fait, il s'agit, pour vos représentants démocratiquement élus, de reconnaître de facto l'indépendance du Québec et, par cette motion, amorcer la préparation d'une constitution pour notre nouveau pays. Cette constitution réglera, entre autres et de façon non exhaustive, les questions de nos futures institutions politiques, de la citoyenneté québécoise, de la charte des droits et de celle de la langue, de notre mode de scrutin, etc. Et c'est à une assemblée constituante que reviendra l'élaboration de cette constitution que je souhaite voir approuvée ultimement par l'Assemblée nationale et la population.

Concrètement, on y discutera de questions comme, par exemple :

Souhaitons-nous vivre en régime monarchique comme maintenant ou adopter un régime républicain à la tête duquel siège un président?

67

Souhaitons-nous une présidence à l'américaine qui détient des pouvoirs importants ou une présidence davantage honorifique où la réalité du pouvoir revient à son premier ministre? Bref, un régime présidentiel ou un régime parlementaire?

Vos députés devraient-ils continuer d'être élus à travers le mode de scrutin actuel, où le candidat qui a reçu le plus grand nombre de votes devient député, ou préférer un mode de scrutin où existe une certaine proportion entre le pourcentage de votes exprimés et le nombre de députés, ce que les jargonniers de l'analyse politique appellent le scrutin proportionnel avec toutes les nuances dans lesquelles on le noie.

Le pouvoir serait-il mieux exercé s'il était partagé entre deux chambres soit une assemblée qui regrouperait tous les députés et une deuxième chambre où se retrouveraient les régions? Vous savez, c'est un engagement majeur de notre parti de conférer des pouvoirs réels aux régions, de donner un vrai visage à la décentralisation, la révolution la mieux ratée du Québec. Cette fois, nous ne manquerons pas notre coup.

Ce sont donc des questions comme celles-là que devront régler les constituants chargés de donner suite à la motion de l'Assemblée nationale et d'ainsi donner à notre autonomie politique nouvelle, sa charpente juridique. Peut-être vous apparaissent-elles aller dans trop de détails? Pourtant, ce n'en sont pas. Elles sont capitales pour l'avenir de notre démocratie et il vous reviendra de les avaliser lors d'une consultation populaire.

Autre dossier majeur, celui des négociations avec le partenaire canadien. J'ai bien dit canadien et non fédéral, car je compte négocier, bien sûr, avec le gouvernement fédéral mais aussi avec les représentants que les provinces canadiennes voudront bien se donner. Cela est très important pour nous et sans doute aussi pour nos amis canadiens, tant il est vrai que le Canada a abrité jusqu'à maintenant deux nations. Il leur reviendra, bien sûr, de choisir la composition de leur délégation, mais il me semble capital que le débat dépasse le seul cadre fédéral.

De quoi parlerons-nous? De dette nationale, des actifs fédéraux en territoire québécois, des pensions de sécurité de la vieillesse, du transfert des fonctionnaires fédéraux oeuvrant chez nous et que nous nous sommes d'ailleurs engagés à accueillir jusqu'au dernier. Nous parlerons également de la monnaie, le Québec souhaitant conserver la devise canadienne. Du passeport, pour lequel nous avons exprimé le même souhait. Seront aussi étudiées les modalités reliées à la participation du Québec aux traités commerciaux comme celui portant sur le libre-échange avec les États-Unis et le Mexique. Toutes ces questions devront être réglées à l'intérieur d'un Traité de partenariat qui définira les pouvoirs dévolus à ces institutions communes que nous avons proposées dans l'entente du 12 juin dernier : le Conseil du partenariat et son secrétariat, l'Assemblée parlementaire, le Tribunal chargé de régler les différends qui pourraient surgir de l'application du Traité, etc.

La liste n'est bien sûr pas complète, mais vous voyez que ce sont toutes des questions cruciales pour l'avenir du Québec. Nos têtes pensantes dans l'administration québécoise sont à pied d'œuvre sur ces questions depuis quelques mois et sont toutes prêtes à en débattre avec le partenaire canadien dans les meilleurs délais, sous la direction on ne peut plus compétente de notre négociateur-en-chef, le chef de l'opposition de Sa Majesté à Ottawa.

En somme, le chantier démarre et nous aurons besoin de votre appui solide et constant pour le mener à bien. Je m'engage d'ailleurs à vous entretenir, de façon régulière, disons mensuelle, de l'évolution de ces différents dossiers et de ceux qui s'ajouteront en cours de route. L'indépendance du Québec n'est pas qu'affaire de politiciens, elle est la chose de tout un peuple. « Être informé, c'est être libre », avait l'habitude de dire René Lévesque. Je ne suis pas partisan de cette opacité dans laquelle voudraient nous engluer certains politiciens, trop confortables avec l'infantilisme politique. Je suis convaincu que les Québécois peuvent très bien supporter et vivre avec la vérité.

Nous avons posé, hier, un geste extraordinaire de confiance en nous, confiance qui se tisse autour de ce trio fabuleux que sont le rêve, l'espoir et l'action. Nous en sommes maintenant au dernier élément de la trilogie : l'action. Nous sommes en train de réduire à néant nos incertitudes historiques et notamment, économiques. Nous avons les moyens de notre indépendance. L'économie du Québec est parmi les plus solides de la fournée de pays qui ont acquis leur indépendance au cours des vingt dernières années. La souveraineté, ce n'est pas une malédiction économique, encore moins une mécanique fiscale, et dans la mondialisation qui s'infiltre, elle devient un outil essentiel à notre affirmation comme peuple. Sur le plan identitaire et culturel, elle est un impératif catégorique. Le Québec sera de la cohorte de ceux qui forgent, qui bâtissent, qui innovent, bref un Québec inspirant. Nous serons fiers de nous.

Je m'en voudrais de ne pas revenir, en terminant, sur l'allocution prononcée par le premier ministre du Canada, hier soir. Nous nous serions attendus à d'autres genres de propos, sans doute dictés par la grande déception que l'issue du vote a provoquée chez lui. Je ne laisserai pas le chef du gouvernement canadien venir, par ses provocations, déstabiliser toute une population parce que les résultats qu'il espérait ne sont pas au rendez-vous.

Déception au demeurant compréhensible, d'autant plus que nous en avons vécu une semblable, 15 ans plus tôt. Mais, de laisser poindre toutes sortes d'hypothèses aux contours aussi flous que dangereux, et que je ne veux pas reprendre ici ce soir, est indigne de quelqu'un qui assume la destinée du Canada. La victoire du Oui fut incontestablement démocratique, avec un taux de votation exceptionnel. Se réfugier derrière la prétendue courte victoire du Oui pour évoquer des mesures plutôt menaçantes, constitue un affront à nos règles démocratiques et un mépris de l'expression de la majorité. Ses propos de fin de campagne étaient pourtant explicites lorsqu'il affirmait, la paupière en berne, qu'un vote pour le Oui signifiait la fin du Canada. Eh bien!, le Oui a gagné et c'est la fin du Canada que l'on connaît depuis 1867. Mais le Canada peut continuer, dans une forme politique nouvelle à laquelle le Québec souhaite s'associer. C'est cela la vérité. Toutes les règles du droit international s'appuient sur la majorité absolue, c'est-à-dire 50 % des voix plus une. Et nous appelons solennellement le Canada à la respecter. Le Canada est un pays de droit. Plusieurs voix se sont élevées aujourd'hui, au Québec et au Canada, pour rappeler cette règle simple de la vie en démocratie. Pourquoi subitement 49 personnes auraient plus de poids que 51 autres qui ont un avis différent sur la même question?

J'invite le premier ministre du Canada à reconnaître, dès maintenant, les résultats du référendum québécois, à en prendre acte et à s'asseoir le plus rapidement possible à la table de négociation pour le plus grand bonheur de nos concitoyens. C'est un appel à la générosité de l'âme que je fais ce soir. J'espère qu'il sera entendu.

À tous, merci d'être là et de garder le cap pour qu'enfin nous partagions, bientôt, cet espace de liberté qu'est et que continuera d'être le Québec.

Bonne soirée. »

CHAPITRE VIII

QUAND LE CABINET FÉDÉRAL S'ENFLAMME

La salle du Conseil des ministres, habituellement plutôt feutrée, est le carrefour d'une activité intense, de chassés-croisés entre les ministres, du va-et-vient du personnel politique qui sera relégué aux anti-chambres une fois les travaux amorcés. S'y mêlent des conversations bruyantes entre ministres regroupés par régions.

Les propos sont difficilement perceptibles, mais de toute évidence, expriment un désarroi lisible sur tous les visages. Malgré l'heure tardive de la convocation, tous les ministres ont réussi à regagner Ottawa, ayant compris le ton impératif du message du chef de cabinet. Et le premier ministre qui met du temps à arriver. Ce n'est pourtant pas son habitude, lui accoutumé à arpenter les couloirs du Parlement au pas de course. Son directeur de cabinet se présente, l'air blafard. Sa nuit ne fut guère longue. Finalement le premier ministre.

Il n'a manifestement pas dormi. Il semble sorti prématurément d'un sac de couchage, le costume à l'avenant. Le premier ministre présente une mine déconfite, la couette en bataille, les gestes saccadés. Il salue ses collègues d'un signe de tête bref et gagne sa place sans s'attarder aux mains compatissantes qui se tendent. L'air se raréfie.

– Mesdames, messieurs les ministres. Les Québécois ont dit non à mon pays, à notre pays, mais par une bien courte majorité, faut le dire. C'est un jour infiniment triste pour la démocratie, pour l'histoire, pour tous les Canadiens et pour la moitié de mes compatriotes du Québec. Mais je n'ai pas dit mon dernier mot. Vous avez sans doute entendu mon discours, hier soir. La nuit n'a fait que confirmer mon désir de poursuivre la bataille, et ce, par tous les moyens à ma disposition. Sans sombrer dans le défaitisme et la nostalgie, j'aimerais vous entendre sur cette période noire de notre histoire.

Les ministres hésitent à prendre la parole, ne sachant sans doute trop par quoi ni comment aborder le sujet. C'est le ministre de l'Environnement qui s'y risque le premier.

— Monsieur le premier ministre, je n'ai guère dormi, sans doute comme la plupart de mes collègues. Je déplore amèrement le résultat du référendum où à peine 50 000 voix ont fait la différence. Permettez-moi cependant, en tout respect, de mettre en doute la compétence de ceux qui nous entouraient, vous entouraient, nous embaumant de tous les espoirs de la victoire. Il est sans doute trop tôt pour faire le bilan de la défaite mais…

— Bill, Bill, interpella le premier ministre tentant de couper court à l'autocritique qu'amorçait son ministre de l'Environnement. Le manque de sommeil vous fait sans doute voir tout en noir, avec des ennemis partout, même dans nos rangs les plus rapprochés. J'aimerais que l'on situe le débat à un autre niveau plutôt que de commencer à chercher les coupables. Pour cela, il sera toujours temps. Alors d'autres commentaires?

Rabroué de cette façon, le ministre de l'Environnement se renfrogne tout en continuant de ruminer ses idées trop sombres au goût du premier ministre. Cela n'est guère invitant pour ses collègues à le suivre dans le tour de table. Néanmoins, la ministre des Ressources humaines, issue du Nouveau-Brunswick profond, risque son commentaire.

— Monsieur le premier ministre, je crois traduire l'état d'esprit d'une majorité de mes collègues en vous disant que nous partageons tous votre profonde peine de voir ce pays se briser sur les récifs nationalistes. Nous connaissons bien les efforts faits pour tenter de convaincre les Québécois de mener à bien l'histoire de ce pays. Ils ont fait un autre choix, par un vote très serré, faut bien le dire. Nous pouvons être amers, déplorer grandement cette espèce d'ingratitude à l'égard du Canada qui a fait, en bonne partie, ce que le Québec est devenu : un pays de droit que la Charte porte bien haut. Un pays prospère aussi, en grande partie à cause du sens de la solidarité des Canadiens, par son système de péréquation. Toutes les valeurs que le Canada promeut, le Québec en a profité largement. Mais ce discours, un Québécois sur deux ne le comprend pas, refuse de l'entendre. Que faut-il faire alors?

Curieusement agacé par ce genre de propos qui reportent toute la responsabilité de cette brisure sur les Québécois, le premier ministre tolère mal cette approche un peu trop unilatérale des blâmes. Québécois lui-même, il sait très bien les luttes qu'il a dû livrer pour se hisser là où il est maintenant. Grand Canadien, bien sûr qu'il l'est, mais il ne peut quand même pas escamoter ses origines.

— Oui, que faut-il faire maintenant? Hugh, vous voulez parler?

— Merci monsieur le premier ministre. Je pense qu'il ne sert à rien de ressasser les discours habituels rabâchés sur le Québec. Ingratitude? Incompréhension mutuelle? Incompatibilité de culture, de façons de voir, de façons de faire de la politique? Laissons aux politicologues le soin de démêler tout cela. Il y a, pour l'instant, des choses plus urgentes que de larmoyer sur la brisure historique entre les prétendus peuples fondateurs. Je pense, par exemple, aux Anglo-Québécois qui ont à peu près unanimement voté Non. Il leur arrive quoi? Leur vrai gouvernement devient-il le gouvernement fédéral? Qui va les protéger contre la majorité?

— Hé, hé, je suis ministre libéral de Montréal, de s'objecter le ministre du Travail issu du monde syndical et qui en possède le franc-parler. On peut bien regretter le vote d'hier, moi au premier chef, mais le Québec, ce n'est pas la Serbie. D'ailleurs, y a pas beaucoup de provinces qui peuvent se targuer d'avoir aussi bien traité ses minorités francophones que le Québec, sa minorité anglophone. Ce n'est pas ce genre de propos qui va nous aider à voir clair pour la suite des événements.

— Ok. Ok. On reste calme, de s'interposer le premier ministre. Faut pas jouer le jeu des adversaires en nous divisant nous-mêmes. Les esprits sont échauffés, mais il n'est pas nécessaire d'en remettre. Oui, Jack?

— Écoutez, à titre de ministre de la Défense, j'ai eu à vérifier l'état des lieux. Les renseignements que j'ai réussi à glaner vont tous dans le même sens. La situation est très calme dans tout le Québec. Bien sûr, beaucoup de fêtards ont envahi les rues des villes, mais sans dégât apparent. L'esprit était franchement à la fête. Je dis cela parce qu'il faudrait de notre côté garder la tête froide, s'abstenir de toute déclaration qui pourrait jeter de l'huile sur le feu, alerter quelques têtes brûlées qui logent des deux côtés. Bref, je lance un appel à la discipline, au respect de la loi et de l'ordre, sans jouer les boutefeux.

Ce discours très rationnel, inhabituel de la part du ministre de la Défense, n'est pas sans rassurer quelques ministres, notamment ceux du Québec. Non pas qu'ils se réjouissent des résultats, peu s'en faut. Mais personne ne veut jouer dans un film sur la guerre civile. Les interventions des ministres se succèdent reprenant, une à une, les lieux communs sur le pays brisé, l'incompréhension historique des deux peuples, les efforts du gouvernement central pour rallier le Québec récalcitrant, l'enfant terrible de la fédération. Bref, le débat devient redondant. Ennuyé par le ronron des propos lénifiants serinés par ses ministres, le premier ministre juge que son temps de parole est venu.

— Mesdames, messieurs les ministres, j'apprécie au plus haut point vos commentaires à chaud sur ce que nous venons de vivre, même si ce sont davantage des états d'âme que des mots d'ordre pour l'action. J'ai, quant à moi, beaucoup réfléchi cette nuit. J'ai aussi pleuré, dois-je vous l'avouer. Mais, je suis déjà rendu ailleurs. Voici mes intentions.

Quelques ministres se redressent, avancent la tête pour prêter l'oreille la plus attentive. On sent même de l'inquiétude dans le regard de certains qui ne sont pas sans craindre les instincts bagarreurs du premier ministre.

— La victoire du Oui n'est absolument pas convaincante. En réalité, une bascule de 25 000 votes aurait inversé les rôles. La victoire du Non aurait été aussi courte, mais elle s'inscrivait dans la poursuite du pays, dans le maintien du statu quo. Là, c'est autre chose, elle brise le Canada qui se trouve au premier rang des meilleurs pays au monde. Je n'ai donc pas l'intention de reconnaître béatement cette mince victoire sans me battre et je vais utiliser tous les outils mis à notre disposition pour la contester. D'ailleurs, mon discours d'hier soir traduisait, sans équivoque, cette volonté de reprendre le combat. Comment?

Tous les ministres sont à l'affût. Le premier ministre s'enflamme et, contrairement à son habitude, se lève, l'œil fonceur.

– Voici ma stratégie. D'abord les tribunaux. Contester la clarté de la question. L'avez-vous comprise cette question et son préambule? Je parie qu'un gros pourcentage de Québécois non plus. Cela faisait partie des astuces de Baribeau. Vous vous souvenez de sa cage à homards dans laquelle il prétendait embarquer ses concitoyens en cas de victoire du Oui? Une roue d'engrenage. Eh ben! Ils sont dedans, mais nous aussi!

– Vous ne croyez pas qu'il est un peu tard pour contester une question que l'on connaît depuis deux mois? Et sur quelles bases le faire?

Cette interpellation du ministre de la Justice, un des poids lourds libéraux en Ontario, a désarçonné le premier ministre qui n'apprécie guère que la question vienne de celui qui aura probablement à mener la bataille devant les tribunaux et même jusqu'en Cour suprême, s'il le fallait. Sans compter que son intervention introduisait un peu de plomb dans l'aile de la stratégie du premier ministre.

– Si vous permettez, j'apprécierais qu'on ne m'interrompe pas, tranche le premier ministre. Je reviendrai à la fin avec vos questions. Contestation donc de la question et contestation des résultats. Si vous ne le savez pas déjà, je vous apprends que quelques milliers de bulletins de vote ont été rejetés, particulièrement dans la région de Montréal. Mes informateurs me disent que ces bulletins étaient majoritairement ceux de minorités culturelles. Drôle de coïncidence, ne trouvez-vous pas? Si ces bulletins faisaient toute la différence entre une défaite et une victoire?

Plusieurs ministres souriaient à voir chez leur premier ministre cet instinct combatif qui l'avait mené là où il est. Fier de son effet, le premier ministre poursuit :

– J'ai même l'intention d'aller plus loin et de poser carrément à la Cour suprême la question de la partition du Québec. Si c'est bon pour le Québec de se détacher du Canada, cela devrait aussi être valable pour ceux qui voudraient se séparer du Québec et se rattacher au Canada. À la guerre comme à la guerre. C'est, pour l'instant, une hypothèse que le ministère de la Justice est déjà en train d'évaluer. Je sais que les péquistes ont sorti leurs experts patentés, par hasard tous Français, pour nier toute possibilité de partition du territoire québécois, que ses frontières actuelles sont intouchables selon le droit international. Pourquoi, dites-moi, le droit international aurait alors une double interprétation : protéger les frontières du Québec, mais non celles du Canada? Pourquoi? Parce qu'il y a eu référendum au Québec? Qu'est-ce qui interdit d'organiser un référendum pancanadien sur la question québécoise, si c'est cela que le droit international reconnaît? Le peuple canadien veut-il se séparer du peuple québécois, veut-il partager avec lui sa monnaie, son passeport, la défense, des institutions politiques que personne ni d'Ève ni d'Adam ne connaît?

J'ai beaucoup réfléchi. Je ne laisserai pas aller le pays comme cela. Je ne laisserai pas détruire ce que nos pères ont bâti de leurs mains, de leur sueur, de leur labeur. J'ai le goût de me battre, d'aller au front, de prendre la tête de tous les Canadiens et Québécois qui partagent avec moi ce désir du pays. Et je vaincrai, sans l'armée je l'espère.

Presque en transe, le front moite, son rictus bien accroché, le premier ministre fait presque peur à voir. La tension est palpable dans la salle. Cette envolée aurait dû, en temps normal, être reçue par une salve d'applaudissements. Mais la bouchée est grosse. Stupeur dans l'enceinte.

— Monsieur le premier ministre.

Toutes les têtes convergent vers celui d'où vient l'interpellation, Brian Robin. C'est un jeune ministre. Le plus jeune venu de l'Est. Il est ministre des Pêches. Bonne tête, bien faite. Ambitieux certes, comme tous ceux qui siègent autour de la table, mais chez lui, ses ambitions semblent légitimes. Sans doute l'un des dirigeants de demain. La voix est posée mais ferme. Manifestement, il n'apprécie pas la fougue affichée par le premier ministre, qui a plutôt l'air d'une fuite en avant que d'une stratégie. Le ton est grave, même solennel.

-Vous voulez vous battre? Fort bien. Pourquoi ne pas l'avoir fait, plus et mieux, lors des deux derniers mois, pendant qu'il était temps? Depuis, les Québécois ont parlé. Nous n'aimons pas leurs propos, mais ils ont parlé. Ils se sont battus visière levée. Ils ont d'abord dit Oui à

leur futur pays plutôt que Non au Canada. Je n'ai certes pas vécu toutes ces luttes que plusieurs ont évoquées au cours de la dernière heure.
Je n'ai trempé dans aucun des arrangements constitutionnels que ce
pays a élaborés au cours de son histoire. Je sais, par ailleurs, que le
Canada n'a pas su, au-delà des propos hargneux que le dépit nous inspire, rallier le Québec à la grande famille constitutionnelle canadienne.

Des regards réprobateurs se manifestent de plus en plus, allant
du premier ministre au jeune ministre des Pêches dont l'assurance est,
par ailleurs, palpable et sans doute inspirée par l'appui de quelques-uns
de ses collègues pour adopter ce ton.

— Brian, je te trouve rapide sur la gâchette de la réconciliation nationale, de déplorer le premier ministre.

— Si vous permettez, monsieur le premier ministre, je constate que la
direction des affaires politiques de ce pays, de notre pays, a été le fait,
au cours du dernier quart de siècle, de dirigeants issus du Québec. Tous
des fils et des filles du Québec qui, à la tête de ministères majeurs, de
grandes sociétés d'État, de nos cours de justice et notamment de la
Cour suprême, ont été appelés aux plus hautes fonctions. Ce gâchis, car
il s'agit bien d'un gâchis, est largement le fait de Québécois francophones, de ceux qui, depuis 25 ans, nous disent qu'ils vont régler la question québécoise. Belle façon de la régler!
Monsieur le premier ministre, je m'excuse de propos aussi crus
en cette matinée très triste, mais ils proviennent de quelqu'un qui a à
cœur la suite du pays, d'un nouveau pays peut-être, d'un Canada qui ne
sera plus jamais le même et qu'il nous appartient, à nous des provinces
anglophones, de donner naissance.

Quasi incrédule, le premier ministre se rassoit, pour ne pas dire
s'effondre, dans son fauteuil.

— Que dois-je comprendre de tes derniers propos?

Et là, le ministre de Terre-Neuve d'enfoncer le clou!

— Que vous et vos collègues du Québec n'avez plus la légitimité pour
mener ce que vous voyez comme la bataille du Québec!

Assommé par ces propos dévastateurs, le premier ministre, hébété, cherche du regard ses collaborateurs les plus proches, tant ceux du Québec que ceux du Canada anglais. Il espère une réaction rapide de ses amis pour tuer dans l'œuf ce début de fronde venue du plus jeune de la cuvée. C'est finalement de l'Ontario que sortent les premiers sons.

— Monsieur le premier ministre, dit le ministre du Tourisme, je trouve bien présomptueux le discours de notre jeune collègue, emporté sinon par sa fougue, au moins par son ambition. Je ne partage pas ses raccourcis historiques, comme si la question du Québec n'avait été portée que par les ministres du Québec. Ce sont tous les Cabinets successifs qui l'ont assumée. Et je n'accepterai pas ces propos réducteurs où vos collègues des autres provinces s'en tirent trop bien à mon avis.

Je voudrais, par ailleurs, revenir sur votre plan de match, monsieur le premier ministre. Vous avez certes, sinon beaucoup réfléchi, du moins réfléchi très vite. Référendum pancanadien, contestation des résultats devant les tribunaux, possible partition du Québec et même l'allusion à l'armée, tout cela mérite beaucoup de mûrissement. Trop de précipitation est mauvaise conseillère, d'autant plus qu'il va falloir jouer avec quelques acteurs internationaux et, au premier chef, la France. Cela m'apparaîtrait un peu casse-gueule de sortir rapidement et publiquement avec un tel discours qui se nourrit trop du sentiment de vengeance.

Cette concession à l'analyse du jeune ministre Brian Robin faite par un allié sûr du premier ministre ne manque pas d'étonner plusieurs de ses collègues qui, manifestement, par leur attitude, n'ont guère goûté les propos désinvoltes et outranciers de la jeune recrue.

— Avec tout le respect que je vous dois, d'enchaîner le ministre du Tourisme, je vous demande, monsieur le premier ministre, de suspendre notre réunion, de donner du temps au temps, de bien réfléchir quant à la marche à suivre et de peut-être nous revoir dans 24 ou 36 heures, ce qui nous aura permis de décanter tous les propos entendus ce matin. Le Canada existe toujours, jouit d'une grande crédibilité internationale, est membre du G-7, bref continue d'avoir sa personnalité juridique. Nous ne sommes pas à 24 heures près. Il nous faudrait à tous garder notre sang-froid, éviter les condamnations trop hâtives comme les stratégies trop casse-gueule. Nous sommes aussi un État de droit!

Devant le malaise évident causé par les propos coups de poing du ministre des Pêches et par la dernière intervention du ministre du Tourisme, le premier ministre, de mauvaise grâce, consent à ce report de séance, frustré de s'être fait tirer le tapis sous les pieds par ce jeune blanc-bec de Terre-Neuve, sûr qu'il était de les rallier sous sa bannière de guerrier.

« Partie remise », se dit-il.

CHAPITRE IX

PARIS S'ANIME

La ville lumière ne vibre pas à la fébrilité qui enveloppe tout le Québec. Paris, en bonne Française revenue de tout, surfe sur la planète. Bien sûr, le référendum québécois a joué en vedette américaine, l'espace de 24 heures, dans les médias. Dans *Le Monde* évidemment, le quotidien le mieux renseigné sur la question québécoise et qui a le mérite de ne pas confondre le Nunavut et l'Estrie. Sa prose a rassuré, sinon réjoui, toute l'intelligentsia québécoise en appelant au respect de la démocratie tout en soulignant l'indéfectible amitié de la France, cette terre de toutes les libertés. Un dossier bien étoffé conclut sur la viabilité évidente d'un Québec souverain. *Le Figaro*, journal de droite en absolue connivence avec le gouvernement, va dans le même sens. Même *Libération*, quotidien socialiste, peu porté sur le nationalisme qu'il trouve biologiquement ringard, de droite d'où qu'il vienne, a salué, non sans ironie, l'esprit de décision du peuple québécois et appelle le gouvernement français à cautionner ce choix dans les meilleurs délais. La plupart des médias véhiculent d'ailleurs des propos de la même eau, sauf l'*Humanité*, journal d'obédience communiste, qui juge que la victoire du Oui va à l'encontre du sens de l'histoire qui plaide pour la solidarité de tous les prolétariats.

La télévision française n'est pas en reste par une couverture inhabituelle de la victoire des souverainistes. À Paris, normalement, les victoires démocratiques n'encombrent guère les écrans, ce qui n'a toutefois pas empêché France 2, la chaîne publique, de réserver plusieurs minutes à un dossier portant sur le premier ministre du Québec et sur sa longue croisade vers l'indépendance.

Cette attention médiatique témoignait bien du travail terrain accompli par la Délégation générale du Québec qui, depuis de longues années, mais plus particulièrement au cours de la dernière, s'était activée dans tous les recoins de la vie française. Faut dire que la ministre dont relève tout le réseau diplomatique québécois n'a jamais relâché le fouet tout au long de cette année. Depuis 25 ans, elle labourait le sol français et quadrillait le territoire. Elle était maintenant sur le point de récolter tous les fruits de ses efforts.

À peine 24 heures après le vote, la ministre québécoise des Relations internationales arpente déjà la capitale française. Volontaire, énergique, paquet de nerfs quand ça ne va pas à son goût, elle n'a pas perdu de temps. Un rendez-vous l'attend auprès du ministre des Affaires étrangères qu'elle connaît personnellement de longue date. Mais c'est au sommet de l'État, à la présidence de la République qu'elle veut audience. Elle est trop familière avec les arcanes extraordinairement complexes de l'administration française et craint trop les fourches caudines du Quai d'Orsay, siège du ministère des Affaires étrangères où se trament toutes les intrigues internationales, pour ne s'en remettre qu'à son ami, fût-il ministre. Son objectif est clair. Recevoir l'appui officiel de la France, au plus haut niveau, qui doit à tout prix reconnaître le nouvel État dans les heures qui suivent. Reconnaissance suspensive? Poser un geste d'éclat pour bien signifier à tous l'appui irréversible de la France à l'indépendance du Québec? S'engager dès maintenant, à la face du monde, à être le parrain officiel de la candidature du Québec à l'ONU? Tout lui bourdonne dans la tête. Bien sûr, la dernière année a vu les échanges se multiplier avec les interlocuteurs français, mais au-delà d'un engagement inébranlable de la France envers le Québec, la stratégie n'a jamais donné lieu à des scénarios très détaillés.

Il reste donc, dans ces heures cruciales de l'après-référendum, à agir vite et à faire atterrir l'appui français. Le premier ministre et le président de la République se laissent toujours espérer, ce qui ne manque pas d'agacer souverainement la ministre québécoise. Elle en discute ouvertement avec son homologue français.

— Mais enfin Julien, qu'est-ce que c'est que cette histoire? Je n'ai quand même pas fait le voyage pour me farcir l'antichambre du président.

— Chère Louise, je suis quand même le ministre des Affaires étrangères. Je t'ai accueillie personnellement à l'aéroport, geste qui traduit de manière spectaculaire la façon dont la France traite le Québec.

Un peu contrarié par l'attitude de la ministre québécoise, Julien Dupuis le laisse voir en dépit de la longue amitié qui les lie tous les deux. Il connaît bien son impatience, son acharnement à défendre son pays, cette pasionaria de l'indépendance. Il connaît aussi son attitude très américaine à bousculer toutes les hiérarchies pour parvenir à ses fins.

— Excuse-moi, Julien. Je sais tout ce que tu fais pour le Québec. Je l'apprécie au plus haut point. Mais je connais Ottawa. Qui sait si Jean Romain n'est pas actuellement en grande conversation avec le président, en train de menacer la France d'annuler le lucratif contrat des avions de combat, actuellement en négociation. Et qui nous assure que le président des États-Unis, sous la pression canadienne, n'a pas déjà contacté l'Élysée pour bien lui indiquer sa fin de non-recevoir sur la question québécoise.

— Faut quand même pas sombrer dans la paranoïa, Louise. Cela m'étonnerait fort que le Québec, avec tout mon respect, puisse chatouiller les méninges de Simpson, davantage préoccupé par le goût de ses cigares! Quant au premier ministre canadien, il n'a pas particulièrement bonne presse auprès du président. Bien sûr, les deux sont de la même famille idéologique, mais là s'arrête tout parallèle.

La ministre québécoise est bien familière avec toutes les ramifications de la situation politique française. Et, ce qui ne simplifie rien, la politique étrangère est, en quelque sorte, le domaine réservé du président, par ailleurs obligé de composer avec son ministre des Affaires étrangères! Heureusement que tous sont du même parti en cette période cruciale de l'histoire du Québec. C'est à travers tous ces fromages à trous que doit naviguer la ministre québécoise.

— Et tes fonctionnaires? Tu les contrôles tous et bien? C'est un secret de polichinelle que plusieurs ont toutes sortes d'accointances avec le personnel de l'ambassade canadienne.

— Rassure-toi. Le nid de fédéralistes qu'abriterait le Quai d'Orsay tient davantage de la légende urbaine qu'autre chose.

— Je n'en suis pas si sûre. Je sais pertinemment que votre directeur général des Amériques, d'un cynisme abyssal d'ailleurs, a peu de sympathie pour ces Croates du Nord, d'indécrottables râleurs, a-t-il déjà dit. Je suis incapable de le blairer celui-là et Dieu sait qu'il en mène large au ministère et dans certaines officines politiques. Et votre ambassadeur à Ottawa? Plus fédéraliste que le Conseil pour l'unité canadienne! Mais, je m'énerve sans doute pour rien. Excuse-moi Julien. Les émois des derniers jours, la fatigue de la campagne référendaire, le décalage horaire, un certain égarement peut-être qui nourrit par ailleurs mon adrénaline. Écoute, j'ai pleine confiance en toi et en ton premier ministre. Dans le président de la République également qui n'oserait jamais réveiller les mânes du Général de Gaulle en ravalant le cri du balcon de l'Hôtel de Ville à Montréal! Mais, je crains sa longue amitié avec le directeur de cabinet du premier ministre à Ottawa. Ce sont de vieilles complicités sournoises, plus fortes souvent que les stratégies politiques concoctées par les conseillers du président.

— Tu n'as rien à craindre là-dessus, Louise. Le président est pour vous le plus inexpugnable des alliés.

— Mais vos intentions dans l'immédiat? Ce sont toujours celles dont nous avons convenu? Agir vite? Faire une déclaration à la presse, au plus haut niveau, appuyant de façon manifeste la victoire québécoise? Avez-vous songé à un geste d'éclat que poserait votre gouvernement, consacrant ainsi de façon irréversible l'appui français au devenir québécois? Comment expliquer que le communiqué conjoint, sur lequel nos fonctionnaires ont peiné, n'ait pas été émis?

— Admets, Louise, que la situation n'est pas facile pour nous. Une reconnaissance suspensive de l'indépendance du Québec n'a aucun précédent international. Après avoir mis vingt-cinq ans à vous décider, voilà qu'il en faut une vingt-sixième pour conclure le geste. Notre appui est entier, tu le sais, mais convenons que la manière de la concrétiser rapidement ne saute pas aux yeux. Et tu n'ignores sans doute pas que, parmi les plus farouches de vos partisans ici, il s'en trouve, et non des moindres, à vouloir jouer d'abord la carte de l'Europe avant celle française.

— Je ne le sais que trop et il faut tuer cela dans l'œuf.

— Ben l'œuf, ma chère, a déjà éclos. Des discussions, informelles j'en conviens, ont déjà eu lieu entre certains ministres des Affaires étrangères de l'Union européenne et le débat a fait du chemin. Tu sais, vous n'avez pas des alliés qu'en France. L'Allemagne et l'Italie, pour ne nommer que ces deux pays là, vous réservent beaucoup de sympathie. Il faut capitaliser là-dessus.

— Je sais bien, mais on ne peut pas espérer une action rapide de l'Union européenne à la question québécoise. Et, justement, un geste français éclatant maintenant, serait sans doute inspirant pour les autres capitales européennes, les incitant à poser des gestes concrets allant dans le sens de la reconnaissance du pays du Québec.

— J'acquiesce tout à fait à ta façon de voir, mais je dois te dire que quelques-uns de mes collègues sont très entichés de l'approche européenne.

Cette hypothèse, qui était aussi privilégiée par plusieurs de ses amis socialistes, heurtait de front la ministre québécoise qui n'y voyait qu'une façon de noyer le poisson.

— Une belle façon que certains des vôtres ont trouvée pour donner corps à une formule aussi ambiguë que la non-ingérence qui la dispute à la non-indifférence. Bref, une belle pirouette littéraire qui vous permet, le moment venu, de refiler à d'autres le soin de trouver la solution au problème. La fuite en avant! Il faut que, comme ministre des Affaires étrangères, tu combattes cette vue de l'esprit. Paris doit prendre la tête du train européen et convaincre les autres capitales d'y monter par la suite.

Sur ce, une estafette s'introduit dans le bureau du ministre, porteuse d'un message livré sur argenterie. Le ministre y jette un œil pressé. Le premier ministre est prêt à rencontrer la ministre québécoise dans une demi-heure en compagnie du ministre français.

Les deux arrivent à Matignon, la résidence du premier ministre, juste au moment où en sort l'ambassadeur du Canada. Le visage de la ministre blêmit de rage. Comment a-t-il pu… Lui, la précéder. Elle, en audience après cet ambassadeur, Québécois de surcroît, qui s'est attiré les foudres de ministres français par des déclarations aussi sottes que dénuées de tout sens politique. Partisan farouche du « nation building » canadien, se projetant sur toutes les scènes à l'étranger, soucieux de réduire le Québec et sa culture locale au rang de simple canton suisse, il était le portrait exact des gens que la ministre exécrait le plus au monde. Il avait vu le premier ministre français avant elle. Et dire qu'on la croyait paranoïaque!

La réception du premier ministre fut aussi chaleureuse qu'elle l'espérait.

– Chère Louise. Votre visage traduit bien la fierté que les derniers moments de l'histoire de votre pays vous inspirent. Laissez-moi vous en féliciter chaleureusement. Je compte sur vous pour transmettre ces félicitations à votre premier ministre, dont je conserve le plus amical des souvenirs, ainsi qu'à votre peuple, pour son courage et sa détermination.

– Monsieur le premier ministre et cher Alain, je vous remercie de votre accueil, de vos bons vœux et de votre chaleur. Vous ne pouvez pas savoir à quel point nous en avons besoin en ces heures, bien sûr heureuses, mais peut-être aussi périlleuses où d'autres cherchent également votre appui. J'ai vu, à l'instant…

– Vous voulez parler de l'ambassadeur du Canada? Rassurez-vous. Il a fait une bonne heure d'antichambre pour se faire dire finalement qu'un contretemps de dernière minute m'empêchait de le recevoir. D'ailleurs, son premier ministre cherche à me joindre depuis ce matin au téléphone. Mais je tenais à vous voir avant de parler à qui que ce soit du gouvernement canadien. C'est notre non-indifférence en action.

Au fur et à mesure que le premier ministre parlait, le visage de la ministre québécoise se décrispait pour finalement afficher le sourire de la victoire que des années de vie française à planter ses pions lui laissaient espérer.

– Julien vous a tout dit sur nos intentions? Il vous a parlé de nos démarches des dernières semaines à Bruxelles pour tenter de rallier l'Union européenne à notre cause?

– J'avoue, monsieur le premier ministre, pour parler franchement, que cette dernière hypothèse ne nous sourit guère. Théoriquement, cela peut être intéressant de compter 15 pays prêts à nous reconnaître. Mais je crains fort alors que le temps ne devienne notre pire ennemi.

— Écoutez, il suffit de convaincre l'Allemagne où vous avez des alliés de taille, notamment en la personne du premier ministre de Bavière. Et ce que l'Allemagne et la France veulent, l'Union européenne le veut. Laissez-moi la convaincre.

— Avec tout le respect que je vous dois, et le pouvoir de conviction qui est le vôtre, pensez-vous embrigader aussi la Grande-Bretagne? Que dire de la Belgique qui m'apparaît un pays en sursis et l'Espagne, aux prises avec les nationalismes catalan et basque? Croyez-vous qu'ils vont tellement se réjouir de la nouvelle situation créée par notre victoire référendaire?

La question a porté. Comment l'ancienne « belle-mère patrie », qui entretient par ailleurs des relations commerciales et culturelles particulièrement soutenues et productives avec le Québec, pourrait-elle, sans se renier, donner blanc seing à ce divorce qui menace la cohésion de son cher Commonwealth?

— Bien sûr, il y a là un os, comme on dit chez vous, mais il n'est pas insurmontable. Et, à là limite, la Grande-Bretagne pourrait, sur cette question, s'abstenir comme elle l'a fait à quelques reprises sur d'autres dossiers, d'un autre genre, il faut le dire, mais qui ont valeur de précédents.

Insistante, la ministre québécoise revient à la charge.

— Mais pourquoi ne pas privilégier une action française rapide, comme vous l'avez d'ailleurs évoqué lors du voyage de notre premier ministre en début d'année? Un geste d'éclat qui confirmerait le caractère irréversible de l'indépendance québécoise et de l'appui français dans cette démarche.

— Écoutez, ma chère Louise, je n'ai pas beaucoup de temps. Vous avez sans doute dû discuter de tout cela avec Julien. Trouvez-moi quelque chose qui traduirait, à votre satisfaction, ce geste d'éclat et convenons de nous revoir pour le dîner, ce soir. Andrée sera ravie de renouer et, qui sait, peut-être concocter cette parade. Mais travaillez vite, et de façon convaincante, car vous n'ignorez pas les tractations en cours entre le gouvernement canadien et mon gouvernement sur la vente au Canada d'avions de combat, en nombre suffisant pour intéresser vivement la présidence. Au fait, on m'a dit que vous aviez demandé audience à ce dernier. Il a la cause du Québec bien à cœur et vous avez, en sa personne, un allié de première force. Il ne répugne pas à prendre à bras le corps les causes difficiles sinon perdues…

— Quand même monsieur le premier ministre, le Québec…

— Non, non, ma chère Louise. C'est une petite boutade pour illustrer le caractère un peu scout de notre président bien-aimé. Votre cause, elle est déjà gagnée, pour moi en tout cas. À vous de la gagner chez vous. À ce soir!

CHAPITRE X

L'ASSEMBLÉE VRAIMENT NATIONALE

Quarante-huit heures ont passé depuis la soirée historique. L'adrénaline aidant, les travaux se mettent en place. C'était l'idée du premier ministre de réunir l'Assemblée nationale très rapidement après la victoire référendaire. Cela était pourtant loin de faire l'unanimité chez les troupes péquistes et au sein même du Cabinet, particulièrement dans le contexte où le partage des votes ne donnait aucun confort aux vainqueurs. Ne risquait-on pas, par une déclaration solennelle de l'Assemblée nationale, d'exacerber le camp des vaincus en posant un geste dont plusieurs craignaient le triomphalisme et la précipitation. Et que pouvait signifier concrètement une telle déclaration alors que l'indépendance ne pouvait être proclamée que dans un an?

Réunis au bureau du premier ministre Baribeau, quelques proches échangent avec le chef avant la réunion des députés du parti ministériel portant sur la motion que l'Assemblée nationale sera appelée à voter dans les prochaines heures.

— Je sais bien que tout cela ne peut avoir qu'une portée symbolique. Mais, parfois, dans la vie d'un pays, les symboles sont importants et traduisent mieux que tout la volonté des citoyens dans la poursuite d'un idéal. En somme, c'est très simple. Il s'agit que l'Assemblée nationale, dans une déclaration solennelle, ratifie les résultats de la campagne référendaire et, ce faisant, dise de façon claire et ferme son désir de réaliser la souveraineté du Québec, au plus tard dans un an, à partir de ce jour. Tout cela fait un peu alambiqué, j'en conviens, et n'eût été de toutes ces simagrées autour des institutions communes et de l'accord de partenariat, l'Assemblée nationale proclamerait, sans chichi ni fioritures, l'indépendance du Québec. C'est cela qui aurait été normal et qui, en passant, aurait grandement facilité les choses pour tout le monde, à nos amis français notamment. Comment la France peut-elle nous reconnaître alors qu'on ne le fait même pas nous-mêmes? Une reconnaissance suspensive! On est vraiment une société distincte.

Emporté dans son monologue, le premier ministre a à peine perçu les signes interrogateurs de certains des membres de son entourage.

— Vous savez bien, monsieur Baribeau, qu'on ne se retrouverait pas là où l'on est s'il n'y avait pas eu, à la clé, l'entente de partenariat avec le reste du Canada.

Son directeur de cabinet est convaincu que c'est cette ouverture du Québec vers le Canada qui a valu la victoire au camp du Oui. D'ailleurs, les statistiques sont claires et les sondages tout autant. La cote du Oui a atteint des sommets avec l'arrivée du chef du Bloc, farouche partisan de ce « bonententisme » avec le reste du Canada.

— Si c'est cela qui a fait pencher la balance en notre faveur, ça ne pèsera pas très lourd dans la balance fédérale. Ils n'en veulent pas plus que moi de ce partenariat. D'ailleurs, ça nous fait une belle jambe devant l'opinion internationale que de vouloir rebâtir, sur de nouvelles bases, j'en conviens, ce qui n'a pas marché depuis plus d'un siècle. Quoiqu'il en soit, j'ai donné mon accord à ce marché et je m'y tiendrai. Mais là ne sera pas l'essentiel de nos négociations avec le Canada. Les *Canadians* sauront bien, eux, ce qui est vraiment en cause : le partage de la dette, des actifs, etc. Et ils ne nous feront pas de cadeau !

Monsieur Grisé, quand pourrai-je avoir la dernière version de cette déclaration ? Au fait, j'aurais dû m'en tenir à ma première idée qui était de faire se prononcer l'Assemblée sur un projet de loi. Cela aurait eu plus de poids.

— Le texte est prêt et vous sera remis dans la minute. D'ailleurs, il est prévu d'en débattre à la séance du caucus de 18 heures.

— Avant le Conseil des ministres ?

— En lieu et place de, puisque vous n'aurez même pas le temps de le réunir. L'Assemblée nationale est convoquée pour demain, 10 heures. Puis-je, monsieur le premier ministre, vous suggérer de faire l'impasse de vos états d'âme sur ce que vous appelez les simagrées post-référendaires ? Si certains apprécieraient, d'autres, et ils sont probablement majoritaires, croient sincèrement au trait d'union et à des institutions qui, quelle que soit leur appellation, devront forcément exister, ne serait-ce qu'un tribunal d'arbitrage pour juger des différends entre les deux États.

Vous aimez bien le théâtre et j'avoue apprécier de plus en plus vos numéros d'acteur. Mais cela dit, il vaut mieux réserver vos attitudes rebelles à votre entourage immédiat qu'à l'ensemble de vos députés ainsi qu'à plusieurs de vos ministres. Rappelez-vous la charge de la brigade légère que certains de vos proches ne veulent toujours pas mener.

— Je vois, je vois. Mais puis-je vous avouer que j'ai bien hâte de m'extirper de ces débats claniques, de toutes ces valses-hésitations sur lesquelles le Québec a tangué depuis vingt ans. S'il ne sert à rien de s'apitoyer sur le passé, on peut quand même le regarder avec lucidité et voir que les consultations à gogo ont pu nous desservir.

— Quoique devenir indépendant après seulement un quart de siècle dans l'histoire du parti qui a porté ce rêve, n'est pas si mal comme résultat.

— Votre jeunesse, mon cher Grisé, vous fait sans doute oublier que les patriotes se sont battus, certains jusqu'à la mort, pour faire aboutir ce rêve. Je ne suis pas sûr que l'on se rendrait jusque-là pour la même cause, en 1995.

— L'indépendance du Québec vaut-elle mort d'homme? L'amour de la patrie doit-il aller jusqu'à lui offrir sa vie?

Peu porté sur de trop longues dissertations existentielles, le premier ministre coupa court.

— Au fait, elle est prête votre déclaration? Faites voir.

Adoptant un pas alerte, en dépit d'une charpente bien enveloppée, le premier ministre rejoint le grand Salon, situé à quelques enjambées de l'Assemblée. Le caucus affiche complet. Tous sentent bien que l'histoire se déroule en mode accéléré sous leurs yeux et qu'ils en sont des témoins privilégiés. Le chef du Bloc a d'ailleurs été invité pour l'occasion. L'atmosphère est fébrile. Le premier ministre fait son entrée, accompagné de ses principaux collaborateurs. Tous peuvent ressentir qu'il émane de lui une très grande force intérieure, qu'il est pleinement aux commandes et sûr de ses moyens. Souriant, il démarre la séance, reprenant les arguments qu'il évoquait devant ses collaborateurs, le matin même, à l'appui de cette déclaration solennelle de l'Assemblée nationale. Plus sobre dans ses propos sur la nécessaire ouverture du Québec au Canada anglais dans la mise sur pied d'institutions susceptibles de servir les deux pays, il fallait, pour bien démarrer la négociation, une déclaration ferme et claire de l'Assemblée nationale, et si possible unanime, sur l'aboutissement de tout ce processus.

On sentait l'assistance acquise à l'ensemble du discours du premier ministre. Certains se sont interrogés sur l'empressement à poser ce geste, mais ils ont vite été rassurés par leur chef sur la nécessité de marquer des points et d'affirmer haut et fort la volonté du peuple québécois d'aller de l'avant dans la marche vers la souveraineté. Même les ministres que l'on aurait pu croire réticents à cette démarche se sont ralliés aux arguments de leur premier ministre qui, de jour en jour, en imposait par son assurance et sa sérénité en dépit de l'atmosphère électrique qui planait sur tout le Québec.

Un seul semblait songeur et à l'enthousiasme plus timide. C'était le chef du Bloc québécois. Il craignait que l'opération ne tourne au spectaculaire et heurte de front la moitié des Québécois qui n'avaient pas encore eu le temps de digérer la défaite. Par déférence pour son titre, le premier ministre invita ce dernier à son bureau pour discuter de tout cela.

— Vous avez sans doute raison, monsieur Blanchard. Mais, dans l'hypothèse d'une contestation fédérale des résultats du scrutin, une déclaration solennelle de l'Assemblée nationale sur l'indépendance du Québec, au terme du processus de négociation, vaut certes mieux que les articles de la presse écrite sur la victoire du Oui.

— Je sais bien le caractère formel que peut revêtir une telle démarche. Mais risquer de braquer les opposants et pire, les tièdes, les timorés que l'on pourrait ramener dans notre camp par une approche plus conviviale et plus pédagogique, peut générer un effet boomerang dont nous aurions de la difficulté à nous remettre. Et cela peut revêtir, sauf votre respect, un petit côté ridicule tant par sa grandiloquence que par son allure cartomancienne. On dit ce qui va se passer dans un an. Vous savez comme moi que six mois en politique, c'est une éternité. Or, deux fois l'éternité pour un gars pressé comme vous...

— Écoutez, l'Assemblée nationale est déjà convoquée pour demain. Vous le savez, il est impossible de reculer maintenant. La manœuvre est peut-être risquée. Mais, il me semble que le jeu en vaut la chandelle. Il faut que la population soit bien au fait des intentions du gouvernement. Je fais confiance à son intelligence et je crois qu'elle apprécie cette transparence dans notre volonté politique de faire bouger les choses. Cela aussi peut convaincre les indécis. Car ceux qui ont voté Non ne sont pas tous des illuminés fédéralistes ou des fondamentalistes. Ils se sont bien rendus compte que le ciel ne leur est pas tombé sur la tête le lendemain de la victoire du Oui. Et les réactions qui ont suivi, y compris au Canada anglais, sont loin de l'apocalypse. C'est triste à dire, mais la plus désolante des réactions fut celle d'un Québécois, au surplus premier ministre du Canada. C'est de lui qu'est venu le discours le plus vengeur, le plus pisse-vinaigre. Et son influence au Québec est au plus bas, vous le savez bien vous qui hantez les couloirs du Parlement à Ottawa. D'ailleurs, laissez-moi vous le dire, vous avez fait, avec vos députés, un travail formidable à la Chambre des communes, ne laissant aucun répit au gouvernement qui, manifestement, ne sait pas où donner de la tête.

— Je ne voudrais justement pas que des gestes intempestifs viennent faire tourner le vent à Ottawa, fournissant au gouvernement une arme qu'il s'empressera d'utiliser pour contester en cour la validité de cette déclaration d'indépendance. Et qu'est-ce qui l'empêchera de dire que les dés sont déjà pipés puisque, de toute façon, l'indépendance du Québec se réalisera, peu importe les résultats de la négociation. Cela prépare bien le terrain pour votre équipe de négociation.

— J'ai bien entendu tous vos arguments. Je n'ai pas l'impression de saper votre travail, Lucien, en affichant haut et fort nos intentions. Pas suffisamment stratégique à votre goût? Peut-être. Il n'est pas mauvais, par ailleurs, que tous sachent, y compris chez certains des nôtres, que vous n'allez pas négocier le renouvellement du fédéralisme. Et toutes les questions de Bruxelles ne me feront pas changer d'avis. D'ailleurs, à tous ceux qui n'ont que l'exemple de l'Union européenne à servir pour nous convaincre de rester dans le Canada, je vous prédis que celle-ci butera sur sa dimension politique. Si les frontières sont très perméables aux accords économiques, elles le sont beaucoup moins aux identités nationales et vous saurez me le dire un jour.

À travers cette brève discussion, le chef du Bloc voyait défiler en accéléré les nombreux désaccords qu'avait mis en évidence la dernière année référendaire. Deux jours à peine après la victoire et déjà d'autres zones d'ombre s'installaient entre les deux géants de l'indépendance.

Sentant qu'il n'infléchirait pas son interlocuteur, le chef du Bloc n'osa pas mettre sur la table, dès maintenant, l'arme ultime qu'il se réservait en cas de conflit majeur avec le premier ministre du Québec : sa démission. Il avait trop le sens de l'État pour jouer cette carte à ce moment-ci de l'histoire du Québec. Mais, il ne sentait que trop le fossé qui le séparait du premier ministre, fossé d'ordre idéologique plus que stratégique. Combien de temps leur alliance durerait-elle? Et comment les appareils politiques entourant ces deux hommes réussiraient-ils à passer outre aux embûches doctrinales pour finalement faire aboutir le pays, la tâche la plus urgente à réaliser. Après, on verra bien. Mais pourvu que l'angélisme du premier, sous couvert de pureté idéologique et de démarche démocratique transparente, ne sabote pas le pragmatisme du second dont l'expérience à Ottawa lui inspirait une approche plus empirique. Autre différence majeure, le chef du Bloc s'estimait bien ancré dans la réalité québécoise, en communion totale avec ses concitoyens qui lui vouaient quasi un culte, alors que le premier ministre, issu des grandes écoles et de la bourgeoisie d'affaires, voyait davantage tout cela comme un grand jeu où le plus futé gagnerait.

– Bien, monsieur le premier ministre, faites comme bon vous semble. J'estime la manœuvre dangereuse dans sa précipitation, sinon dans son fondement même. Cette façon de jouer le pays à quitte ou double m'apparaît quelque peu irresponsable, permettez-moi de vous le dire. Et je veux vous rappeler, en terminant, qu'il y a un peu de moi dans la victoire du Oui. Je vous saurais gré d'en tenir compte dans vos initiatives à venir. Je n'accepterai pas très longtemps cette forme d'activisme qui sent un brin la revanche, en rapport avec les virages auxquels vous avez dû consentir dans la dernière année référendaire. Alors qu'on est à l'aube du pays, je fais appel à votre sens de l'État et au bien supérieur de la nation québécoise qu'il ne faudrait pas brader au nom de la pureté de la démarche. N'oubliez pas que nous sommes 54 députés du Bloc à Ottawa dont la légitimité est du même ordre que votre députation à Québec. Il est capital d'enligner nos stratégies et notre discours de façon à ne pas permettre à l'adversaire de fourbir ses armes alors qu'il est manifestement en pleine débandade. Vous savez toujours où me trouver. D'ici là, je demanderai à mon directeur de cabinet d'entrer en contact avec le vôtre pour convenir d'un modus operandi permettant d'éviter le genre de situation dans laquelle nous nous retrouvons.

Le ton avait monté au fur et à mesure de sa dernière tirade. Manifestement en colère, il quitta brusquement la pièce et le premier ministre ne fit rien pour le retenir. Ce dernier sentait bien ce qu'il y avait de risqué dans le débat qu'il amorcerait bientôt à l'Assemblée nationale, mais jugeait que l'opération devait être menée à terme. Son allié finirait bien par le comprendre.

Le lendemain, à l'heure dite, le premier ministre se présente au Salon bleu. Tous les sièges sont occupés et la galerie des visiteurs déborde. Le président de l'Assemblée nationale, manifestement nerveux, appelle le premier ministre à prendre la parole. Le pouce de la main gauche bien accroché à la poche de sa petite veste, le premier ministre jette un oeil circulaire sur l'assistance et les balcons, le regard rayonnant.

— Mesdames et messieurs les députés, le peuple du Québec s'est prononcé. Il convient que cette Assemblée reconnaisse formellement la volonté de notre peuple de se donner un pays. Voilà pourquoi j'invite la Chambre à appuyer unanimement la motion suivante :

Se dérhumant pour masquer l'émotion, la main droite agitée d'un faible tremblement, le port altier, le premier ministre lut solennellement une brève mais éloquente motion :

« Nous, le peuple du Québec, par la voix d'une majorité qui s'est exprimée démocratiquement, déclarons solennellement qu'au plus tard, à la même date dans un an, le Québec proclamera son indépendance.

D'ici là, le Québec engagera des négociations avec le Canada en vue de donner suite à l'entente de partenariat qu'il souhaite conclure avec lui dans le cadre d'institutions communes aux deux parties.

L'Assemblée nationale, au cours de la même année, aura à adopter une constitution affirmant la souveraineté du peuple et visant, entre autres, à le doter d'un régime politique que le Québec choisira.

Que Dieu nous vienne en aide. »

Mettre Dieu dans la balance rassurerait peut-être quelques agnostiques du pays, lui avait susurré son conseiller politique.

Zeus lui-même, descendant de son Olympe, n'aurait pu engendrer un tel vacarme. Un tonnerre d'applaudissements, de cris de joie, de bruits de pieds envahit ce digne Salon de la race, la galerie des visiteurs rivalisant avec la bande des députés du parti ministériel. Quelques représentants de l'opposition officielle ont ajouté leurs applaudissements, plutôt polis, à la grande satisfaction du premier ministre qui souriait d'aise en jetant des coups d'œil dans toutes les directions.

Un débat de six heures avait été convenu entre les leaders parlementaires des partis pour discuter de la motion. Le chef de l'opposition, ci-devant chef du camp du Non, se leva pour prendre la parole, sous les grognements de quelques visiteurs. Sans charisme aucun, le dos un peu courbé, la voix nasillarde, le vis-à-vis du premier ministre n'enrichissait en rien la fonction de chef de l'opposition.

— Monsieur le premier ministre, si la motion n'est pas une surprise, elle est par ailleurs un affront à la moitié du Québec qui, à quelques milliers de personnes près, a voté pour le maintien du Québec dans le Canada. C'est aussi faire affront aux partenaires canadiens que vous souhaitez asseoir à la table de négociation en leur disant, d'entrée de jeu, que quoique vous fassiez, l'indépendance du Québec est inéluctable. Cette motion m'apparaît nettement prématurée et mal avisée à tous égards. Et l'opposition votera non!

Le président de la Chambre eut bien de la difficulté à faire taire les huées qui surgissaient des deux étages de la Chambre. Se levant, le premier ministre eut tôt fait de ramener le calme.

— Le président : Monsieur le premier ministre.

— Le chef de l'opposition a fort bien compris l'objectif de la motion qui confère à l'indépendance du Québec un caractère irréversible. C'est le sens profond du vote du 30 octobre. Le peuple québécois nous a donné le mandat, non pas de négocier l'indépendance du Québec, l'indépendance étant non négociable, mais de convenir d'un partenariat avec nos amis canadiens, sur la base des propositions de l'entente du 12 juin dernier. Au nom du Québec, je redis haut et fort notre volonté à tous de parvenir à une nouvelle entente entre deux pays égaux, le Québec et le Canada, qui accepteraient de mettre en commun ce qui leur apparaît vital pour la prospérité des deux pays. Voilà le sens de la motion que nous soumettons à l'approbation de l'Assemblée et qui sanctionne, de façon non équivoque, à la face du monde, le caractère irréversible de notre marche vers l'indépendance.

Se rassoyant sous les applaudissements aussi nourris que bruyants, le premier ministre dégustait l'effet de toge que sa dernière phrase avait produit.

— Le président : Monsieur le chef de l'opposition.

— Le soir même du référendum, en dépit de la très faible majorité du Oui, j'ai, au nom de mon parti, reconnu les résultats du vote où le peuple québécois s'est prononcé démocratiquement. La défaite fut difficile à avaler puisque ma fidélité au Québec n'était pas exclusive de mon attachement au Canada. L'indépendance du Québec est une chose, les astuces pour y arriver en sont une autre. Cette motion m'apparaît de la même mouture que toutes les ruses qui l'ont précédée. Et je refuse de m'y faire embarquer en même temps que tous ceux qui ont cru à votre volonté réelle de négocier un nouveau Canada. Vous ajoutez que l'indépendance sera proclamée dans un an, au plus tard, en faisant l'économie d'un référendum demandant au peuple de ratifier le résultat des négociations. Cela m'apparaît inacceptable sur le plan démocratique et très à risque sur le plan constitutionnel. J'invite donc le premier ministre à retirer sa motion ou à l'amender radicalement dans le sens des propos que je viens de tenir.

De façon rythmée, comme dans un bon western, les huées succèdent aux applaudissements de façon aussi certaine que le jour succède à la nuit.

Manifestement débordée, la présidence tente tant bien que mal de conjurer la foire, tout en se départissant, sans doute volontairement, de l'impartialité qui lui est coutumière, pour permettre aux partisans du premier ministre de manifester leur contentement.

— À l'ordre, à l'ordre, mesdames, messieurs les députés. Monsieur le leader parlementaire.

— Monsieur le président. Cela semble une seconde nature chez nos amis libéraux, que de faire faux bond à l'histoire. Rappelons-nous l'après Meech et la dérobade historique dont le premier ministre de l'époque s'était rendu coupable. Faut dire que chez lui, le geste se faisait coutumier. Rappelons-nous qu'à l'élection de 1973, où un tsunami rouge avait déferlé sur le Québec, le même premier ministre avait été le seul à résister à la lame de fond qui avait propulsé son propre parti au pouvoir, s'étant fait battre dans son comté alors que 102 de ses candidats libéraux avaient connu la victoire!

Des cris, des applaudissements, des rires tonitruants accompagnèrent cette sortie du leader du gouvernement, tout aussi excellent politicien que stratège consommé. Même des libéraux ne purent s'empêcher de sourire aux sarcasmes du ministre, tout en se signant intérieurement.

— Et le chef de l'opposition qui souffre du même mal! Est-ce génétique chez vous? À quoi a servi votre ralliement encore chaud, il remonte à peine à 48 heures, aux résultats du référendum si vous en niez les effets concrets au premier moment venu. L'indépendance du Québec, en voilà le principal et durable effet. Indépendance assortie d'une association économique et éventuellement constitutionnelle avec nos amis canadiens. Non seulement vous votez contre cela, mais vous appelez les vôtres à faire de même. L'histoire vous jugera sévèrement, monsieur le chef de l'opposition. « Égalité ou indépendance », vous connaissez? Comment osez-vous alors…?

Le bruit et la fureur dans le Salon bleu. On ne peut traduire autrement le vacarme qui a envahi l'auguste Assemblée après la volée de bois vert servie au chef de l'opposition. Les appels au calme de la présidence eurent finalement raison des débordements des députés et des visiteurs. Le président refile alors la parole au député de Mont-Royal, libéral de son état, mais issu de la branche nationaliste.

– Monsieur le président. La gravité du moment s'accommode mal des outrances que vit ce parquet. Mais soyons compréhensifs… J'ai bien entendu tout à l'heure l'appel de mon chef au boycott de la motion devant nous. Je dois dire, monsieur le Président, que je manquerai à l'appel de mon chef.

Un silence de mort s'abattit sur l'Assemblée. Puis, surgit une clameur venue tant du parti ministériel que de la galerie des visiteurs, enterrant les propos du député devenu instantanément la vedette du jour. Était-ce le début d'une coalition nationale dont rêvait secrètement le premier ministre? En tout cas, la sortie du député ne manquerait pas de susciter un mouvement d'appui chez des députés libéraux qui tenaient en grande estime cet ex-ministre de la Santé qui avait été très populaire. Le premier ministre ne pouvait pas espérer aussi spectaculaire recrue dans son éventuel gouvernement d'union sacrée, capable de rallier la plus large faction des opposants. L'ex-ministre rebelle de poursuivre :

– La volonté du peuple s'est exprimée. Si le vote eût été inversé, que se serait-il passé malgré la faible avance du Non? Nul doute que la population québécoise se serait ralliée, la mort dans l'âme, pour un Québécois sur deux, mais ralliée quand même au vœu de la majorité. Le Oui a gagné. Le premier ministre a raison de dire qu'à terme, le Québec proclamera son indépendance. Nous le savions tous, ceux qui ont voté Oui et les partisans du Non. Indépendance modulée, sans doute, c'est en tout cas ce qu'ont promis les ténors du Oui. Nos partenaires du Canada y répondront-ils favorablement? Il nous revient de les en convaincre et de faire en sorte que le Canada et le Québec continuent de vivre en harmonie, ce que nous impose la géographie et ce à quoi nous convient l'histoire et l'évolution du monde contemporain. Voilà pourquoi j'appuierai cette motion et j'invite mon chef à laisser nos députés voter librement, en leur âme et conscience. Merci, monsieur le président.

Risquait-il l'expulsion du caucus, sinon du parti, ce député vedette? Si oui, les exclamations du parti ministériel lui réserveraient un accueil délirant et, pourquoi pas, un poste au sein du Conseil des ministres. Et, à voir les réactions de quelques-uns de ses collègues, il ne serait pas seul à traverser la chambre si le parti l'y forçait.

La donne venait de changer pour le premier ministre. La réaction intempestive du chef de l'opposition, dans une position trop tranchée, en début de débat, se retournait contre lui. Le hasard jouait pour le premier ministre qui, depuis la victoire du Oui, s'était peu soucié du chef du camp du Non, qu'il tenait pour une quantité négligeable. Un premier ministre plus stratégique eût sans doute tenté de discuter le contenu de la motion avec le chef de l'opposition pour s'assurer de son appui. À vrai dire, le premier ministre n'y avait pas songé, n'ayant même pas eu le temps de réunir son Conseil des ministres sur la dite motion. Porté par son instinct et se fiant à sa bonne veine, le premier ministre venait de gagner une manche importante, avant même que le débat n'ait lieu. Encore une victoire à son actif. Qu'en penserait son brillant second? Ruminant tout cela, l'œil brillant et la lèvre détendue, le premier ministre acquiesça à la demande de lever la séance exprimée par le chef de l'opposition.

Revenu à son bureau, le premier ministre demanda à sa secrétaire d'appeler Patrick Rouillard sur-le-champ. Ce dissident libéral lui ferait un excellent ministre, se disait-il.

CHAPITRE XI

LES PETITS PLATS DANS LES GRANDS

Le Palais de l'Élysée a ceci de particulier qu'il n'est pas un palais, à l'échelle française s'entend. Mais il en suinte le faste, le luxe et le confort. Le petit salon donne sur un jardin dont les premiers jours sombres de novembre n'ont pas altéré la magnificence. Les rosiers, encore bien en vie, disputent aux rudbeckias la première place aux promeneurs même distraits. Madame la Présidente déambule bras-dessus, bras-dessous, dans le jardin, avec la ministre des Relations internationales du Québec. Madame Germain connaît bien l'influence discrète mais marquante que la première dame française exerce sur son mari. Aussi espère-t-elle beaucoup de cette promenade improvisée.

— Appelez-moi Bernadette, je vous en prie, ma chère Louise, puisque vous me permettez cette familiarité avec vous.

— Je n'oserais pas, madame la Présidente. Mais, si vous insistez... Ce geste généreux de votre part témoigne, on ne peut mieux, de la solidarité française dont mon pays, le Québec, a particulièrement besoin en ces jours historiques que nous vivons. Je sais tout l'intérêt que vous nous portez, je dirais même plus, l'affection que vous nous avez constamment témoignée depuis les premiers pas de votre mari en politique. Je vous en sais infiniment gré.

— Vous savez, aimer votre pays ne demande pas un gros effort. Et je suis particulièrement sensible à votre ténacité, votre courage politique et votre amour de la langue française. Tout cela mérite bien que la France s'intéresse à votre sort. Dites-moi, Louise, très franchement, quel appui attendez-vous de la France?

— La France est un grand pays, un des ténors de l'Europe, à la pointe d'une zone d'influence particulièrement active en Afrique. Ce n'est pas à vous que je l'apprendrai. Mais encore davantage, ce que fait Paris ne laisse pas Washington indifférente, particulièrement dans une zone géographique que certains Américains considèrent comme le prolongement naturel de leur pays. En réalité, ce que notre gouvernement attend de la France, c'est dès maintenant un appui non équivoque à l'indépendance du Québec. Il faudrait, dans les prochaines heures, que la présidence de la République émette un communiqué, ou mieux, que le président lui-même fasse une déclaration allant dans ce sens. Vous n'ignorez pas qu'Ottawa fait le pied de grue devant plusieurs officines ministérielles françaises. La délégation canadienne multiplie les interventions auprès de plusieurs députés et ministres ainsi qu'auprès des milieux d'affaires particulièrement intéressés au juteux contrat en cours de négociation avec Ottawa, celui portant sur l'achat d'avions de combat. La menace est évidente. On joue le Québec contre des engins de guerre. Je vous assure que la partie est serrée et Ottawa fera tout pour empêcher la France d'outrepasser la non-ingérence. Une déclaration trop tiède de Paris réjouirait évidemment Ottawa, mais aurait, par ailleurs, et sans aucun doute, un effet néfaste à Washington qui, fort heureusement pour nous, n'a pas encore fait de déclaration officielle. Un Oui non équivoque de la France au Oui du peuple québécois aurait tôt fait de renverser la tendance internationale qui, nous le craignons, sans l'appui de la France, risque de jouer en notre défaveur. Vous savez, le Canada dispose d'ambassades à travers la planète qui s'activent depuis maintenant quarante-huit heures et qui manient la carotte et le bâton sur la question québécoise. C'est à la France, par devoir et par solidarité historique, que revient de rétablir le rapport de forces dans la joute qui secoue mon pays.

— Si vous me permettez, chère Louise, et sans vouloir vous offusquer, le Oui du Québec m'apparaît un peu tiède.

— Il serait possible, justement, de lui donner du coffre et de la vigueur par un Oui tonitruant de la France, notre mère-patrie.

— Cela m'apparaît juste. Écoutez, je ferai tout ce que je pourrai auprès de Jacques pour le convaincre de ce que l'on pourrait appeler, pour des raisons historiques et culturelles, le devoir d'ingérence. L'heure n'est plus au non-ci, non-ça. L'heure est à l'action. Et je dois vous dire, en toute confidence, que je n'ai pas beaucoup de sympathie pour le premier ministre du Canada, surtout depuis sa déclaration sur l'élection de mon mari à la présidence. Quelle goujaterie, sans parler de sa classe…

Mais, dites-moi, vous avez vu le premier ministre et le ministre des Affaires étrangères? Des alliés sûrs? Vous savez, même chez les nôtres, j'entends ceux de notre parti, il y a de l'atermoiement. Et les socialistes épousent-ils votre cause, eux qui, en général, ne font guère bon ménage avec les nationalistes? Au fait, mon mari vous a kidnappée aux dépens du premier ministre chez qui vous deviez dîner, ce soir. J'espère que vous ne lui en voulez pas trop. Il souhaitait absolument vous voir pour conclure sur la position de la France, qui a déjà trop tardé.

— Dois-je vous avouer que je rêvais d'un tel rapt… Vous avez raison de poser la question sur la position du Parti socialiste. Le Québec constitue vraiment un cas qui a l'air de transcender les lignes de partis, de même que les chapelles idéologiques puisque les socialistes sont derrière nous. L'appui du gouvernement nous est sans doute acquis, mais ce qui me heurte le plus, c'est la volonté de certains ministres, pourtant gagnés à notre cause, d'aller quérir le soutien de l'Union européenne avant que la France ne parle. Je crains fort les dédales de la politique européenne et de sa bureaucratie. Sans compter que ce scénario élargit le jeu du gouvernement canadien qui, à défaut de convaincre l'État français de faire preuve de neutralité, parviendra à rallier les gouvernements les plus sensibles à la position canadienne, ce qui aurait pour effet de renvoyer la France à la case départ. Et le Québec, par le fait même! Que de longs jours perdus dans une plage de temps où les heures sont pourtant comptées!

— Ma chère Louise, il est temps de rentrer pour le dîner. Vous savez que mon mari est très ponctuel et je crois qu'il aurait été en état permanent d'apoplexie s'il eût été, un jour, ministre des Affaires étrangères. Ceux-là, ils sont biologiquement en retard! Avec vous comme ministre au Québec, ce n'est sans doute pas le cas!

Le président les attend à l'entrée du salon, l'air amusé par la complicité évidente des deux femmes.

— Tiens, vous voilà mesdames. Que de ponctualité! Je vois que l'apéritif est déjà consommé pour vous. Nous passerons à table à l'instant si vous le souhaitez. Le premier ministre, que j'ai invité, est déjà dans l'antichambre. J'ai voulu qu'il soit des nôtres afin d'accélérer les choses, si cela devait l'être, d'autant plus que je lui ai subtilisé son invitée.

Un dîner intime avec tout le décorum habituel à la France. Dans un décor pré-révolution française : vaisselle, couverts, fleurs, tableaux, lustres, tout respire l'aisance et la beauté que l'histoire et la richesse rendent tellement naturelles en ce pays béni des dieux. Et la domesticité, tout aussi discrète qu'efficace. La discussion s'engage vite entre le président et la ministre québécoise.

– Alors, ma chère Louise, enfin! Le Québec a dit Oui, même s'il est un peu timide. Mais pas plus que le Oui français aux accords de Maastricht. Et la France et l'Europe ont fait avec. C'est la démocratie. D'ailleurs, la position du premier ministre du Canada qui, soit dit en passant, tente de me rejoindre désespérément, semble jouer de façon bien curieuse avec la mathématique démocratique. Comme s'il fallait deux votes francophones pour égaliser un vote anglophone ou assimilé. Je vois bien là la pratique séculaire anglaise. Cela dit, cela ne renforce certainement pas votre position à l'interne comme à l'international.

– D'où l'impérieuse nécessité, monsieur le Président, d'un geste ferme de la France pour rétablir l'équilibre des forces en présence. Un appui non équivoque de votre pays à la marche irréversible du Québec vers l'indépendance serait perçu comme un baume et donnerait à la cause cet élan dont elle a besoin sur le plan international.

Le premier ministre, qui n'avait pas encore ouvert la bouche, ce qui, dans son cas, était exceptionnel, se permit une intervention qui mettait en évidence la quadrature du cercle.

– Si vous permettez, monsieur le Président, la principale difficulté vient du fait qu'en dépit d'un référendum victorieux, le Québec n'est pas encore un pays indépendant et qu'il ne le sera, au mieux, que dans un an. Comment résoudre ce cercle carré? Une reconnaissance virtuelle à une indépendance virtuelle? Cela n'est pas très fort en soi. Sans compter qu'au vu du droit international, cette reconnaissance ne tient pas la route. Et un an devant nous en politique…

Sentant ses interlocuteurs bien dubitatifs, en dépit de leur évidente sympathie à sa cause, la ministre québécoise ne pouvait que se faire insistante.

— Je sais bien toute l'ambiguïté de cette situation politique qui traduit, hélas trop crûment, l'indécision de notre peuple. Mais, il faut bien saisir que, n'eût été de cette promesse de négociation en vue d'un partenariat économique et politique avec le reste du Canada, le Oui ne l'aurait jamais remporté. Vaut-il mieux s'accommoder de ce vide juridique pendant un an, quitte à allonger la période de transition, ou aurait-il fallu plutôt jouer à quitte ou double sur une indépendance pure et dure dont on sait les résultats. La naissance d'un pays emprunte parfois de ces détours qu'un esprit cartésien, comme l'esprit français, a du mal à imaginer. Mais l'histoire et le volontarisme du peuple français nous aideront certes à occuper cet intervalle à notre avantage.

L'épouse du président sentait qu'elle devait venir à la rescousse de la ministre québécoise à qui on renvoyait trop la balle à son goût.

— À mon avis, on fait beaucoup trop de bla-bla autour de cette reconnaissance à laquelle on ne peut pas consentir, faute de pays à reconnaître. Mais on sait tous que le Québec est en marche résolue vers son indépendance. C'est cela, l'important. Il souhaite que la France l'appuie. Qu'on l'appuie bon Dieu et qu'on laisse à eux-mêmes ces avocassiers des Affaires étrangères, que l'on connaît bien pour leur penchant fédéraliste, à commencer par notre ambassadeur à Ottawa. Ils feront des pieds et des mains pour enrubanner la moindre virgule qui risquerait, si elle est mal placée, d'être interprétée comme trop favorable au Québec. Cela fait déjà quarante-huit heures que la population du Québec a fait son choix et la France n'a pas encore réagi. Cela n'est pas normal. D'ailleurs, Jacques, la politique étrangère n'est-elle pas un domaine réservé à la présidence? Que signifient toutes ces tergiversations?

— Vous savez, Bernadette est une véritable pasionaria! Et pour le Québec, elle devient monarchique, quasi impériale. Mais, je ne suis pas loin de partager sa fougue. Monsieur le premier ministre, qu'attend-on au Quai d'Orsay pour me proposer une déclaration qui aurait dû être prête dès le soir du référendum? Ottawa est-elle toujours aussi active auprès de nos fonctionnaires au sujet de la fameuse vente d'avions de combat?

Le premier ministre s'est senti directement interpellé par la sortie de madame la Présidente, ne sachant trop quoi répondre sur les tergiversations des Affaires étrangères.

— Il est vrai, monsieur le Président, qu'une partie de souque à la corde est en train de se jouer au Quai. Ottawa y a ses accointances de même qu'auprès du milieu des affaires qui craint de perdre des milliards de francs si la France sert une rebuffade au gouvernement canadien. Cela dit, l'heure butoir pour ce communiqué est, ce soir, 22 heures.

— J'ai bien hâte de voir ce texte où la figue le disputera au raisin, de s'indigner la présidente. Et, ma chère Louise, vos fonctionnaires en poste à Paris doivent sans doute faire le pied de grue aux Affaires étrangères, à travailler sur cette damnée déclaration.

Enhardie par la fougue de sa comparse, la ministre Germain saisit la balle au bond.

— Cela fait au-delà d'un mois qu'ils s'activent. Nous savons très bien ce que nous voulons, mais cela ne semble pas faire l'unanimité chez leurs vis-à-vis français. Ce qui complique encore la situation, c'est cette volonté, chez certains ministres, de faire transiter l'appui français par l'Union européenne. Si, sur le plan théorique, cette approche est séduisante, dans les faits, cela provoque chez moi les pires appréhensions. Comme je le signalais en privé à Bernadette, permettez-moi cette familiarité avec madame la Présidente qui m'a exhortée de l'appeler par son prénom, je crains que la bureaucratie internationale n'enveloppe ce soutien à la cause québécoise dans un galimatias qui ne signifiera plus rien au bout du compte, et ce, après combien de semaines…J'ai horreur de ce scénario que plusieurs amis français, et parmi les plus vendus à notre cause, privilégient. Je n'arrive pas à comprendre pourquoi. D'ailleurs, où pensez-vous que logera Londres? Et Bruxelles, capitale d'un pays en apnée? Et Madrid, aux prises avec les Basques et les Catalans comme je le signalais plus tôt, cet après-midi, au ministre des Affaires étrangères.

– Je la trouve, moi aussi, non seulement boiteuse, mais dangereuse, de renforcer le président. Vous avez raison, Louise, de vous méfier de la bureaucratie européenne. Regardez déjà les difficultés que l'on a avec la nôtre. Ce serait décupler son pouvoir dilatoire. Écoutez, j'ai une bonne idée de ce que sera ma déclaration, car ce sera une déclaration présidentielle et non un simple communiqué. Je dois bien cela à mon ami, le premier ministre du Canada, qui ne me voyait pas à l'Élysée. Elle sera claire, disant en substance que la France reconnaît disons « le principe d'indépendance » du Québec, voilà ma trouvaille, et qu'elle fera tout en son possible pour lui en faciliter la marche. Pour couronner le tout, la France s'engage à parrainer l'entrée du Québec à l'ONU.

– Le principe d'indépendance, c'est génial monsieur le Président, s'exclama la ministre québécoise. Descartes n'eut pas fait mieux. C'est brillant que de reconnaître le droit avant le fait qui viendra bien un jour et de déclarer que la France aidera le Québec dans son parcours.

– Voilà pourquoi je l'ai épousé. Il a de ces éclairs, mon Jacques, qui annulent tous ses côtés plus à l'ombre, ou presque…Voilà ce qu'il faut dire. Le Québec est en principe indépendant, dès maintenant, et il acquerra sa totale indépendance dans la réalité quelques mois plus tard. Pensez-vous que les Américains vont saisir cette subtilité?

– Monsieur le Président, tout le Québec vous sera reconnaissant de cet appui courageux et inventif surtout. Au nom de mon gouvernement, je vous dis un énorme merci. Mais, d'ici le moment où le Québec pourra proclamer son indépendance, il y aura quelques mois bien occupés et, sans aucun doute, difficiles à passer. Excusez-moi de vous relancer aussi vite, mais que pourra la France dans cette traversée du désert? Ottawa se battra bec et ongles, sinon pour protéger l'ensemble canadien, du moins pour faire la vie dure au Québec dans la négociation à venir, notamment sur toutes les questions d'ordre économique : la monnaie, la dette, les accords internationaux, le partage des actifs. Une façon pour lui d'agir sera sans doute de mettre de son côté l'opinion internationale en démonisant le Québec, ce briseur d'un pays que pourtant toute la planète envie. Comment contrer cette propagande malveillante avec notre petit réseau international? Comment lutter contre la désinformation? Chez nous, nous nous en chargeons, mais sur la scène internationale, l'histoire est bien différente.

— Écoutez, j'ai une idée. Il est sûr que ma déclaration, que je rumine depuis tout à l'heure, va foutre le bordel. En cela, je serai un digne disciple du général. Quant à casser des œufs, autant faire l'omelette tout de suite. Que diriez-vous si, dans ma déclaration, pour illustrer concrètement la volonté de la France d'appuyer l'indépendance du Québec, j'accordais à votre Délégation générale le statut d'ambassade? Comme cela, personne ne pourrait interpréter mes propos sous l'angle de l'insignifiance. Qu'en dites-vous?

La ministre des Relations internationales du Québec en resta bouche bée, les yeux embués. Elle n'en espérait pas tant, en tout cas pas si tôt.

— Jacques, deux fois génial dans une même soirée, c'est plus que la République peut en prendre, n'est-ce pas monsieur le premier ministre, gloussa l'épouse du président?

Le premier ministre ne partageait pas l'enthousiasme de madame.

— Je crains fort que le génie ne soit pas reconnu partout de la même façon. Vous risquez, monsieur le Président, la rupture des relations diplomatiques avec le Canada. Ottawa n'acceptera jamais un tel geste qui, en plus d'être inamical, sera perçu comme une nette provocation, non seulement à Ottawa mais aussi dans les autres capitales.

— Je vous trouve bien pusillanime, monsieur le premier ministre. Prophète de malheur en plus. À partir du moment où la France reconnaît, en principe, l'indépendance du Québec, pourquoi ne lui accorderait-elle pas certains de ses attributs? Vous me trouviez génial avec l'idée du principe de l'indépendance. Ce n'en serait que la suite logique. De toute façon, la Délégation du Québec n'a-t-elle pas, dans les faits, tous les privilèges d'une ambassade? Lettres de créance, immunité diplomatique…Ça ne changerait pas grand-chose en réalité. Mais sur le plan des symboles, j'avoue que le geste serait fort. Il n'y a que les États indépendants qui tiennent ambassade. Plus j'y pense, plus je sens que je dois le faire.

— Je suis de ton avis, mon chéri. Et il ne faut surtout pas en souffler mot aux Affaires étrangères qui saboteraient ton idée, j'en suis sûre. Quant à faire dans le génial, puisque nous sommes sur une bonne veine, pourquoi la France ne mettrait-elle pas tout son réseau diplomatique à la disposition de nos amis québécois, histoire d'équilibrer les forces en présence. Ainsi, le Québec pourrait utiliser toutes les facilités offertes par nos ambassades, de même que les réseaux d'influence que la France a tissés au cours des siècles. Ce serait normal, non? Quel beau retour de l'histoire qui compenserait un peu pour l'abandon de 1759.

Percluse de reconnaissance, la ministre Germain ne savait plus à quelle image se raccrocher pour la traduire.

— Dire que certains des nôtres, sans douter de la France et de son soutien le moment venu, craignaient fort que la non-indifférence ne serait qu'une vague formule littéraire. Tout cela, je l'avoue madame la Présidente, va au-delà de mes espérances.

— Bernadette est peut-être allée un peu loin dans son scénario. En tout cas, si nous allons jusque-là, cela ne sera pas pour publication. Mais, je trouve néanmoins l'idée séduisante. Qu'en dites-vous, monsieur le premier ministre? Comment passer le mot d'ordre à toutes nos ambassades sans risquer la guerre avec Ottawa, sans doute elle-même alimentée par quelques-uns de nos fonctionnaires à l'étranger?

— Je trouve, moi aussi, l'idée intéressante et, à terme, probablement moins porteuse de différends que votre idée précédente relative au statut de la Délégation du Québec. Sans doute que, pour le Québec, la portée de la proposition de votre épouse est beaucoup plus génératrice de bénéfices. Je m'engage d'ailleurs à rallier mon ministre des Affaires étrangères et ses fonctionnaires à cette idée. Quant à l'hypothèse relative au statut diplomatique de la Délégation du Québec, puis-je vous suggérer de la laisser mûrir quelque temps, de façon à voir comment évolueront les choses sur le plan international. Il sera toujours temps d'y revenir si, en cours de route, nous avons besoin d'un coup d'éclat.

— Il ne me revient certes pas de me poser en tant qu'arbitre de propositions qui ne peuvent être que d'un grand secours à la cause qui nous est chère. Mais, si j'avais à choisir, la proposition de madame la Présidente mérite tous les éloges, risqua la ministre québécoise.

— Je trouve qu'on abandonne trop vite le morceau de génie de mon mari. Pour que la position de la France n'ait pas l'air de vœux pieux, il m'apparaît essentiel qu'elle soit assortie de mesures très concrètes qui marqueront clairement la volonté de la France. Et le statut d'ambassade accordé à votre Délégation est de ce niveau. Puisqu'on ne peut faire état publiquement de ce que j'ai avancé, il faut arriver avec un geste percutant. Avez-vous d'autres propositions, monsieur le premier ministre?

— Hélas non pour l'instant, madame la Présidente. Mais, je suis convaincu que déjà, l'appui inconditionnel de la France au principe de l'indépendance du Québec aura l'effet d'un coup de tonnerre dans le ciel diplomatique, tout autant européen qu'américain.

Entre temps, une estafette apporte au premier ministre un message que celui-ci attendait : le projet de déclaration de la France à la suite du référendum québécois.

— Monsieur le premier ministre, c'est bien le papier que vous attendiez? Faites-nous en la lecture, s'il vous plaît.

— Monsieur le Président. Déjà le sous-titre… Un Oui timide. Je ne comprends pas mon ministre des Affaires étrangères de laisser passer une telle chose. « La faible majorité du oui empêche la France de… ».

— Interrompez votre lecture. J'en ai déjà assez entendu. Ma chère Louise, ce n'est que dans les grands moments que les vrais amis se révèlent. Laissons à eux-mêmes ces tâcherons de la plume et mettons-nous à l'œuvre. Demain matin, sur le coup de 11heures, je m'adresserai à la presse nationale et internationale sur la question du Québec. Bernadette, ne crois-tu pas qu'il serait temps d'amorcer le repas?

CHAPITRE XII

WASHINGTON TERGIVERSE

Pas plus la paranoïa fédérale que l'exubérance québécoise n'avaient beaucoup ému Washington. Bien sûr, le référendum québécois s'était mérité quelques colonnes dans le *New York Times* et, à part la section spécialisée dans les affaires canadiennes au département d'État, peu d'Américains n'avaient été empêchés de dormir par cette menace à l'intégrité du Canada, pays bien plus associé à l'"ennui qu'à la révolution.

Même les milieux financiers, habituellement sensibles à ces soubresauts politiques issus, la plupart du temps, du Sud plutôt que du Nord des frontières, n'avaient guère réagi à la victoire québécoise. Encore là, les liens tissés entre les milieux d'affaires américains, quelques maisons de courtage parmi les plus importantes, les principales banques du pays et le ministère québécois des Finances, le premier ministre lui-même et quelques majors québécois comme la Caisse de dépôt et Hydro-Québec, portaient leurs fruits. D'ailleurs, dès le lendemain du référendum, le premier ministre du Québec avait dépêché dans les principales places boursières du monde et, au premier chef, à New York, ses ambassadeurs personnels pour rassurer les investisseurs étrangers de la volonté clairement affichée du Québec de continuer à faire du « *business as usual* ».

Cette opération n'avait pas manqué de suinter jusqu'à Washington, calmant ainsi à l'avance le jeu diplomatique qu'Ottawa, effarouchée, déclencherait dans les prochaines heures. Car, à ce chapitre, Québec ne faisait pas le poids. Bien sûr disposait-il de quelques bureaux aux États-Unis qui pouvaient se révéler utiles, avec comme principale place d'affaires, sa Délégation générale à New York. Mais à Washington point, si l'on excepte son « conseiller touristique » qui, tant bien que mal, tente, à temps partiel, de percer l'armada politique et diplomatique qui y trône. Le Québec ne disposait donc pas de port d'attache important dans la capitale américaine. C'était l'équivalent d'un maire d'une petite ville de banlieue contre le président Simpson!

En fait, la porte politique du Québec à Washington est, à toute fin pratique, cadenassée par l'imposante ambassade canadienne qui y contrôle à peu près tout. Le Québec est en souricière. Malgré tout cela, Washington est en pleine torpeur en ce lendemain de référendum. Même la brisure appréhendée du pays au nord ne semble guère troubler le président, bien davantage préoccupé par la fin de son premier mandat. Et pourtant…

L'ambassadeur américain à Ottawa est, dans le corps diplomatique, l'épigone en chef du fédéralisme canadien. Son activisme, aux antipodes de la subtilité et même de la bienséance politiques, est connu de tous autant que l'horreur qu'il éprouve pour les séparatistes québécois. Aussi est-il en grâce auprès du premier ministre du Canada qui ne se prive d'ailleurs pas des faveurs de son ami l'ambassadeur des États-Unis.

– James, je suis content de vous parler. Toujours pas de nouvelles de votre président ni du département d'État?

– Non, monsieur le premier ministre.

– Appelle-moi Jean, je t'en prie.

– Oui, monsieur le premier ministre, oui Jean. J'ai pourtant transmis au département d'État le projet de communiqué dont nous avons convenu, votre ministre des Affaires extérieures et moi, qui redit l'attachement et la préférence très nette de mon pays envers l'unité du Canada. Tu sais d'ailleurs où loge notre président sur cette question. Ses propos de la semaine dernière étaient sans équivoque.

– Je sais, je sais, mais cela, c'était avant les résultats du vote. J'espère que ton pays n'est pas en train de nous lâcher, dans cette période cruciale de notre histoire. Je me sens comme un pendu virtuel qui craint le coup de pied au tabouret sur lequel il se tient. Je ne sais plus trop à quel corps sera attaché ce pied vengeur.

– En tout cas, il ne viendra pas de nous, je peux te le jurer.

– Écoute, il est 9 heures. J'entre en Conseil des ministres dans quelques instants. Inutile d'insister sur le caractère dramatique de cette réunion.

Nous sommes en pleine catastrophe. Je ne sais pas encore quelle sera la réaction de Paris. Il est évident qu'une action rapide de votre part pourrait avoir une influence certaine sur Paris qui semble vouloir davantage écouter son cœur que sa raison. De mon côté, j'ai l'intention de me battre.

– Votre discours était en tout cas très clair à ce sujet.

– C'est ce que je vais redire à mes ministres tout à l'heure. Je ne permettrai pas à 50 000 Québécois de saboter l'avenir de 28 000 000 de Canadiens. J'aimerais bien que votre secrétaire d'État, à défaut du président, affiche la même détermination que moi et dise son appui très ferme aux actions que le premier ministre du Canada entreprendra pour sauvegarder le pays.

– Ce serait inespéré, monsieur le premier ministre, mais on ne peut en exiger autant de la part du président des États-Unis qui doit afficher une certaine réserve.

– Les Français ont moins de scrupules que vous à cet égard et ce ne serait pas la première fois que votre pays …

Sentant une pointe d'agacement dans le ton du premier ministre, l'ambassadeur tenta de le rassurer en lui signalant qu'il ferait des pieds et des mains pour que Washington s'affiche le plus tôt et le plus fermement possible.

L'ambassadeur canadien à Washington ne débordait guère d'optimisme quant à la position qu'adopterait le gouvernement américain. Diplomate intelligent qui avait fait une longue carrière dans le sérail, il jouissait de la totale confiance du premier ministre. Raffiné, fin causeur, rompu aux usages internationaux et à tous les codes qui les accompagnaient, déjà il s'inquiétait des heures que mettait Washington à donner signe de vie.

Aussi longtemps que le référendum au Québec n'était encore qu'une hypothèse, Washington avait clairement manifesté sa préférence pour un Canada fort et uni. Pouvait-il dire autrement alors que ses propres conseillers à Ottawa étaient les meilleurs propagandistes de la fédération canadienne et que les autorités politiques canadiennes avaient elles-mêmes insisté lourdement auprès des plus hautes autorités américaines pour qu'elles prennent position dans ce sens. Mais quelle conviction réelle animait la présidence américaine? Jusqu'où les débats canadiens l'allumaient? Maintenant que la population du Québec s'était prononcée en faveur de son indépendance, la donne s'était modifiée. C'est bien ce qu'avaient compris les quelques spécialistes du *State Department* affectés au dossier. Leur ambassadeur à Ottawa avait beau s'esquinter, les harceler, les menacer, multiplier les fax reprenant l'essentiel de son communiqué, ils faisaient la sourde oreille, conseillaient plutôt à la patronne d'attendre, de laisser passer quelques heures, voire quelques jours, pour voir comment la situation évoluerait. Analyser comment les milieux financiers réagiraient, comment le dollar canadien se comporterait. Car personne au département d'État ne prêtait plus foi aux sornettes sur le « Castro du Nord », si on y avait déjà accordé quelque crédit... Ils savaient d'ailleurs très bien que le Québec avait été le meilleur défenseur du traité sur le libre-échange, qu'il était, malgré son vernis social-démocrate, un fidèle du capitalisme, bien loin du credo marxiste de la petite république au sud de Miami. Tout cela mettait bien des choses en perspective, ce que, manifestement, leur ambassadeur à Ottawa était incapable d'avoir, de la perspective.

À cela, s'ajoutait la personnalité du premier ministre canadien sur qui Washington avait bien des réserves. Béni était le temps de son prédécesseur qui avait beaucoup plus d'affinités avec les hôtes de la Maison Blanche. La souveraineté canadienne, que revendiquait le premier ministre actuel, dans la droite ligne de ses prédécesseurs libéraux, agaçait Washington au plus haut point. Comme si les deux pays, de par leur géographie et leur idéologie politique, ne partageaient pas un même destin. Ils étaient moins soucieux de leur souveraineté lorsqu'ils quémandaient l'appui des États-Unis à la sauvegarde de la fédération canadienne.

Dans son bureau ovale, le président est en discussion avec son conseiller aux affaires nord-américaines. L'atmosphère est plutôt bon enfant. Le sujet? Le Canada et le Québec. Le ton de la conversation témoigne du fait qu'on est bien loin de la crise des missiles soviétiques à Cuba!

— Si vous appeliez Paris, monsieur le Président, lui suggérait son conseiller? Notre ambassadeur à Ottawa n'en finit plus de nous interpeller. Il vient de parler au premier ministre canadien qui, nous dit-il, est dans tous ses états. Personne à Ottawa n'avait vu ou n'avait voulu voir venir la victoire des partisans de l'indépendance du Québec. L'anarchie semble régner dans la capitale, aux dires de notre ambassadeur qui n'est guère, par ailleurs, porté sur les nuances et la subtilité. Je vous avoue m'en méfier un peu. Il a l'air de jouer gros les intérêts de son ami, le premier ministre du Canada, pour qui, à l'évidence, c'est la déchéance. Vous imaginez, rejeté par ses compatriotes. Il prend cette défaite à son compte, mais souhaite poursuivre la bataille. Cette attitude belliqueuse ne m'inspire rien de bon. Je ne crois pas qu'il est dans l'intérêt de notre pays, par une attitude trop pro-canadienne, de souffler sur les braises d'un éventuel conflit. Nos intérêts économiques y sont énormes, notamment au Québec qui est, pour nous, un partenaire financier de première force. D'ailleurs, raison supplémentaire de nous méfier des appels trop passionnés de notre ambassadeur, Wall Street est aussi calme ce matin qu'hier et avant-hier. C'est notre meilleur baromètre.

— Tu as raison, Jessie.

Le président appréciait au plus haut point son jeune conseiller stratégique issu des meilleures familles de Boston et diplômé de Harvard et du Massachusetts Institute of Technology, les deux plus grandes écoles de l'est des États-Unis. Grand, costaud et athlétique, il était la proie de tout le personnel féminin de la Maison Blanche, ce qui portait un peu ombrage au président.

— Ma femme adore Montréal qu'elle connaît bien, de poursuivre le président. Elle y retrouve, à l'occasion, des amies dont l'une d'elles est en lien avec monsieur… Comment déjà? Oui, monsieur Baribeau. J'ai d'ailleurs eu l'occasion de croiser ce dernier qui m'a fait bonne impression. Beaucoup de prestance, de dignité aussi. Je crois que c'est une bonne idée de prendre le pouls de Paris avant de réagir officiellement, Paris à qui je peux d'ailleurs suggérer une certaine prudence. Le président Bouillac, que je trouve parfois un peu Don Quichotte, n'a pas intérêt à couper les ponts avec Ottawa. Et les États-Unis n'ont aucun avantage à s'aliéner le Québec. Vous savez que j'y ai déjà accompagné ma femme et je dois vous dire que j'admire l'opiniâtreté de ce peuple qui se bat pour sa langue et sa culture. J'avoue d'ailleurs qu'on mange beaucoup mieux à Montréal qu'à Ottawa et que les filles y sont fort belles, renchérit le président en esquissant un sourire.

Tu peux me joindre Jacques Bouillac? Je n'ai pas beaucoup de temps, devant recevoir le président du Pakistan dans la prochaine heure. Entre temps, rassure James à Ottawa en lui disant que, d'ici quarante-huit heures, notre pays se sera prononcé. Avertis-le, par ailleurs, de ne faire, d'ici là, aucune déclaration susceptible de donner des espoirs aux partisans de la bagarre, premier ministre canadien en tête. Et porte le même message au département d'État qui s'arrangera avec l'ambassadeur canadien.

Il était rare que le président des États-Unis s'alertait pour des affaires canadiennes, ce pays débonnaire qui aurait pu, s'il avait eu le sens de l'histoire, être le 51e état américain. Mais si le Québec devait persister dans son désir autonomiste, peut-être pouvait-on espérer que les États-Unis hériteraient de quelques provinces orphelines, épousant ainsi le sens du commerce nord-sud. Les rêvasseries présidentielles furent interrompues pas sa secrétaire lui annonçant le président de la République française au bout du fil.

— Allô Jacques.

— Un moment, monsieur le Président, je vous mets en communication avec la présidence.

Simpson se rengorge. « Ils sont bien égaux à eux-mêmes », se dit-il, Bouillac décrochant systématiquement le combiné le dernier.

— Allô, Jacques.

— Bill, *how are you?*

— Très bien Jacques et vous?

— En grande forme. Je sors d'un déjeuner avec quelques collaborateurs où il fut beaucoup question de vous et de votre exceptionnelle performance dans le rapprochement entre les leaders israéliens et palestiniens. Du grand art!

– Oh, vous savez, on n'a guère le choix de jouer ce rôle de courtier, sinon c'est la guerre à perpétuité dans ce coin de planète que l'Iran cultive de façon particulière, en lien étroit avec la Syrie et le Hezbollah. D'ailleurs, je vous verrais bien Jacques jouer un rôle équivalent auprès du Liban et de la Syrie, terres que vous connaissez bien et où la France jouit d'une grande crédibilité.

Mais ce n'est pas pour cela que je tenais à vous parler. Je souhaite m'entretenir avec vous de la question canadienne. Point n'est besoin de vous rappeler le contexte… Les pressions sont ici très fortes pour que nous prenions fait et cause pour le Canada, invoquant la très faible majorité du Oui québécois. Avant d'asseoir notre position, je souhaitais entendre les arguments de la France sur le sujet.

– Vous savez, mon cher Bill, tout l'attachement que la France éprouve envers le Québec, les fils de nos fils. La filiation historique, malgré quelques brisures épisodiques, est restée très présente et nous éprouvons une affection particulière pour ce que Charles de Gaulle appelait fort justement les Français du Canada. C'est donc dire toute notre sympathie pour l'indépendance de cette Nouvelle-France et c'est dans ce sens que s'exprimera mon pays dans les heures qui vont suivre. En quels termes cela sera dit? On est à y mettre la dernière main, ne voulant absolument pas, ce faisant, nous aliéner l'amitié canadienne. Le Canada demeure, pour la France, un partenaire de première importance et nous y tenons. Mais, selon moi, ce n'est pas aller contre les intérêts du Canada que d'appuyer le Québec dans sa marche historique vers son destin. D'ailleurs, la position de la France ne sera une surprise pour personne puisqu'elle a dit et redit, au-delà des lignes partisanes, qu'elle accompagnerait le Québec dans sa volonté exprimée démocratiquement.

– Mais sa majorité est bien courte, ce qui ne va pas sans donner des idées à une branche querelleuse qui, pour l'instant, tient les commandes du Canada.

– Qu'il nous faut garder d'appuyer, si vous me permettez, mon cher Bill, car le risque de mettre le feu aux poudres est grand. Dans ce sens-là, un appui explicite à la démarche politique du Québec par des pays comme les nôtres, permettra de mieux qualifier cette majorité, de lui donner plus d'étoffe et de lui conférer la légitimité qu'il lui faut pour assurer une certaine paix sociale à ces deux pays appelés à se redéfinir.

– La situation est bien différente, vue d'ici. Vous savez, les États-Unis se sont toujours prononcés en faveur de l'unité canadienne. Nous détestons tous ces mouvements déstabilisateurs qui, en général, n'augurent rien de bon pour les intérêts américains dans ces zones considérées à risque. Sans doute de vieux effluves de notre propre histoire marquée par la guerre civile. Mais, votre position emprunte aussi à ces détours romantico-historiques, sans vouloir vous offenser. Au nom de quoi le Québec peut-il revendiquer son indépendance? En vertu du droit des peuples à l'autodétermination? Vous qui connaissez bien le Québec savez pertinemment qu'il ne vit pas en situation de dépendance, qu'il évolue au sein d'un pays libre, et ce, à des lieues de la condition politique des pays issus de la vague de décolonisation des années soixante. Pourquoi d'ailleurs êtes-vous si entiché de l'indépendance du Québec alors que vous déployez tant de moyens pour résister à l'indépendance de la Corse? Sauf votre respect, j'ai l'impression que vous vous alimentez encore à l'idéologie du XIXe siècle relative aux droits des nationalités qui a valu à l'Europe combien de guerres et de morts! Excusez-moi de vous parler aussi franchement, mais j'ai beaucoup de réticences à jouer le jeu du nationalisme, peu importe l'endroit d'où provient cette idéologie de droite. Sans compter que, pour l'instant, ce pays est bien virtuel. Car, si j'ai bien compris mon conseiller, ce n'est que dans un an que le Québec accèdera à son indépendance.

– C'est exact et c'est surtout pour le Québec que cela complique les choses, de répliquer le président français. En effet, il ne peut compter sur des gestes de reconnaissance juridique de la part de pays amis, ce qui lui aurait permis d'entamer les négociations avec son vis-à-vis canadien dans un meilleur rapport de forces. D'où l'importance de notre position pour asseoir sur des bases plus solides son pouvoir de négociation et lui fournir cet appui moral pour les discussions à venir.

J'ai par ailleurs bien entendu votre discours sur la position de mon pays. Est-ce romantisme de notre part que d'appuyer l'indépendance du Québec? Droit des peuples à disposer d'eux-mêmes, droit des nationalités? Ces distinctions m'importent peu. La France ne fait que constater que le résultat du référendum québécois est l'aboutissement d'une longue marche de ce peuple qui s'est battu pour sa survivance et qui, vous en conviendrez, entouré de cette mer anglophone, saura mieux se défendre comme pays que comme province du Canada. Quant à la Corse, il me fera grand plaisir, lors de notre rencontre prochaine, de vous donner un petit cours d'histoire sur la nature bien française de ce merveilleux coin de pays.

Dans un autre ordre d'idées, votre pays n'a pas, par ailleurs, à avoir une position aussi tranchée, encore que si vous le souhaitez, ce sera chose conclue pour tout le monde. En effet, le Canada peut bien menacer la France de représailles, petit jeu qui se joue à deux, mais je le vois mal tenir la dragée haute à l'oncle Sam.

Justement, ce délai d'un an que le Québec se donne pour négocier le traité d'association avec le Canada vous permet d'avoir une position plus attentiste, moins interventionniste, mais tout aussi efficace dans la suite des événements. Cette non-ingérence américaine représentera, pour tous les observateurs, une attitude bienveillante pour le pays à naître. Libre à vous de verser, par ailleurs, toutes les larmes sur la brisure canadienne de façon à ne pas trop vous distancer de votre discours traditionnel à son endroit. D'ailleurs, je ne vous apprendrai sans doute rien en vous disant qu'un début de mutinerie aurait cours au sein du Conseil des ministres canadien et serait dirigé contre la personne du premier ministre. Cela serait le fait de quelques ministres anglophones qui en auraient ras-le-bol de cette souque à la corde. Ce revirement majeur, s'il se produit, changerait complètement la donne. Qui dit si cela n'ouvrira pas la porte à d'éventuelles négociations? Si cette hypothèse s'avérait, pourquoi les États-Unis seraient-ils plus catholiques que le pape?

L'argument du président français semble avoir porté. Sans répondre directement à la question posée, le président Simpson poursuit.

— C'est donc dans les prochaines heures que la France fera connaître sa position?

— En effet. J'ai d'ailleurs l'intention de téléphoner au premier ministre canadien, au préalable, pour lui expliquer clairement la politique française et lui redire notre amitié.

— Beaucoup d'autres pays européens vous suivront dans cette voie?

– Des discussions se poursuivent entre les ministres des Affaires étrangères de l'Union européenne à ce chapitre. J'ai bon espoir que la Belgique, l'Espagne et l'Italie suivront rapidement. L'Allemagne aussi probablement. Quant à la Grande-Bretagne, des raisons historiques lui suggèrent une voie différente. On verra. Du côté de la francophonie, je pense qu'elle suivra en masse, le Québec ayant lié des liens d'amitié solides avec plusieurs pays africains au sein de notre Commonwealth francophone. Ça commence à faire beaucoup de monde dans la cour du Québec.

– Mon cher Jacques, je suis content de notre conversation même si des nuances de taille séparent nos approches respectives. Je comprends que si c'est une chose que de bénir l'unité canadienne alors que le référendum québécois n'est encore qu'une virtualité, c'en est une autre que de réagir lorsqu'une majorité s'est exprimée dans le cadre d'une consultation que l'on me dit très démocratique. Mais une majorité bien peu convaincante, admettez-le.

– Si l'on vous revient avec cette histoire de faible majorité, Bill, vous pouvez toujours leur rétorquer que la France a voté pour les accords de Maastricht avec 51 % et des poussières, ces accords changeant pourtant de façon radicale la face de l'Europe, donnant entre autres naissance à l'euro. Vous savez, pour un Français, renoncer au franc, c'était comme enterrer sa mère; alors que plusieurs de mes compatriotes calculent encore en anciens francs. Vous vous rendez compte! Voilà pourquoi nous ne faisons pas de boutons avec de courtes majorités. Au fait Bill, sur un tout autre registre, une question me revient constamment. Comment procédez-vous pour accueillir des stagiaires à la Maison Blanche? L'Élysée est absolument imperméable à toute présence étrangère pour des raisons de sécurité.

– Rien de plus simple, mon cher. Je conclus des accords de coopération avec des pays étrangers avec échange de stagiaires dans les bureaux présidentiels.

– Et la vôtre, elle venait du Canada?

– Non Jacques, Québécoise! Au grand plaisir de se voir bientôt à la réunion du G-7.

– Toutes mes amitiés mon cher Bill et à bientôt.

Si, à Paris, le président Bouillac exprime sa satisfaction, à Washington, le président Simpson se félicite de cette conversation. Bien sûr, il est allé loin dans ses arguments pour contrer l'appui français, mais c'est un jeu auquel il s'adonne régulièrement pour pousser ses interlocuteurs dans leurs derniers retranchements. Son intuition et son sens politique toujours aussi aiguisé l'ont bien servi encore une fois, se sentant plus rassuré dans la position qui serait la sienne. Faut dire que l'appel très amical à l'égard du Québec que lui avait fait le gouverneur de l'État de New-York, ami personnel du premier ministre québécois, jouait dans la balance. Et si en plus le Canada anglais…

En dépit de la crise de cœur que risquait son ambassadeur à Ottawa en entendant la position de Washington sur la situation canadienne, celle-ci, sans doute moins engageante que la position française, permettra de donner du temps au temps. Après tout, des situations autrement conflictuelles enflamment des coins de terre sans que Washington se manifeste, pourquoi une position différente vers les voisins d'en haut? D'autant plus que des siècles de patience ont forgé l'âme québécoise traditionnellement peu portée sur les aventures trop à risque.

Faisant état de sa conversation avec le président Bouillac à son conseiller politique, le président lisait dans le regard de ce dernier l'approbation tacite à cette position attentiste que devaient adopter les États-Unis.

– Je veux que vous préveniez madame Fulbright de ce changement de ligne. Je suis de plus en plus convaincu que nous n'avons pas d'urticaire à faire autour de l'indépendance québécoise. Nous nous prononcerons quelque temps après la France. Nous utiliserons des termes qui mettront un peu de baume sur l'amertume canadienne, que provoquera l'attitude française, mais tout en laissant le jeu ouvert. Je veux voir le communiqué que madame Fulbright émettra pour demain matin. Je me rendrai aussi disponible pour parler au premier ministre canadien qui en manifestera sûrement le souhait. Tu peux faire entrer mon invité pakistanais.

À Paris, l'Élysée pavoise. À tort ou à raison, le président, qui sympathise de plus en plus avec l'homme fort des États-Unis, a le sentiment d'avoir gagné la partie pour le Québec. Paris et Washington qui font cause commune sur le sort d'une nation. Vengeance sur 1759? Paris, encore capable de jouer parmi les Grands, en communauté de pensée avec la nation la plus puissante du monde, peut-être même de toute l'histoire du monde.

— Appelez-moi Québec tout de suite. Je veux parler à mon ami Baribeau. C'est la fin de toutes les appréhensions pour lui maintenant. Washington bienveillante.

— Ne craignez-vous pas, monsieur le Président, qu'à vendre la peau de l'ours avant de...

— Je n'ai que faire de vos fabliaux. Je vous vois d'ailleurs venir, Dominique. Vous allez sans doute me suggérer, étant donné la position américaine, que la France ménage la chèvre canadienne, ménageant en même temps la vente de nos avions de chasse à Ottawa. Tu sauras, mon cher Dominique, que l'histoire ne peut attendre. C'est lorsque le Québec a besoin de nous qu'il faut y être. D'ailleurs, c'est cette attitude ferme de notre part qui a sans doute convaincu mon vis-à-vis yankee, (cette allusion à son vis-à-vis lui faisait bomber le torse bien gaulois) d'adopter un ton assurément moins militantiste que le nôtre, mais fort efficace et par ailleurs capable de miner le goût de revanche qu'a distillé le premier ministre canadien dans son discours, le soir même du référendum.

À la fin, je ne comprends, mais absolument pas, tous ces appels à la mièvrerie dont me pourchasse mon entourage. Que sont tous ces trouillards qui me conseillent? J'ai pourtant assez de mon ministère des Affaires étrangères qui n'en finit pas de multiplier les atermoiements et les appels à la prudence dans le discours français. De leur part, ça ne m'étonne pas, c'est un repaire de fédéralistes pour qui le Québec n'est qu'un ramassis de ploucs ne s'exprimant qu'en borborygmes! Et je caricature à peine. Je connais trop le cynisme de quelques spécialistes des affaires américaines qui voudraient bien en finir avec ce village gaulois qui se prend pour l'épicentre de la francophonie et qui, en plus, nous fait la leçon avec ses lois linguistiques.

Bon, avant d'attraper un coup de sang, appelez-moi Québec à l'instant. Je vous rappelle que c'est demain matin, 11 heures, que je m'adresserai à la presse sur la question québécoise.

– Bien, monsieur le Président. Une dernière remarque, si vous le permettez. Ne serait-il pas séant de parler à votre premier ministre avant de vous adresser au premier ministre québécois?

– Oh, je l'oubliais, celui-là. Tentez donc de le joindre… Et puis, non. Il me semble faire mèche avec les partisans mous de l'indépendance du Québec. Je n'ai pas envie de m'esquinter à argumenter encore avec un autre de la même farine. Mais, je vous estime beaucoup par ailleurs, Dominique. Allez, procédez. Monsieur Baribeau dormira mieux cette nuit!

CHAPITRE XIII

JEAN CONTRE JACQUES

Une matinée pluvieuse de début novembre. Les rues de Montréal ruissellent sous un ciel bas. La ville semble avoir repris son cours à peu près normal après la révolution du début de semaine. La poussière est un peu retombée sur la métropole qui se situe au cœur de la question québécoise. Pendant que l'Est de la ville jubile depuis trois jours, l'Ouest, le monde des affaires, le milieu anglophone, bref les « québécosceptiques » commencent à sortir de cette espèce de climat d'incrédulité qui les a envahis lundi soir.

Cette rencontre des deux mondes se transpose dans un restaurant d'un grand hôtel du centre-ville de Montréal où, à l'abri des regards, les deux premiers ministres des deux pays en devenir ont accepté de se rencontrer accompagnés de leur directeur de cabinet. Dans un des salons privés de ce restaurant à la table réputée, mais pas reconnu pour être fréquenté par la classe politique, les quatre hommes sont attablés dans des positions où la méfiance règne en maître. Monsieur Baribeau, comme à son habitude, est bien sanglé dans son trois-pièces pendant que son vis-à-vis canadien semble avoir fait peu de cas de son look, comme à l'habitude. La conversation roule déjà lorsque le maître d'hôtel apporte la carte des menus. Le temps de choisir et la conversation reprend de plus belle.

— Vous n'avez donc pas aimé mon discours à la nation. Il n'y avait pourtant là rien de neuf par rapport à ce que nous avons véhiculé pendant la campagne référendaire.

— Rien de neuf. Vous semblez tenir pour acquis que le Canada va faire siennes toutes vos propositions sur la monnaie, le passeport, un Parlement commun et quoi encore. Au fait, monsieur Baribeau, pourquoi voulez-vous vous séparer si c'est pour maintenir les choses comme elles sont?

Le premier ministre québécois, qui n'était guère friand de toutes ces patentes communes ayant germé dans la tête des étapistes, accuse le coup avec un sourire qui n'échappe pas à monsieur Romain.

— Ce n'est pas à vous que j'apprendrai qu'à la base de toutes ces propositions prévaut le principe de l'égalité des partenaires. Ce qui n'est absolument pas le cas maintenant où l'Île-du-Prince-Édouard, un gros Trois-Rivières, vaut autant que la voix du Québec dans ce Canada à treize! Mais, si vous permettez, plutôt que de poursuivre cette discussion en vrac, nous pourrions y aller de façon ordonnée à partir d'un ordre du jour que je vous propose et qui serait le suivant : la réaction politique du Canada, que l'on pourrait passer en revue, le début des négociations et leur objet et, finalement, la période intérimaire. Comment aménager cet intérim pour qu'il soit vivable pour nos concitoyens?

— Vous allez bien vite en affaire, monsieur Baribeau. De toute façon, vous ne croyez quand même pas que je vais vous faire part de notre stratégie? Et je ne m'attends pas plus à ce que vous me révéliez la vôtre. On a déjà vu neiger tous les deux.

— La réaction politique du Québec est pourtant transparente. Mes appels à la solidarité, au ralliement de toutes les tendances, ont déjà porté fruit. Vous n'êtes pas sans savoir que, dans les prochains jours, s'ajoutant à celles qui se sont déjà prononcées, diverses personnalités issues de tous les milieux se rallieront, de manière très officielle, au choix de la majorité des Québécois et qu'elles sont même prêtes, pour certaines, à servir d'ambassadrices auprès de partenaires étrangers afin de solliciter leur appui tacite à l'indépendance du Québec. Plusieurs de ces noms connus auront tôt fait de vous étonner, monsieur le premier ministre, identifiés trop vite par vos sbires au camp du Non. Je n'ai sans doute pas à revenir sur la motion, votée à une très large majorité par les députés de l'Assemblée nationale, proclamant l'indépendance du Québec pour le 30 octobre 1996, au plus tard.

— Cela fait partie de votre palette d'astuces, évidemment! On verra bien. On connaît la parole des gens d'affaires, notamment. Ce sont d'abord leurs intérêts qui parlent et ils savent tous où ils logent jusqu'à maintenant. Mais, réaction politique pour réaction politique, vous n'ignorez pas, monsieur Baribeau, qu'un mouvement prend forme au Canada anglais, particulièrement en Ontario, pour contester la validité du vote au référendum, particulièrement en regard des bulletins rejetés par milliers et qui auraient pu renverser votre bien courte majorité!

Monsieur Baribeau avait déjà été informé de cette rumeur qu'il savait pertinemment alimentée par Ottawa mais qui, d'après les propos de monsieur Romain, voulait faire porter la cause au Canada anglais.

– Vous n'allez pas jouer dans ce film-là, monsieur le premier ministre. La victoire du Oui est le résultat d'un vote démocratique, avec un taux de participation quasi soviétique. La majorité s'est exprimée. Le Oui a gagné. Le Québec est désormais maître de son destin et ce n'est pas quelques têtes brûlées qui, sous couvert juridique, auront gain de cause dans cette querelle sur le droit des peuples à disposer d'eux-mêmes. D'ailleurs, à nager dans ces eaux-là, vous risquez de vous noyer avec tous ceux qui, nouveaux arrivants, se sont vus catapultés dans leur nouvelle citoyenneté, candidats naturels pour le camp du Non. Vous êtes sans doute au courant de cela, monsieur le premier ministre.

Cette donne toute nouvelle, le premier ministre du Québec se l'était fait offrir par des employés d'Immigration Canada, partisans de l'indépendance du Québec, qui avaient des preuves de la fournée de nouveaux citoyens canadiens reçus dans les dernières semaines. Les consignes avaient été claires et même des juges des provinces maritimes étaient venus à la rescousse des fonctionnaires fédéraux, débordés par les demandes de citoyenneté. La dernière remarque de monsieur Baribeau a d'ailleurs porté, déstabilisant quelque peu son interlocuteur qui voit sa belle assurance mise à mal.

– Je ne peux quand même pas me substituer à la volonté de citoyens canadiens, qui souhaiteraient garder intact le Canada, et les empêcher de contester la validité d'un vote empreint d'irrégularités. Les tribunaux trancheront.

Poursuivant sur son élan, monsieur Baribeau enchaîne.

– Il est par ailleurs dans vos prérogatives, monsieur Romain, de prendre les devants et de dire à la face du Canada, et du monde, que vous reconnaissez la victoire du Oui, que la démocratie s'est exprimée et que, même s'il ne répond pas à vos vœux les plus chers, vous respecterez le choix du Québec. D'ailleurs, il vous appartient, comme premier ministre et comme chef d'État, de dédramatiser cette rupture en la situant dans un continuum…

— Continuum? Vous ne me demandez tout de même pas de me faire le chantre de la victoire du Oui. Innocent, mais pas fou! De toute façon, laissons la situation se décanter encore un peu. C'est pour cela que je n'ai pas voulu m'adresser à tous les Canadiens depuis mon discours de lundi soir. Pour revenir à ce que vous appelez votre ordre du jour, en ce qui concerne la réaction politique à Ottawa, et bien elle est mouvante. Tout le monde est chambardé par les résultats référendaires, mais personne n'interprète la situation de la même façon. Même mon Cabinet n'est pas encore démêlé. Que voulez-vous? C'est la même chose chez vous, j'en suis sûr. Je connais assez votre monde pour savoir que vous et moi, on est un peu dans le même genre de bateau, voguant sur le même genre de mer… *Anyway*. La réaction politique officielle d'Ottawa, je la ferai connaître probablement au début de la semaine prochaine. Conférence de presse et adresse à la nation.

— Je peux savoir alors pourquoi vous teniez à ce qu'on se rencontre dès cette semaine, si ce n'était pas pour parler de vos intentions sur le plan politique? Parce que le reste en découle : négociations à venir et aménagement de la période transitoire.

— Vous êtes trop cartésien, monsieur Baribeau. Je voudrais vous parler d'autre chose… Vous savez à quel point ce pays m'est cher. Au-delà du pathos sur les Rocheuses, je tiens au Canada comme à la prunelle de mes yeux. Et je veux que ce pays continue.

— Je vous arrête tout de suite. Je l'ai déjà dit, je ne veux pas être le 26e premier ministre du Québec à essayer le fédéralisme. Je veux être le dernier premier ministre provincial du Québec. Si non, à quoi auraient servi toutes ces démarches référendaires? Trois en quinze ans pour aboutir à une nouvelle courtepointe qui ne satisferait ni les miens qui se sont battus pour un vrai pays, ni les vôtres qui se sentiraient dépossédés d'une partie de leurs moyens au profit des éternels braillards du

Québec? C'est bien mal me connaître, monsieur Romain, que de m'aborder par ce biais.

— Vous n'êtes pourtant pas en position de force pour jouer les matamores et dicter vos conditions quant au futur du Canada.

— J'ai toute la force que confère la victoire.

— Victoire bien courte…

— Mais que toutes les règles du droit international et de la jurisprudence viennent confirmer, qu'elle soit courte ou pas. D'ailleurs, pourquoi ce qui a prévalu pour l'entrée de Terre-Neuve dans la Confédération ne prévaudrait-il pas pour la sortie du Québec de cette même Confédération? Placez-vous sur le terrain de la légalité, monsieur le premier ministre, le seul qui doit s'imposer dans un pays de droit!

— Écoutez, monsieur Baribeau. La discussion peut s'enliser sur ce terrain que les avocats prendront plaisir à labourer, à leur plus grand profit. Revenons dans la sphère politique. Vous avez gagné le référendum. Le Québec espère donc un meilleur sort. Pourquoi ne pas le jouer à l'intérieur du Canada, d'autant plus que vos propositions d'association nous y mènent presque. Pourquoi revivre à l'envers ce que les pays de l'Union européenne sont en train de vivre? Ils se dirigent de plus en plus vers une Europe politique. Et ici, on se détricote pour retricoter une union économico-politique où le Québec gagnera quoi?

— Sortir de nos chicanes séculaires, de nos psychodrames politiques, de ce huis clos stérile. Vivre nos désirs. S'assumer totalement comme nation. S'embarquer dans la mondialisation, y faire face, en profiter selon nos valeurs, nos intérêts, notre culture.

— Je suis tout à fait d'accord. Pourquoi ne pas tenter de réussir cela dans un Canada que nous redéfinirions, vous et moi? L'histoire nous ferait une belle place.

C'était là la quintessence du rêve du premier ministre canadien. Passer à l'histoire comme le plus grand des premiers ministres du Canada, dans la lignée des MacDonald et des Laurier.

— Ce n'est pas mon objectif. Écoutez, je crois que nous divaguons. Trop d'échecs jonchent cet impossible raccommodement des deux peuples qui laisserait entières les frustrations historiques entre nous. Je n'ai, de plus, aucun goût de refaire les batailles sémantiques autour des concepts de nation, de peuple, de société distincte et quoi encore. Le Québec forme une nation et se contrebalance royalement de ce que le Canada peut en penser. Tous les débats autour équivalent, quant à moi, à sodomiser des maringouins! De toute façon, la loi du nombre joue contre le Québec. Tout compromis politique, aussi pertinent serait-il à une certaine époque, finirait par devenir obsolète et être contesté par l'un des deux partenaires, pour se retrouver dans 25-30 ans au point où nous en sommes maintenant. Autant crever l'abcès tout de suite et permettre enfin au vieux rêve québécois de prendre forme.

— Je vous demande de réfléchir à ma proposition. Certains de mes collègues anglophones l'ont amenée à la table du Conseil des ministres, et non des moindres. Je suis prêt à pousser loin ce Canada redessiné. Je pense pouvoir le vendre à nos concitoyens anglophones.

— J'en doute fort. De plus, vous allez devoir aussi le vendre à vos compatriotes québécois, et cela, ce n'est pas gagné. J'avais espéré que notre déjeuner permettrait aux événements de se placer. Je vous sens imperméable à une discussion sur les conséquences directes et concrètes du référendum : les négociations, l'intérim. Vous m'en voyez fort déçu.

— Vous ne pensiez quand même pas que j'allais me rendre comme cela. D'autant plus que votre victoire est loin d'être convaincante. Et laissez-moi vous dire que cette perche que je vous tends, vous seriez bien avisé de la saisir, car il n'est pas dit que le Canada anglais n'adoptera pas assez rapidement la ligne dure, qui pourrait aller bien au-delà de la simple contestation judiciaire des résultats du référendum. Vous savez que les partisans de la partition du Québec…

Là, c'en était trop. Cette allusion au grignotement du territoire québécois a fait bondir son interlocuteur.

– Monsieur Romain, vous ne jouerez pas dans ces eaux-là, je l'espère. Un ferment de guerre civile! Vous savez d'ailleurs très bien que la constitution canadienne garantit les frontières de chaque province. Sans compter que tous les précédents en droit international, tous les experts consultés…

– Vos experts, par hasard tous Français… Je ne dis pas que ce sera mon angle d'attaque. Cependant, un fort courant anglo-québécois se dessine dans ce sens, ce que confirme le dernier éditorial du *Globe and Mail* qui donne beaucoup de crédibilité à cette théorie. Faut quand même pas penser que les Anglos vont s'asseoir à la table de négociation comme cela et vous offrir le lunch en plus. Ils sont en maudit et ils ne vous feront pas de cadeau. Ça, vous devez le savoir.

Le premier ministre du Québec savait trop bien que la perche tendue vers un Canada redessiné pouvait plaire à nombre de Québécois, et le pire, à plusieurs de ses députés et ministres. Même si les accords du Lac Meech offraient, au total, bien peu en regard des revendications historiques du Québec, plusieurs parmi les indépendantistes s'y seraient ralliés. La trappe de la société distincte, plusieurs s'y seraient engouffrés, lâchant manifestement la proie pour l'ombre. Baribeau était d'une autre trempe. Il craignait comme la peste ces pré-arrangements issus de la copinerie de politiciens qui avaient usé les mêmes bancs d'école.

– À supposer, ne fût-ce qu'un seul instant, que j'accepte d'envisager votre hypothèse, ce qui me répugne au plus haut point, comment pensez-vous que le Canada anglais, qui en a marre de ce Québec revendicateur et râleur, puisse redéfinir un pays qui satisfasse le Québec? Il n'a même pas voulu se rallier aux propositions minimalistes de Meech, bien en deçà de ce que le Québec historique souhaitait. Ne faites-vous pas preuve d'une grande naïveté politique de le croire? Et vous semblez souffrir d'une curieuse amnésie, relativement à toute cette histoire dont vous avez été le plus tonitruant des fossoyeurs. D'ailleurs, comment penseriez-vous contenir les mânes de Trudeau, votre pape, qui montera aux barricades le premier?

— Seriez-vous en train de devenir raisonnable, monsieur Baribeau, en acceptant d'évoquer cette hypothèse? La situation m'apparaît bien différente. Vous avez quand même remporté la victoire du Oui. Le Canada anglais n'a jamais cru que le Québec se rendrait jusque-là. Il est en état de choc. À la réaction de colère qui l'a secoué dans les premières heures, peut succéder un état politico-réaliste qui lui ferait comprendre pas mal de choses. Une fois la colère passée, d'ailleurs beaucoup inspirée par la peur qu'éprouvent, à tort ou à raison, les Anglo-québécois, l'esprit de compromis peut donner naissance à toute sorte d'accommodements…plutôt raisonnables.

— Et qui nous feront perdre notre âme, oui! Foin de cette discussion qui ne mène nulle part, s'impatienta le premier ministre du Québec. Je ne serai pas l'embaumeur des rêves de mon peuple, dont vous faites d'ailleurs partie, en passant. Je me demandais justement : n'êtes-vous pas un peu mal à l'aise de demeurer à la tête d'un pays dont vos compatriotes ne veulent plus?

Le premier ministre Baribeau sentit qu'il venait de percer l'armure de Jean Romain. Ce dernier blêmit à l'allusion de son vis-à-vis qui remettait en cause sa propre légitimité. Ainsi les informations que sa ministre de la Culture avait glanées auprès d'une de ses attachées politiques, en couple avec un haut fonctionnaire du Conseil privé, au sujet d'une fronde éventuelle à Ottawa n'étaient pas sans fondement. Enhardi, il poursuivit sur cette lancée.

— Je vois mal vos collègues anglophones du Cabinet…

— Écoutez Baribeau, gérez votre business, je vais m'organiser avec la mienne.

Peu impressionné par le ton cavalier de son vis-à-vis, fier de l'entraîner sur ce terrain et, d'avoir de cette façon, repris l'initiative de la discussion, monsieur Baribeau poursuivit son offensive, laissant le premier ministre du Canada à découvert.

— Sans compter que les provinces anglophones, partisanes d'un Canada à dix plutôt que d'un Canada à deux, ne manqueront pas de se définir comme les vrais interlocuteurs du Canada, nouvelle manière.

N'est-ce pas à elles, au fond, que le Québec devrait s'adresser pour négocier cette nouvelle union, ce partenariat inédit que les Québécois ont appuyé? La dette, les actifs, c'est avec les autres provinces qu'il revient de les partager, le gouvernement fédéral n'ayant été que le fiduciaire de tout cela. Ne croyez-vous pas?

Le premier ministre fédéral, déstabilisé par cette attaque sournoise et qu'à vrai dire, il n'avait pas vu venir, reprit pied en invoquant son agenda, décidant de couper court au tête-à-tête.

– Monsieur Baribeau, vous pouvez bien rêver, mais vous n'allez quand même pas choisir vos interlocuteurs du côté fédéral. Avant que vos rêves ne tournent au cauchemar, je vous invite à réfléchir à ma proposition. Dites-vous que cela vaut mieux que tous les scénarios que le Canada anglophone pourra concocter. Contestation judiciaire, partition du Québec, référendum pancanadien sur la question québécoise, pourquoi pas? Puisque, comme vous le dites, toutes les provinces canadiennes y sont parties prenantes. Dois-je ajouter que des voix se sont élevées pour proposer l'envoi de troupes… Il n'y a pas qu'aux catastrophes naturelles qu'elles peuvent répondre.

Le premier ministre du Canada eut droit au regard chargé de mépris du premier ministre du Québec.

– Je vous savais doué pour les jobs de bras. Je vois que vous êtes en train de rejoindre votre maître. Dans la félonie, intellectuels et manœuvres se confondent facilement!

Se levant de table, monsieur Baribeau tourna les talons, suivi de son directeur de cabinet, laissant aux deux autres le soin d'acquitter la facture. N'étaient-ils pas leurs invités?

CHAPITRE XIV

OTTAWA S'ÉNERVE

Le premier ministre canadien n'avait guère apprécié les résultats de la première réunion de son Conseil des ministres. En réalité, peu de ministres ne s'étaient élevés au-dessus de leurs seuls états d'âme. Ah! que n'eût-il un seul Trudeau dans sa troupe pour se livrer à de la réflexion géopolitique. Aucun n'avait un véritable sens stratégique. Bref, son Cabinet était une faible cuvée, mis à part ceux toujours capables de mener les jobs de bras et dont il était le mentor. Mais, devant la scène internationale, il n'était guère de bon ton de jouer les matamores et les mauvais perdants. D'autant plus qu'il ne pouvait guère compter sur Paris, son ambassadeur le lui ayant confirmé. Et le président français qui ne le rappelait pas. Du côté de Washington, un silence régnait que rien n'avait brisé depuis les résultats du référendum. Même si les relations canado-américaines étaient plutôt froides, Ottawa était en droit de s'attendre, de la part de ses voisins du Sud, à un son de cloche qui, au moins, redirait l'importance qu'ils attachaient à l'intégrité du Canada. Bien sûr, les révolutionnaires du Nord ne leur faisaient plus peur depuis qu'ils connaissaient mieux monsieur Baribeau, le produit d'Oxford, cette université britannique de grand renom, qui s'était particulièrement attardé, ces derniers mois, à rassurer les milieux financiers américains. Il était vraiment des leurs. Les interlocuteurs américains appréciaient de plus en plus les capitalistes québécois, des ambassadeurs aguerris du libre-échange. Le Québec devait baver d'aise devant la belle indifférence américaine aux soubresauts de l'automne canadien.

Il se trouvait bien seul, le premier ministre, même entouré de sa garde rapprochée et de ses épigones. Même le parti Réformiste, pourtant peu proQuébec, avait à travers son chef enjoint le gouvernement à respecter les résultats référendaires. De quoi ébranler bien des certitudes canadiennes. Le parti Progressiste-conservateur, devenu fantomatique, n'avait plus aucune crédibilité. Quant au NPD, résolument défenseur de l'unité canadienne, il ne savait plus trop à quelle enseigne loger, oscillant entre le respect de la démocratie québécoise et ses vieilles lubies centralisatrices. Il avait à subir les pressions des leaders syndicaux canadiens, en lien étroit avec les chefs des Centrales syndicales québécoises depuis longtemps les chantres de l'indépendance. Bref, le premier ministre canadien ne pouvait guère compter sur l'appui des députés de l'opposition dans sa reconquête du Canada.

— Baribeau qui prend ses grands airs, sûr de communiquer directement avec l'Histoire. Je l'aurais cru davantage politique. Mais non, ce grand seigneur ne pactise pas avec le diable, parce que c'est comme cela qu'il me voit. La pureté idéologique avant tout. Pourtant, le marché que je lui proposais allait dans le sens de l'histoire. Refaire le Canada, nouvelle manière, avec le Québec comme fils aîné. Pas beau, ça?

— Vous êtes étonné qu'il ne vous ait pas cru, de lui rétorquer son directeur de cabinet? Le chemin de Damas, il n'y en eut pas beaucoup d'autres depuis saint Paul. Et lui, il est le vainqueur, en position de force. En tout cas, il se voit comme tel.

— En position de force? Avec 50 000 voix de majorité? C'est pas fort comme analyse politique.

— Qui se rappellera dans cinquante ans, dans vingt ans même, les statistiques de cette victoire?

— Ok, ok. Mais, on fait quoi maintenant?

— Ce qui m'inquiète beaucoup plus, c'est l'intervention du ministre des Pêches qui, en fin de réunion, a carrément remis en cause la légitimité des Québécois à Ottawa à négocier quoi que ce soit avec leurs congénères. Cela m'apparaît beaucoup plus grave et risque de générer de nombreux adeptes auprès de vos collègues anglophones. Suffit que quelques premiers ministres des provinces adhèrent à cette thèse pour que l'on se retrouve rapidement dans l'eau chaude.

Et c'est ce que craignait le plus le premier ministre, cette collusion de quelques provinces à la tête desquelles trônaient des adversaires politiques, l'Alberta notamment, qui se serviraient de cette crise politique pour régler son cas au fédéralisme prétendument dominateur.

— Ouais, mais ce Brian Robin, jeune morveux en culottes courtes, n'a pas beaucoup de crédibilité. Bien sûr, il a réussi son *love-in* à Montréal, mais pour ce que ça a donné… Puis, c'est un ministre junior. Il a l'ambition étampée dans le front, mais ça n'en fait pas un futur premier ministre instantané. Je ne prends pas trop ça au sérieux, ses biceps siliconés qui roulent des mécaniques. Je reviens à Baribeau, qui m'inquiète plus que Robin. Je crains ces chefs où l'idéologie l'emporte sur le réalisme. Blanchard serait pas mal plus parlable, surtout que son souverainisme est suspect. Il a jasé dans trop de cours. Mais, dans le fond, c'est un peureux qui joue les fanfarons pour masquer son insécurité. Il n'ira jamais jusqu'au bout.

— Je ne fais pas plus confiance aux « *preachers* » même laïcs, qu'aux idéologues. La foi du cœur contre la foi de la raison. Mais, le cœur allié à la raison, c'est imbattable, de sanctionner son directeur de cabinet.

— Mais Baribeau et Blanchard, c'est comme les Canadiens-Nordiques. Y s'haïssent à mort, c'est bien connu.

— Sauf quand le pays est en cause.

— Au fait, Paris ne répond toujours pas? À quoi sert ta longue amitié avec Bouillac s'il continue à faire le dos rond?

— J'ai parlé à son directeur de cabinet qui me dit que le président réagirait très bientôt et qu'il vous ferait part, au préalable, de la position de la France. Il m'a aussi parlé abondamment de l'activisme québécois dans les plus hautes sphères de la politique française. Faut dire que notre ambassadeur, en dépit de sa faconde, ne fait guère le poids.

— Cela me rassure au plus haut point de t'entendre me raconter cela! Et toutes ces amitiés que l'on prétendait avoir aux Affaires étrangères. Elles se dégonflent jour après jour. Il faut que je parle à Bouillac aujourd'hui même! Si Paris nous laisse tomber…

— Par ailleurs, la faible majorité du Oui fait sûrement réfléchir quelques Français, dit le ministre des Affaires extérieures qui venait de s'infiltrer dans la conversation. Et il y a toujours ces contrats pour l'achat d'avions de chasse qui vous laissent une arme de première force dans vos discussions avec Paris.

— Bon point, André. Priorité un, Bouillac. Et Washington qui n'est guère plus pressée. Mon ambassadeur qui était supposé avoir toutes les connexions…

— Tout cela est incompréhensible, de surenchérir le premier responsable de la diplomatie canadienne. Même si la question québécoise n'émeut pas le public américain, pour qui le Québec et le Kazakhstan sont facilement interchangeables, ce n'est guère dans les mœurs de Washington de rester zen devant des menaces de sécession aux frontières. On nous a promis une réaction dans les prochains jours et, encore là, faudrait voir quel genre de réaction. Montréal n'est pas La Havane et Wall Street a beaucoup d'intérêts au Québec, sans compter l'État de New York dont les relations d'affaires avec le Québec sont bien ancrées. Le dollar canadien, malgré une faible baisse au lendemain du référendum, s'est bien comporté, entre autres, grâce aux agissements des grandes institutions financières québécoises, dans les heures qui ont suivi le Oui fatidique. Pour les Américains, au fond, c'est cela qui compte, beaucoup plus que n'importe quelle déclaration politique.

— J'avoue que Baribeau a bien joué sa partie sur ce front. Je l'entends ricaner d'ici. C'est une semaine d'enfer qui s'achève pour moi et pour nous.

Cet aveu du premier ministre en disait long sur l'habileté qu'il concédait à son adversaire politique à Québec où tout semblait lui sourire. La crise économique appréhendée ne s'était pas produite. Les milieux d'affaires demeuraient d'un calme étonnant. Soutenu par les manœuvres des grandes institutions financières québécoises, que la Banque centrale du Canada n'avait pas eu le choix d'accompagner, le dollar canadien était revenu, en quelques jours, à son niveau normal. Bref, tout baignait à Québec.

— Monsieur le premier ministre, j'aimerais revenir sur la fronde appréhendée, de risquer son conseiller aux affaires politiques, Ron Rosenberg, dont le rôle était, entre autres, de veiller aux bonnes relations entre les députés du parti et les ministres. Vous n'ignorez pas que

Brian Robin poursuit son démarchage auprès de ses collègues et qu'il a tenu une réunion secrète avec le premier ministre de l'Ontario, hier.

— Comment ça se fait que vous ne m'avez pas prévenu de cela?

— Je l'ai appris dans les dernières heures. Faut dire qu'ils ne nous télégraphient pas leur agenda. Cela dit, la rumeur prend de l'ampleur.

— Elle dit quoi la rumeur, mon cher conseiller?

— Elle dit qu'une coalition au sein du Cabinet, de ministres anglophones hors Québec, à laquelle se joindraient quelques premiers ministres représentant les provinces, tenterait de former une sorte de « Cabinet de guerre » qui prendrait les commandes du pays et assumerait la direction des éventuelles négociations avec le Québec. L'idée derrière tout cela est que la responsabilité des négociations, du côté fédéral, ne peut revenir à des Québécois qui, à terme, ne seront plus des Canadiens. Et que, de toute façon, le dernier quart de siècle vous discrédite devant l'histoire, vous et les vôtres ayant été incapables de régler la question québécoise, comme nous le promettait toute une génération de politiciens québécois fédéralistes.

— C'est certainement un discours très accrocheur auprès de vos compatriotes canadiens-anglais, de compléter le chef de cabinet du premier ministre. Et l'on peut parier fort que l'affaire va commencer à sortir dans les médias. Cela accrédite, par ailleurs, la thèse de la négociation avec le Québec, impliquant ainsi la reconnaissance de sa victoire. Avez-vous, monsieur le premier ministre, toujours le goût de vous battre sur le terrain que vous avez évoqué au Conseil des ministres?

— Certainement. Ce ne sont pas quelques réactions de trouillards qui vont me faire reculer. Jean-P., tu convoques une réunion de mon Conseil des ministres pour demain matin et je ferai, demain soir, une déclaration à la nation, sur les deux réseaux de Radio-Canada. On va voir qui va être le plus fort. Je suis Canadien avant d'être Québécois et c'est à ce titre, et à celui de premier ministre de tous les Canadiens, que je dois reprendre l'initiative. Que tous les petits morveux à la Robin se le tiennent pour dit.

— Je veux bien, mais elle sera faite de quoi cette déclaration à la nation? Déclaration de guerre aux souverainistes? Référendum pancanadien? Contestation judiciaire des résultats? Partition du Québec? Avez-vous tout le matériel qu'il vous faut pour vous engager dans cette voie? Et avec quel appui? La majorité du Conseil des ministres? Aucun appui international à cette ligne dure. C'est un risque énorme que vous courez et dont les effets de retour peuvent être catastrophiques.

— C'est sûr que si mes plus proches conseillers, au premier chef mon directeur de cabinet, jouent les pissous, je n'irai pas loin.

— Avec tout le respect que je vous dois, monsieur le premier ministre, je veux simplement illustrer le fait que la pente peut être très glissante dans cette approche béton et qu'il m'apparaît préférable de souffler le chaud et le froid dans ce genre de partie de bras de fer. Vous aliéner le monde anglophone et le peuple québécois en même temps m'apparaît beaucoup pour le même homme. Rien ne sert d'en appeler prématurément au peuple, alors que la scène est encore très mouvante à l'interne, sans avoir réussi à protéger nos arrières à l'international. Et le mouvement de sympathie, sinon d'appui à l'indépendance du Québec, se concrétise de jour en jour, regroupant autant des gens d'affaires que ceux des milieux intellectuel, syndical et culturel. Au total, d'ici la fin de la semaine, plus de deux cents personnalités, issues de tous les secteurs, auront annoncé leur ralliement à la victoire péquiste, s'engageant non seulement à appuyer le gouvernement dans sa marche vers l'indépendance, mais aussi à servir d'ambassadeurs officiels auprès de leurs contacts à l'étranger. Aux Robert Lemage de ce monde s'ajouteraient des noms aussi prestigieux que les Bélanger, Pellazo, Labonté, Gagnon, enfin nos détenteurs de grandes fortunes et de grandes entreprises sur tous les continents. Vous me permettez de douter du succès de cette croisade, mais le seul fait que notre pop star planétaire ou que le Cirque de la Lune laisse courir la rumeur, cela a déjà valeur de symbole auprès de tous les flous-mous de nos compatriotes. Le prochain à joindre le mouvement, me dit-on, serait, je vous le donne en mille, Maurice Béchard soi-même! Quarante ans après l'émeute du Forum, la boucle se referme.

— Vive nos minutes du patrimoine! Et, pendant tout ce temps-là, nous, on ne fait rien pour contredire la rumeur et encore moins pour prendre le contre-pied de cette coalition naissante?

— À la vérité, c'est que nous n'avons pas vu venir la défaite, trop sûrs de notre bon droit et de la pusillanimité héréditaire des Québécois. Nous avons également sous-estimé le sens stratégique de nos adversaires qui, avouons-le, ont bien travaillé.

— Coudonc, Jean-P., es-tu en train de passer au camp ennemi?

— Allons, monsieur le premier ministre, vous savez fort bien que mes choix sont clairs. Cela ne m'interdit pas de voir la réalité comme elle est et de tenter d'avoir une réaction à sa mesure. En dépit de mon attachement au Canada et à votre personne, je ne suis guère partisan de la méthode incendiaire. Comme le danger semble venir autant du centre que de l'est du pays, c'est vers une stratégie à deux temps qu'il faut se porter. Plutôt qu'une réunion du Cabinet où tout risque d'éclater demain, je vous suggère d'avoir un tête-à-tête avec Robin, qui semble être le meneur de cette présumée fronde, pour tenter de savoir ce qu'il a réellement en tête. De mon côté, je testerai l'ampleur de ses appuis, tant à l'interne qu'auprès des premiers ministres provinciaux. Par la suite, nous pourrons nous entendre sur une stratégie plus large. Qu'en dites-vous?

— Je pense que tu as raison même si, ce faisant, je donne beaucoup de crédibilité à ce jeune parvenu qui se pense le nombril du monde depuis qu'il a amené quelques milliers de personnes à Montréal. En réalité, on leur a payé un party, sur le bras de Patrimoine Canada. Mais, activez-vous, bonyeu, auprès de Paris et Washington! Et toi, Jean-P., tu te charges de convoquer Robin, au plus maudit.

— Bien sûr, monsieur le premier ministre.

CHAPITRE XV

BRUTUS RENCONTRE CÉSAR

À Ottawa, les rumeurs s'emportent, plus folles les unes que les autres. La Chambre des communes vit la foire au quotidien. Les députés du Bloc harcèlent, heure après heure, le gouvernement pour tenter de savoir où il loge, comment il réagit aux appels à la négociation, à la conciliation. Rarement présent en chambre, le premier ministre a bien d'autres soucis que d'ausculter les états d'âme des bloquistes. Il fait actuellement face à la plus grave crise de son gouvernement pire, de l'histoire du Canada. Une menace de coup d'État.

De son bureau, le premier ministre contemplait le canal Rideau en cette fin d'après-midi de novembre. Le ciel s'empourprait. Aux antipodes des nuages lourds qui appesantissaient l'atmosphère politique de la capitale. Était prévue, à cinq heures, une rencontre avec celui par qui la rébellion semblait prendre de l'ampleur au sein de son Conseil des ministres. Entre son directeur de cabinet que le premier ministre avait fait mander.

— Alors Jean-P., la table est mise pour mon tête-à-tête avec Brutus?

— Ah, parce vous ne souhaitez pas que j'assiste à ce face à face?

— Oui, mais en retrait, pour que tu saisisses tout de la conversation sans qu'il ne le sache. Je veux qu'il se livre, sans retenue. Et ton tour de piste t'a appris quoi?

L'air plutôt satisfait par les informations que son réseau de pions lui avait apprises et surtout heureux de pouvoir répondre aux remontrances assénées sans ménagement par son patron la veille, le premier conseiller du premier ministre bomba le torse.

— Passablement de choses. D'abord, autour de Brian Robin graviteraient quelques ministres, cinq ou six, qui partageraient sa vision des choses. Heureusement, peu de poids lourds, sauf le ministre de la

Justice dont on dit qu'il épouserait, de plus en plus, la même lecture des événements. Si, dans son cas, cela s'avère, le coup sera d'autant plus dur qu'il est votre chef de file pour l'Ontario. Plus que leur poids, c'est leur répartition géographique qui est inquiétante. En effet, toutes les régions du pays se retrouvent dans cette minicoalition. Smith, Stanfield, Morgan et Black complètent le sextuor.

— Tous des maudits faux culs que j'ai moi-même mis au monde en politique! Stanfield, que ma cagnotte personnelle a permis de réchapper du naufrage à la dernière campagne électorale. Et Smith, ce débile que la GRC protège en refusant de procéder à l'enquête que justifieraient ses petites manœuvres boursières doublées de ses multiples frasques sexuelles avec les attachées d'ambassade qu'il collectionne. Et les autres. Mais le pire, c'est Don, mon ministre de la Justice. J'espère pour lui que ce ne sont que des rumeurs. Je veux le voir dès ce soir. Et dire que c'est à lui que j'ai confié les dossiers de contestation judiciaire des résultats! Jean-P., je n'y crois pas. Je sais bien que la politique est sans foi ni loi, mais là, ça déborde. De qui tiens-tu tout cela?

— C'est à la suite de notre rencontre d'hier. J'ai des collaborateurs placés un peu partout dans les Cabinets ministériels. Ma garde prétorienne. Je les ai tous appelés personnellement, sous le sceau de la plus stricte confidentialité, et les croisements d'informations que j'ai pu faire me permettent de croire que mes déductions sont justes. Et Peter, au Conseil privé, bien branché dans le parti, corrobore mes informations.

— C'est quoi leur plan de match?

— Votre conversation de tout à l'heure vous permettra d'en savoir davantage. Car ce Robin a au moins le mérite de parler clair. C'est un traître transparent. Ce que j'ai pu savoir, c'est qu'au prochain Conseil des ministres, la question de votre légitimité politique sera carrément posée, avec vote secret. Les arguments, on les connaît. Les mêmes qu'il a évoqués à la dernière réunion du Cabinet. Dans sa stratégie, qui est devenue celle de la bande des six, il compte faire appel très formellement aux premiers ministres provinciaux pour qu'ils délèguent des représentants à un genre de Comité de Salut public qui prendrait charge de la gestion du pays et de la préparation des négociations avec le Québec.

— Cette bande de pleutres ont donc décidé d'abandonner la lutte. Pour eux, l'indépendance du Québec est quasi chose faite. Comme dans tout bon divorce, le Québec va partir avec la maison, le char puis les meubles, et eux, les Anglos, vont se contenter de la tondeuse et du chien!

— Que non, monsieur le premier ministre. La partie risque d'être beaucoup plus dure que cela. Mais je vais laisser à Robin le soin de vous expliquer la suite.

— Entre temps, tu fais prévenir le ministre de la Justice que je veux le voir à 6 heures. Aucune raison ne peut le retenir ailleurs. Et tu reviens vite te camoufler dans les toilettes. Au fait, à part tes sbires dans les Cabinets, ton système d'écoute téléphonique a l'air de bien fonctionner. Maudit qu'on a eu raison! Donne-moi cinq minutes avant de faire entrer ce jeune veau.

L'air aussi hagard qu'incrédule, le premier ministre jette un regard sur le canal où le soleil termine sa course. Il se demande si lui aussi n'est pas en train de jeter ses derniers rayons. Robin, celui que plusieurs voyaient comme le dauphin éventuel du premier ministre, celui dont le talent était tout aussi incontestable que ses ambitions, c'est de lui que viendraient les coups de boutoir. Tout cela lui apparaissait comme un véritable cauchemar sur lequel se conclurait une carrière politique spectaculaire qui avait vu le p'tit gars de l'arrière-pays sauter d'un échelon à l'autre, porter sur ses épaules les ministères les plus influents et les plus prestigieux, pour se hisser jusqu'à l'Olympe, pour le plus grand bien des Canadiens. Il en était convaincu. Le Canada, cette terre de liberté qu'il avait contribué à forger, deviendrait sa fosse, son charnier par la faute de son peuple qu'il estimait, pourtant mieux que quiconque, en mesure de comprendre. Tasse-toi mon oncle, qu'il se ferait dire bientôt.

— Jamais!

Surpris de s'entendre parler si fort, il se dit qu'il était temps d'affronter son contradicteur. Lui qui a passé les vingt-cinq dernières années de sa vie à ferrailler avec les séparatistes québécois et, jusque-là, réussir à leur tenir la dragée haute, n'allait pas abdiquer devant une petite clique de comploteurs. Restait tout de même une bonne vingtaine de ministres sur lesquels il pensait pouvoir compter.

— Allez, entre Brian.

— Merci, monsieur le premier ministre.

Bien vêtu, allure sport-chic, gel aux cheveux, la carrure bien découpée, le jeune ministre des Pêches affiche une assurance qui déplait au premier ministre. Déjà un air de vainqueur, pensa-t-il. La tension est palpable dans la pièce, l'atmosphère fiévreuse.

— Allons droit au but. J'ai souhaité te voir afin de tirer au clair ce qui alimente les « memérages » de corridor depuis notre dernier Conseil des ministres. Ainsi donc, à tes dires, j'aurais non seulement perdu ma crédibilité, mais tout autant ma légitimité à gouverner le pays en raison de la victoire du Oui au Québec. On ne peut pas dire que tu as perdu du temps à conclure. Et t'as un sacré culot pour déballer ta théorie devant tous tes collègues.

— Monsieur le premier ministre, comprenez-moi bien. Je veux d'abord vous dire toute l'estime et toute l'admiration…

— Ok, ok, on repassera pour l'éloge funèbre. Venons-en au fait, le premier ministre apostrophant brusquement son contradicteur.

L'air faussement contrit, le ministre rebelle poursuivit néanmoins sur le même ton.

— Je tiens quand même à vous dire que je vous dois tout en politique. Je vous en serai éternellement reconnaissant. Si vous me le permettez, mon intervention au Conseil des ministres ne vous visait pas personnellement, ni vos collègues du Québec. Elle se voulait une lecture politique de la situation qu'a créée la victoire référendaire au Québec. Je vous avoue n'avoir guère été impressionné par les interventions de mes collègues à la table du Conseil. Ruminer les vieilles rengaines, entendre pour une ixième fois les états d'âme de vos ministres sur l'ingratitude des Québécois, les voies parallèles des deux solitudes, bref je souhaitais écouter autre chose alors que le pays est au bord du gouffre. Mon analyse politique a sans doute déplu en raison de son caractère radical. Mais, je dois vous dire monsieur le premier ministre, qu'elle a, depuis, fait des adeptes auprès de certains de mes collègues. Nous sommes quelques-uns à croire qu'un nouveau pays doit émerger de cette crise. Nouveau pays qu'il appartient, à nous les Anglophones, de définir, puisque les Québécois, vos compatriotes, ont décidé du leur.

– Vous allez bien vite en affaire, jeune homme. Les Québécois, les Québécois, il y en a un sur deux qui a dit oui au Canada. Tu les discartes allègrement. J'estime être encore en mesure de les représenter à Ottawa, ayant été élu légitimement dans une élection fédérale.

– Avec tout votre respect, monsieur le premier ministre, je pense le contraire. Il y a eu référendum démocratique au Québec avec un taux de participation qu'aucune démocratie n'a encore atteint. Je ne suis pas partisan d'une approche querelleuse, s'appuyant sur un légalisme primaire, contestant la question après le fait. D'ailleurs, les votes prétendument rejetés doivent sans doute s'égaliser avec les manœuvres du camp du Non dont nous n'avons pas à nous enorgueillir. D'ailleurs, vous êtes sûrement au fait que notre ministère de l'Immigration a particulièrement été alerte dans les semaines précédant le vote pour créer plusieurs petits Néo-Canadiens.

– Mon Dieu, on croirait entendre les séparatistes. À t'écouter, l'argent et les votes ethniques ont failli renverser la tendance! Et le *love-in* que tu as orchestré à Montréal, t'en es fier?

– Ce geste était inspiré par la panique que vous avez bien ressentie vous-même, monsieur le premier ministre. Un baroud d'honneur à porter au compte du désespoir. D'ailleurs, si vous aviez accepté que le Canada anglais se mêle de la campagne référendaire, en somme de ce qui le regarde, nous n'en serions pas venus à cette parade de dernière minute, manœuvre un peu grossière mais que vous avez totalement endossée, je vous le rappelle.

– Tu te débarrasses bien vite de tes démons en te donnant l'absolution de façon un peu carabinée.

Nullement décontenancé par les semonces de son patron, le ministre poursuit son analyse politique.

— La victoire du Oui a eu un effet de catharsis tant sur la population anglophone que francophone. Les réactions des deux communautés me donnent raison à cet égard quant à l'attitude à adopter. Vous avez vu la presse anglophone qui, après les premières clameurs liées à la frustration, est en train de se rallier à la théorie du « bon débarras », mis à part quelques journaux de province et deux ou trois hystériques de la presse nationale. Enfin, on va pouvoir passer à autre chose, pouvons-nous lire et entendre. Pendant qu'au Québec, il faut bien se le dire, les dirigeants politiques ont bien calmé le jeu en jouant magistralement leur partie. Le milieu des affaires et celui de la Bourse font la même lecture que moi. Le rassemblement qui est en train de se produire autour des vainqueurs, témoigne d'une maturité politique exceptionnelle, que vous-même n'aviez sans doute jamais imaginée chez vos compatriotes.

C'est cela qu'il faut constater, monsieur le premier ministre, et non jeter de l'huile sur le feu, comme quelques extrémistes des deux camps le souhaiteraient. Personne ne veut d'une guerre civile et le meilleur moyen de protéger nos compatriotes anglophones du Québec, c'est de brandir la carte de la négociation et non celle du boutefeu. Évoquer la menace de la partition ne mènera nulle part, sinon de permettre un jour au Nouveau-Brunswick francophone de revendiquer son rattachement au Québec. Toutes des propositions provoquées par le ressentiment.

Ébranlé par ce discours, le premier ministre éprouvait pour sa jeune recrue un sentiment d'admiration mêlée à de la rancœur. Au fond, son ministre n'était pas si junior que son apparence le laissait croire. Et son propos rejoignait, pour l'essentiel, ce que lui-même avait proposé à Baribeau lors de sa rencontre à Montréal. Bâtir un nouveau Canada, repartir sur de nouvelles bases et ainsi passer à l'histoire, son grand rêve. Baissant le ton, le regard moins acéré, le premier ministre enchaîna plus calmement.

— Mon cher Brian, je comprends mieux ton propos et il faut dire que ta maturité politique m'étonne et me réjouit. Mais pourquoi faut-il, pour bâtir un nouveau Canada, éliminer les francophones du Cabinet, refaire un Canada ethnique où ce sont les anglophones qui dictent la donne? Je ne comprends pas ce désir de nous écarter de la négociation du futur pays. Et que fais-tu des cinquante-quatre députés du Bloc, élus aussi démocratiquement que toi et à qui tu n'accordes pas plus de légitimité qu'à nous, les députés libéraux du Québec?

— Eux d'abord, différence de taille, ils ont gagné le référendum. Par ailleurs, ils sont dans l'opposition. Ce ne sont pas eux qui vont définir la marche à suivre. De toute façon, ils sont en sursis, selon leurs propres dires. Et je les considère, à la limite, comme nos alliés objectifs dans les étapes à venir. Mais vous, c'est autre chose. Quant à mon discours, il a l'air comme cela très positif, très serein. Mais, en réalité, le Québec n'aura pas la partie facile. Il veut son indépendance, il l'aura, mais à la dure. Nous ne lui ferons pas de cadeau. Quitter le pays en pensant remporter le gros lot, on repassera. Le Québec, on le sait, a largement profité du Canada et de la péréquation qui lui a valu des milliards venus des provinces les plus riches. Sa richesse, il la doit donc, en bonne partie, à ce système fiscal qui l'a fait vivre. Et cela, ça se paie. Il n'y aura pas de sentiments, il n'y aura que des comptes!

— Tu te vois déjà au pouvoir. Au fait, qui sont tes collègues dans la fronde?

— Fronde est un bien grand mot. Vous les connaissez sans doute déjà, votre chef de cabinet étant à l'affût jour et nuit. De toute façon, convoquez votre Conseil des ministres et vous en saurez davantage, défia Robin.

— Que comptez-vous faire si je résiste?

— Votre sens politique vous l'interdira.

— Que fais-tu alors de mon tempérament de bagarreur? Je t'ai bien écouté, jusque-là. Je me surprends même de n'avoir pas davantage réagi à ta faconde, toute libérale je dirais. Mais tu peux dire à tes collègues que je n'abandonnerai pas aussi facilement. Le Québec fait toujours partie du Canada, jusqu'à nouvel ordre, et au moins pour un an encore. Je suis toujours premier ministre de ce pays et ce ne sont pas les élucubrations de quelques idéologues qui vont me raccourcir d'une tête. Si ce pays est encore uni, c'est en bonne partie grâce à mon mentor et à moi qui avons tenu les séparatistes hors de la portée de leur rêve. La victoire du Canada en 1980 est essentiellement due à un premier ministre issu du Québec, qui a su porter les valeurs et l'idéal canadiens à la hauteur de notre trophée national par excellence, les montagnes Rocheuses!

– La campagne référendaire est terminée et l'argument des Rocheuses est un peu éculé, vous en conviendrez, monsieur le premier ministre. Justement, en 1980, votre prédécesseur n'avait-il pas mis en jeu son siège et ceux de tous ses députés du Québec? Cela va tout à fait dans le sens de ma thèse. Ayant perdu le référendum, tous les députés libéraux du Québec à la Chambre des communes se trouvent, par le fait même, éjectés de leur siège. Je devance tout de suite votre objection à l'effet que c'est le Canada tout entier qui a perdu le référendum. Je veux bien, mais c'était la bataille du Québec, vous nous l'avez dit tant et plus. Le Parti québécois l'a gagnée. Désormais, c'est au Québec que se jouera son avenir. Je ne crois d'ailleurs absolument pas aux propositions d'association, tant politique qu'économique, que le camp du Oui a mises sur la table. Artifice qui n'était là que pour rassurer la majorité des Québécois inquiets et aller harnacher un Oui majoritaire pour mieux engager la suite. D'ailleurs, je suis sûr que monsieur Baribeau, le grand vainqueur de toute cette machination, n'y croit pas non plus. Si ce sont encore des Québécois qui, au nom du Canada, négocient avec d'autres Québécois, c'est le Canada anglophone qui risque de faire les frais d'un arrangement boiteux et invivable politiquement. Non, vous avez déjà assez donné! C'est à vos compatriotes anglophones qu'il revient désormais de discuter de leur avenir politique. Cela, vous le comprenez très bien et c'est pour cela que vous ne résisterez pas.

– Je crois que l'on s'est tout dit. J'ai bien entendu ton point de vue, Brian. Si j'éprouve moins de rancœur à la fin qu'au début de notre entretien, je crois cependant que vous faites fausse route, toi et ta bande. Vous faites une analyse tronquée de l'influence qui est encore la mienne au Canada anglais qui me voit encore comme le dernier rempart du pays contre le séparatisme québécois. Si sa victoire eût été plus convaincante, votre thèse aurait été plus défendable. Mais dans un match quasi nul, tout reste encore possible. Et le silence de la France est, à cet égard, très parlant si tu me permets ce jeu de mot à la Baribeau.

— Le silence de Washington est encore plus inquiétant pour nous. Paris joue un jeu qui n'est que politique et son influence est bien circonscrite. Il en va autrement de Washington. Le caniche français contre le lion américain! Comme si, dans la capitale américaine, on laissait les choses se placer avant de réagir officiellement. Et qui vous dit que Washington et Paris ne sont pas en train de concocter un arrangement diplomatique dont le Canada pourrait faire les frais.

— Tes propos me confirment qu'il n'y a encore rien de joué. Mon intention ferme est de rester en poste et de me battre. Je continuerai à me battre avec tous mes ministres, tous les premiers ministres provinciaux, tous les Québécois qui continuent de nous faire confiance. Me battre avec tous les outils que me fournit la constitution. Et je compte sur toi et sur ta maturité, qui te réserve, certes, un bel avenir. Ne le gâche pas par des gestes intempestifs qu'une analyse politique trop rapide te suggère. Je te demande de réfléchir et d'adopter la seule attitude qui convienne en ces moments dramatiques de notre histoire : te rallier à ton premier ministre afin de faire barrage à tous ceux qui veulent la destruction de ce pays.

Sans mot dire, le jeune ministre se leva, salua le premier ministre d'un geste bref de la tête et s'apprêtait à quitter le bureau lorsque, brusquement, il se retourna et dit à son chef :

— Je crois que vous ne réalisez pas qu'il est déjà trop tard.

CHAPITRE XVI

QUÉBEC S'ARME

En pleine campagne référendaire, sans doute pour amadouer le caractère procrastinateur d'une majorité de Québécois, le premier ministre avait officiellement adoubé Lucien Blanchard comme négociateur-en-chef du camp québécois en cas de victoire du Oui. C'était admettre, d'une part, la force de son brillant second dont presque toute la carrière, aurait-on dit, le prédestinait à ce rôle. C'était, en outre, tenter de circonscrire son pouvoir grandissant en le plaçant sous la coupe du chef. Mais c'était aussi courir le risque de placer le vizir à la place du calife.

En effet, tout ne tournait pas rond autour du chef. Dans sa volonté de provoquer les événements, ce dernier affichait dans tous les cercles l'assurance du vainqueur, sûr de son bon droit, en ligne directe avec le destin. L'histoire lui donnerait raison, pensait-il. Fort de cette conviction, il n'hésitait pas à bousculer les agendas et les personnes qui l'entouraient. Le camp québécois du Non, complètement désorganisé et atterré par les résultats qu'il n'avait pas prévus, ne lui offrait plus de résistance, d'autant que le grand frère fédéral semblait l'avoir laissé complètement à lui-même. Faut dire que ce dernier n'en menait pas large non plus, tout aussi démuni dans sa contre-attaque. Même la minorité anglophone, à qui il ne restait plus pour leader que *The Gazette*, ne savait trop comment prendre le contre-pied. Le Parti libéral du Québec, habituel porteur des causes anglophones et première figure du camp du Refus, lui avait fait faux bond, sachant bien que la victoire du Oui avait rassemblé une majorité de francophones. Et ceux-là, le PLQ n'osait les attaquer de front.

Toute cette désorganisation des forces du Non réjouissait particulièrement le premier ministre. C'est sur cette déconfiture qu'il voulait continuer de capitaliser. Il l'avait fait en convoquant rapidement l'Assemblée nationale, lui imposant des devoirs liés à l'avènement du pays : élaboration d'une constitution québécoise qui mettrait un terme définitif à la tutelle coloniale de Londres et d'Ottawa, naissance de la future république, création de la Chambre des régions. Bref, tout ce qui fonde le pays nouveau avait démarré sur les chapeaux de roues. Telle était la volonté du futur chef de l'État. Pour vendre tout cela, il fallait, il en était convaincu, déléguer à travers le monde une centaine d'ambassadeurs officieux capables de vendre le pays du Québec à la planète, pour conforter ses échanges commerciaux, renforcer ses alliances, en forger de nouvelles et solliciter des appuis à la candidature du Québec à l'ONU. Cette démarche prenait à ses yeux une importance capitale, en ce qu'elle contournait la propagande fédérale qui ne manquerait pas de suinter dans tous les forums internationaux. Il fallait la prendre de court, à bras le corps et forcer le destin.

C'est de tout cela que rêvait le premier ministre Baribeau qui, même s'il avait enclenché bien des choses pendant l'année préréférendaire, se rendait bien compte que tout restait à faire. De concocter la révolution dans les officines était une chose, de faire atterrir les projets en était une autre.

Si les neurones du premier ministre tournaient à 5000 tours/minute, il en allait autrement de certains de ses conseillers qui prenaient mal la précipitation du chef à provoquer les événements. Pour son conseiller aux relations avec le parti, l'espèce d'ankylose dans laquelle semblaient avoir sombré les adversaires d'hier, n'était que poudre à la figure. Ce n'était pour lui qu'une question de temps avant que l'hydre du camp du Non ne remonte la tête. D'autres, comme son directeur de cabinet, craignaient que l'effervescence du chef et son hyperactivité fournissent l'étincelle qu'il faudrait à la machine fédérale pour qu'elle reparte, mais dans quel sens cette fois-là? On sentait la victoire bien fragile, les nerfs à fleur de peau chez nos compatriotes anglophones, sans parler de la valse-hésitation dans laquelle étaient passées maîtres les minorités culturelles. Le moindre faux pas chez les vainqueurs pouvait faire resurgir le syndrome des Yvette, ce pseudo-psychodrame du référendum de 1980 qui avait relancé la campagne du Non en mobilisant un groupe de femmes heurtées par la remarque d'une ministre souverainiste qui avait semblé prendre de haut les femmes au foyer. Cela risquait de fournir à tous les biologiquement anxieux l'occasion de reprendre l'initiative.

— Monsieur le premier ministre, tous sont avisés, la réunion n'attend que vous pour démarrer.

Il l'avait presque oubliée, celle-là. Pourtant, c'était un meeting capital réunissant les quelques personnes qui seraient au centre de la négociation avec le fédéral. Au premier rang, son négociateur-en-chef qu'il estimait beaucoup malgré leurs désaccords. Deux de ses conseillers les plus proches prenaient également place autour de la table, en qui il avait particulièrement confiance même si leur vitesse de croisière n'épousait pas toujours la sienne. Le secrétaire-général du gouvernement, Claude Ménard, en réalité son sous-ministre, complétait l'équipe avec le sous-ministre des Affaires intergouvernementales canadiennes. En tout, six personnes sur qui reposait le sort du Québec futur. Équipe de première force qui cumulait une connaissance, des sensibilités, des réseaux et de l'intelligence qu'aucune coalition fédérale ne pourrait encercler. Mais une faille dans la muraille : la communauté de pensée. Comment la conforter?

— Messieurs, je vous ai réunis dans un sentiment d'urgence qui nourrit toutes mes actions depuis quelques jours. Vous êtes au cœur de ce que sera notre pays. De vous dépendent le sort du Québec, sa place dans l'histoire et ses outils pour la façonner. La patrie vous en sera redevable.

— Monsieur le premier ministre, nous apprécions au plus haut point la confiance que vous nous témoignez et sommes bien conscients de l'immense responsabilité qui est la nôtre face à l'histoire et face à nos compatriotes, lance d'entrée de jeu son chef négociateur. Nous vous en remercions. Cela dit, il me semble que la précipitation des derniers jours, qui semble animer les plus hautes autorités politiques, ne m'apparaît pas la meilleure conseillère. L'idée d'étaler au grand jour la stratégie gouvernementale dans la poursuite des événements risque de nous créer plus d'embêtements qu'autre chose.

Cette sortie intempestive de Lucien Blanchard saisit de plein fouet le premier ministre, peu habitué à se faire parler sur ce ton.

— Vous voulez dire quoi, monsieur Blanchard? Je comprends mal le sens de votre observation, d'autant plus que nous avons promis à nos concitoyens la plus grande transparence dans la construction du pays. J'en ai soupé des compromis dont mon parti s'est historiquement fait le porteur. Et je vous préviens tous que je ne dérogerai pas de cette approche.

— À cet égard, vous avez toujours été la clarté même. Mais, transparence ne signifie pas naïveté et je crois que votre gouvernement l'est lorsqu'il affiche son plan de match sur tous les babillards du Québec. Même si vous avez en horreur qu'on vous le rappelle, notre majorité est à peine plus grande que la population d'Alma et ce n'est pas en apeurant même ceux qui ont voté Oui, par notre programme de pays, que le pays se fera plus vite. Si votre plan était clair dans votre tête depuis longtemps, il n'en est pas ainsi dans la tête de tous nos partisans chez qui se retrouvent bien sûr des purs et durs, prêts à vous suivre, mais bien minoritaires par rapport à la masse qui a dit Oui sans peut-être trop savoir à quoi. Il ne faut pas, sous prétexte que l'adversaire est par terre, se faire dire dans un mois qu'ils n'avaient pas nécessairement voté pour cela. On donne l'impression de vouloir tout faire dans la même semaine. Ce ne serait pas de l'étapisme que de l'étaler sur une année.

— Monsieur Blanchard, je comprends bien votre approche, sans doute plus pédagogique que la mienne, mais c'est faire injure à l'intelligence des gens que de penser qu'ils ne savaient pas ce qu'ils faisaient en votant Oui.

— Plus politique aussi, sauf votre respect, de surenchérir le numéro deux du camp du Oui.

— Peut-être, encore que... On sait où toutes nos politiques de petits pas nous ont menés depuis vingt-cinq ans.

— Cela ne nous a pas si mal servis, puisque nous sommes au bord du pays, trancha Blanchard.

Ce dialogue, un peu surréaliste pour deux chefs politiques partageant le même objectif, prenait une tournure qui laissait pantois les collaborateurs présents.

— Justement et je ne voudrais pas qu'on me fasse basculer en arrière. Mais, au fait, vos propos s'alimentent à quelles sources? Est-ce vos réflexes habituels de prudence ou si vous possédez des informations que je n'ai pas, de s'inquiéter le premier ministre?

— Les eaux dormantes fédérales ne m'inspirent rien de bon. Il ne faut pas sous-estimer la capacité de rebondir de nos adversaires qui n'ont maintenant plus rien à perdre. Vous avez lu, comme moi, les propos ineptes relatifs à la partition du territoire, les anglophones de Montréal offrant à cette hypothèse un terreau fertile. Et ce n'est pas l'argent qui manquera. Le référendum pancanadien fait de plus en plus d'adeptes hors de nos frontières. Jusqu'à la contestation judiciaire des votes rejetés dont le nombre, semble-t-il, pourrait faire basculer notre majorité.

Manifestement agacé par ce qu'il considérait des bobards de ligne ouverte, le premier ministre voulut mettre fin à cet échange.

— Écoutez, j'ai entendu tout cela. Ça ne m'inquiète pas du tout. Cela fait, quant à moi, partie d'une campagne de désinformation menée par les forces d'argent qui contrôlent les médias. Tout cela ne fera que renforcer le sentiment patriotique des nôtres qui pourront offrir le sursaut politique qu'il faudra le temps venu.

— Je voudrais bien partager votre optimisme, mais des échos que mes députés ont glanés à Ottawa me laissent malheureusement croire que la contre-attaque se prépare.

— Et elle irait dans quel sens, cette riposte?

— Les rumeurs les plus farfelues courent, notamment sur un éventuel coup d'État pacifique et sans doute démocratique, à la sauce anglo-saxonne, mais un coup d'État qui balaierait tous les ministres francophones sous le tapis, le premier ministre en tête, au profit d'une coalition réunissant ministres anglophones et quelques premiers ministres des provinces les plus influentes.

— Cela m'apparaît de la haute voltige, de la politique-fiction. Jamais Romain, qui a de forts appuis chez les anglophones puisqu'il apparaît à plusieurs comme le dernier rempart du Canada, n'acceptera de se laisser passer sur le corps comme cela! Fallut-il pour cela en appeler à l'armée! Ho! Ho! Quel retournement de l'histoire, les mesures de guerre pour protéger Romain d'un enlèvement éventuel. Mise à part cette boutade, que risquerait-il d'arriver aux députés du Bloc si tous les Québécois deviennent *persona non grata* à Ottawa. Et vous, monsieur Blanchard, où logez-vous dans ce scénario?

— Pour le Québec, je ne sais pas quelle est la pire des hypothèses. Un Romain hors de combat et remplacé par une coalition d'Anglos qui ne nous feront pas de cadeau ou un Romain encore en selle. Je ne sais pas par quel stratagème il réagira puisque la grogne contre lui semble bien réelle, mais il a peu de crédibilité au Québec et une légitimité compromise au Canada. Dans cette perspective, une politique aventurière de notre part m'apparaît la pire des stratégies, puisqu'elle risquerait d'avoir pour effet de cristalliser l'un ou l'autre des scénarios et de renverser le capital de sympathie qui, nous le sentons au Québec en tout cas, se développe de plus en plus chez les tenants du Non. Nos députés du Bloc le sentent très bien sur le terrain. Ce revirement vient d'où? Du calme relatif qui règne au Québec, du ralliement de ces personnalités publiques à notre cause, de la désorganisation dans la réaction fédérale à notre victoire? Je ne sais trop. Mais, il est un fait que beaucoup de nos opposants d'hier semblent vouloir se rallier à notre cause. Il serait irresponsable de notre part de poser des gestes susceptibles de renverser cette tendance.

Le premier ministre, qui tolère mal ces comparaisons entre partis frères et la tendance bloquiste à jouer au préfet spirituel puisqu'il siège dans le vrai Parlement, a senti le besoin de corriger le tir.

— Monsieur le négociateur, vous qui avez si bien assimilé Machiavel, nos députés du parti fondateur le sentent aussi très bien. Mais, j'en fais une autre lecture disons plus positive. Je pense que si la population réagit bien sur le terrain, c'est que ses dirigeants lui disent la vérité, la traitent avec respect et ne la considèrent pas comme une demeurée. Ce n'est pas en distillant la peur et les appréhensions que l'on aura l'appui de nos concitoyens. C'est en leur parlant clairement, en leur disant les vrais enjeux et les vraies échéances que nous les convaincrons du bien-fondé de notre projet. C'est cela le leadership. C'est avoir de la vision, des convictions et de les faire partager, de les défendre plutôt que de surfer sur des idées à la mode ou des révélations issues des sondages. Faire l'histoire plutôt qu'en suivre platement le cours jusqu'aux conditions prétendument gagnantes. Pour paraphraser Jean Guitton, philosophe français que vous connaissez sans doute, je dirais « qu'être dans le vent, c'est avoir un destin de feuilles mortes ». Très peu pour moi.

Qu'Ottawa sombre dans les plus cyniques complots, vous permettez monsieur Blanchard, je m'en « quedalle » royalement. Qu'ils s'entre-bouffent, je m'en réjouis. Vous hésitez entre les deux scénarios? Moi, je vous dis que je m'en fous, de l'un et de l'autre. Que Romain se fasse faire la *job* par les siens qui, en passant, ne sont pas les nôtres, Jules César a aussi vécu cela. De toute façon, il a déjà assez encombré le siècle! L'empire romain se cannibalise? Excellent pour ses provinces! Voilà ce que j'en fais des scénarios de pacotille où s'entrechoquent ces armées d'opérette qui semblent exciter les ombres du canal Rideau.

Le négociateur sentait que le premier ministre, trop en verve, avait conquis le rare mais prestigieux auditoire que formait le comité de négociations. Blessé dans son orgueil de brillant second, se croyant porteur de nouvelles qui n'étaient encore que des rumeurs, mais qu'il estimait pourtant capitales pour la suite des choses, le négociateur se rengorgea... pour l'instant.

— Si on abordait les vraies affaires et qu'on commençait cette réunion sur les négociations à venir? Monsieur Ménard, vous avez des dossiers fin prêts à ce que je vois.

Plein de contentement, le premier ministre écouta son fidèle parmi les fidèles égrener, un à un, les documents servant de base à la discussion avec les fédéraux sur la création du pays. Les grands dossiers économiques : partage de la dette, des actifs, les accords internationaux. Les dossiers d'intendance : pensions de vieillesse, fonctionnaires fédéraux à rapatrier, accords de réciprocité pour ne nommer que ceux-là. Après, pourraient venir les discussions sur les institutions communes mises de l'avant par le Québec pendant la période référendaire. Tout en écoutant le premier fonctionnaire du gouvernement, le premier ministre se demandait comment se terminerait cet éternel dialogue de sourds entre lui et son négociateur-en-chef. C'est surtout cela qui portait ombrage à sa bonne humeur en ces minutes particulières. Et il éprouvait de moins en moins de sympathie pour tous ceux qui, comme son brillant second, regardaient le Québec dans l'angle mort du rétroviseur.

CHAPITRE XVII

DE PARIS À WASHINGTON

Pendant que tout le Québec somnole encore, Paris est en pleine effervescence. L'Élysée vit au même rythme. À 11 heures, le président accorde une conférence de presse et tous les correspondants internationaux font déjà le pied de grue. Le mot a été passé : le président donnera la position de la France dans le dossier québécois.

Aux journalistes des médias tant nationaux qu'internationaux, se sont ajoutés quelques fonctionnaires canadiens, québécois et français, anxieux d'entendre la parole de la France pour qui le temps de la non-ingérence et de la non-indifférence semble bien terminé. La délégation générale du Québec, comme l'ambassade canadienne, ont vécu toutes les transes alimentées par les bruits de couloir les plus saugrenus. Ne manque plus que l'envoi d'une escadre française dans les eaux du Saint-Laurent pour protéger le territoire québécois! Bref, du loufoque, à l'état pur. N'empêche, à Ottawa, la nervosité règne. C'est in extremis que le premier ministre canadien a pu s'entretenir avec le président Bouillac qui, sans donner le détail, n'a pas caché sa sympathie agissante pour Québec. Le président a surtout tenté de rassurer son partenaire canadien sans chercher à masquer son appui à l'indépendance du Québec. L'ambassade canadienne a, bien sûr, été informée de cette position, mais le président a érigé une barricade autour de lui, coupant court à tout coup de force que pourrait vouloir tenter l'ambassadeur canadien à Paris dont la réputation de *loose canon* est loin d'être surfaite.

À 11 heures pile, la porte-parole de l'Élysée invite tous les dignitaires présents à prendre place pendant que le président accède à la tribune qui lui est réservée. Le silence se fait de façon absolue.

« Mesdames, messieurs les ambassadeurs,
Mesdames, messieurs les ministres,
Mesdames, messieurs les fonctionnaires,
Mesdames, messieurs, les journalistes,

Le ton bien assuré, le visage bronzé comme à l'habitude, le président jette un regard circulaire sur l'assistance, s'arrêtant quelques instants au sourire épanoui de la ministre des Relations internationales du Québec.

Les Français du Canada, comme aimait les appeler Charles de Gaulle ont choisi.

La référence à de Gaulle par le président n'est pas innocente, voulant traduire ainsi la continuité historique de l'appui français au Québec et sa propre filiation avec son célèbre prédécesseur.

Ils ont majoritairement dit oui à leur indépendance, long processus amorcé dès le milieu du 19e siècle et qui a mis tout ce temps à mûrir. Ravivée depuis la révolution tranquille, cette renaissance du Québec qui entrait de plain-pied dans la modernité, vient de connaître son aboutissement.

Que doit faire la France dans ce contexte ? Maintenant que le Québec a parlé, la France ne peut plus se réfugier dans ses formules diplomatiques ou littéraires qui nous furent commodes un temps. Autant la non-ingérence que la non-indifférence ne peuvent désormais tenir. C'est pourquoi la France reconnaît, dès à présent, le principe même de l'indépendance du Québec et, à ce titre, accorde à sa délégation générale à Paris le statut d'ambassade.

On sent dans la foule des mouvements d'humeur, des soupirs de soulagement le disputant à certains regards désapprobateurs très parlants. Assis au deuxième rang, l'ambassadeur du Canada s'accroche littéralement à son siège, n'osant quitter la pièce de peur de créer un incident diplomatique. Jamais il n'aurait cru que le chef de l'État français irait aussi loin. Bavant quasiment de colère, il murmura entre ses dents de façon à être entendu de son entourage : « N'est pas de Gaulle qui veut. La France paiera ».

Sourd à ces mouvements d'humeur, le président poursuivit :

Je disais donc que la future ambassade du Québec à Paris jouira de tous les privilèges des missions diplomatiques et sera traitée sur le même pied que les autres ambassades logeant en territoire français.

Le Québec n'a cependant pas encore acquis son indépendance. Ce n'est qu'au terme des négociations avec l'ami canadien que le Québec y accèdera, c'est-à-dire au plus tard dans une année. Et c'est à ce moment-là que la reconnaissance du Québec, comme pays souverain, sera officialisée. Ce sera, pour nous, un honneur alors de parrainer son entrée à l'ONU, si le Québec veut bien de la France comme parrain. Nous sommes par ailleurs toujours attachés à l'amitié du Canada qui saura, j'en suis sûr, tirer le meilleur parti de cette situation.

Voilà ce dont je voulais vous faire part. Je suis maintenant disponible pour répondre à quelques questions. »

C'est bien sûr alors la bousculade que la porte-parole de l'Élysée a tôt fait d'encercler. Sous des allures de petite fille à qui il ne manque que ses tresses, Sandrine Magenta fait, par ailleurs, montre d'une grande fermeté. Elle désigne, pour une première question, le représentant du journal *Le Monde*.

– *Le Monde* : Monsieur le Président. Vous pouvez imaginer sans peine ce que sera la réaction du Canada à la position de la France. Sommes-nous à la veille de la rupture des relations diplomatiques?

– Je ne peux évidemment pas parler au nom du Canada auquel je redis toute notre amitié. La France est, par ailleurs, un pays souverain, libre de ses mouvements et de ses appuis. Le soutien de la France à nos amis québécois est inscrit dans l'histoire commune de nos deux pays. La France ne pouvait avoir une réponse autre. Le temps des esquives diplomatiques est terminé.

– *Le Monde* : L'appui français ne va-t-il pas, justement, dans le sens inverse de l'Histoire, lorsqu'on voit, par exemple, l'évolution du continent européen qui, à terme, formera un ensemble politique proche des États-Unis d'Amérique?

— Je vous laisse à votre lecture de l'évolution politique de l'Europe. La question québécoise et l'unité européenne offrent des différences de nature. Alors que l'Europe construit son avenir à partir de pays indépendants qui acceptent, de plein gré, de renoncer à certaines parcelles de leur souveraineté, le Québec souhaite justement accéder à cette souveraineté qui est l'apanage de nos amis européens, membres de l'Union, pour éventuellement en partager certains éléments avec le partenaire canadien, comme le propose d'ailleurs le gouvernement du Québec dans les négociations à venir avec le Canada. La perspective est radicalement autre, comme vous pouvez le constater. D'ailleurs, offrez au Québec les pouvoirs qui sont ceux des pays membres actuels de l'Union européenne et vous verrez quelle sera sa réponse. Enthousiaste, j'en suis sûr.

Oui, le journaliste de *Libération*, de pointer la porte-parole de l'Élysée.

— *Libération* : Monsieur le Président, il n'est pas étonnant que la droite soit confortable avec le nationalisme québécois. Mais, votre gouvernement est-il unanime à endosser votre position à l'égard du Québec?

— Je vous rappelle d'abord que les questions internationales sont un des domaines réservés de la présidence. Cela dit, le premier ministre avec qui j'ai eu un entretien en soirée d'hier, partage tout à fait le point de vue de la présidence.

— *Libération* : Le Quai d'Orsay également?

— Le premier ministre français représente tout son gouvernement. Vous faites sans doute allusion aux accointances que la rumeur publique prête aux fonctionnaires du Quai avec le milieu diplomatique canadien. Cette question a été réglée.

— *Libération* : Et l'achat d'avions de chasse par Ottawa, aussi, un contrat de plusieurs milliards de francs pour l'industrie d'ici?

— Les discussions se poursuivent. Mais, la France ne sera jamais prisonnière d'aucun marché.

Une autre question? Le *New York Times*.

– *NYT* : Monsieur le Président. Est-il vrai que vous avez eu une conversation récente avec le président Simpson sur le dossier canadien et que vous auriez réussi à l'influencer dans sa prise de position qu'il doit rendre publique incessamment.

– Il serait bien prétentieux de ma part de penser influencer la politique internationale de votre grand pays. C'est exact que nous avons eu cette conversation récemment dont la teneur ne peut évidemment pas être révélée. Mais, vous savez, il nous arrive à monsieur Simpson et à moi de nous entretenir, à bâtons rompus, de certaines questions d'intérêt commun, nous laissant, par ailleurs, à chacun l'espace suffisant pour la prise de décision.

– *NYT* : On dit, en coulisse, que Washington serait prête à offrir sa médiation entre les deux parties pour tenter de les raccommoder. A-t-il été question de cela lors de votre conversation téléphonique avec le président Simpson?

– Sans doute des supputations de journalistes. On connaît par ailleurs le sens de la conciliation de votre président. Soyez attentifs.

Dernière question. Oui, *La Presse*, de Montréal.

– *La Presse* : Monsieur le Président. La France est allée très loin dans son appui au Québec. Cela causera des remous certains au Canada, qui tolérera mal cette intrusion française dans les affaires canadiennes, et également au Québec où presque un citoyen sur deux a choisi le Canada. La France ne réagit-elle pas à contre-courant et ne craignez-vous pas des représailles?

– Je suis heureux que vous posiez cette question, encore qu'elle m'étonne un peu de la part d'un Québécois. Mais, enfin… Je le redis, la France est libre de ses choix et ne se laissera dicter sa conduite par quelque force occulte que ce soit. Il y a bien des manières de lire l'histoire, certains privilégiant la façon révisionniste. Que cela cause des remous, nous pouvons vivre avec. Mais, jamais la France ne cédera au chantage, de quelque nature qu'il soit. Au demeurant, la France a une certaine présence en Europe, qu'accompagne une certaine influence. Elle est, de surcroît, un membre important de la francophonie où elle compte sur l'amitié d'une cinquantaine de pays. Est-il, enfin, nécessaire de vous rappeler qu'elle est un membre permanent du Conseil de sécurité des Nations Unies, y disposant d'un droit de veto. Ce sont des éléments que je voulais mettre dans votre besace au cas où vous voudriez vous livrer à des analyses stratégico-politiques.

Mesdames et messieurs, merci.

Retransmise en direct par TV5, la conférence de presse a secoué les deux capitales et toute la population du Québec. La capitale québécoise pavoise, bien évidemment. L'appui français va au-delà des espérances du gouvernement de monsieur Baribeau. Plusieurs ministres ont suivi la scène au bunker. Et ils apprendront sur place qu'outre cela, la France met à la disposition des fonctionnaires québécois toutes ses missions diplomatiques à l'étranger, ses ambassades, ses consulats de même que le réseau d'amitiés que la France s'est donné à travers le monde. C'est absolument inespéré, l'appui français ne manquant pas de déclencher d'autres appuis européens, sans compter les pays de la francophonie qui n'hésiteront pas à emboîter le pas dans la foulée de l'action française.

Entre temps, Ottawa s'est rapidement tournée vers Washington. La rebuffade française, pas tout à fait inattendue par ailleurs, a fait s'accélérer les démarches auprès de la Maison Blanche, l'ambassadeur américain en tête. Ce dernier a, cette fois, tous les arguments pour harceler Washington, jusqu'à la présidence, et plaider la nécessité du contrepoids. Son amitié avec le président Simpson a enfin joué et il réussit à s'entretenir avec lui en fin d'après-midi, pour apprendre d'abord que la présidence ne fera ni déclaration, ni conférence de presse, ni communiqué sur la question canadienne. Il reviendra à la secrétaire d'État de prendre position à travers un communiqué dont l'ambassadeur veut voir la facture finale. La lenteur avec laquelle la capitale américaine traite cette question le désarçonne totalement et il craint de se voir lâché à la dernière minute par une position caramel mou qui risque de porter le coup fatal à Ottawa.

– Bill, je t'en prie. La position française est tellement outrancière qu'il faut lui faire contrepoids. Vous ne pouvez pas voir, de chez vous, tout le danger potentiel pour nos intérêts que porte en germe l'indépendance du Québec. Nos financiers de Wall Street peuvent bien faire des ronds de jambe à Baribeau. Son gouvernement est farci de socialistes qui n'hésiteront pas à poser les scellés sur nos avoirs au Québec, à la première occasion. Sans parler de leurs travers xénophobes, pour ne pas dire antisémites, à la limite du nazisme.

– James, tu lis trop la presse anglophone de ce pays. Cela ne correspond absolument pas à ce que racontent nos services spécialisés. De toute façon, je m'en suis totalement remis à madame Fulbright sur cette question. C'est donc à ta patronne que tu devrais t'adresser. Nous n'irons manifestement pas dans le sens de tes propos…un peu racistes. Mais fais vite, car madame Fulbright doit émettre son communiqué d'ici 18 heures. J'apprécie ta fougue tout de même. À bientôt.

Le président se surprend toujours du manque de finesse de bien des ambassadeurs qu'il a pourtant nommés. « L'holocauste au nord, franchement », se dit-il. Il attend, dans les prochaines minutes, le communiqué qu'émettra Washington. Son conseiller politique demeure aux aguets à côté du fax présidentiel. Enfin, le voilà.

« C'est avec beaucoup d'étonnement que la présidence américaine a accueilli la victoire du camp dévoué à l'indépendance du Québec. Les États-Unis ont souvent dit leur attachement à l'unité canadienne et apprécié la diversité culturelle de ce pays due, notamment, à la présence du Québec. Le Canada, notre allié et notre ami, vit des heures difficiles. Il peut compter sur le soutien indéfectible de notre pays.

Par ailleurs, à la suite d'un vote démocratique, une majorité quoique faible s'est dégagée en faveur de l'indépendance du Québec. Devant cette conjoncture nouvelle, Washington prend acte des résultats référendaires. À partir de cette nouvelle donne et, compte tenu des offres de partenariat que le Québec a mises sur la table, les États-Unis, assurés que la voie à privilégier dans cette situation est la conciliation, offrent aux deux parties d'agir comme médiateur pour permettre au Canada de survivre comme entité distincte tout en assurant au Québec la place qu'il revendique. »

Le président n'apprécie guère la prose du communiqué, manifestement un brouillon.

— On a au moins préservé l'esprit, dit-il. Cela fait un peu scout dans la formulation, mais l'essentiel du propos y est. On ne peut pas dire que les rédacteurs ont fait une longue carrière diplomatique. Jessie, tu me remets cela en langage sibyllin, mais que des analystes intelligents pourront facilement lire. Une demi-heure, ça te va?

— Bien sûr, monsieur le Président.

À 18 heures tombait sur le fil de presse un communiqué émanant du département d'État et reprenant l'essentiel du message contenu dans le projet de communiqué.

C'est la consternation à Ottawa. James Barnard, l'ambassadeur américain, est dans le bureau du premier ministre. Les deux sont effondrés. Pourquoi tous les dieux se sont ligués contre eux? Est-ce une si mauvaise cause, le Canada? Paris qui joue les matamores, Washington qui les lâche. Médiateur! Faites-moi rire, pense le premier ministre. Et l'opinion publique canadienne qui ne risquera pas de se soulever contre les desiderata de Paris et Washington.

— Est-ce la fin, James? La fin de mon régime?

— Faut continuer de te battre, Jean. C'est une guerre intérieure qui se livre ici. Tu n'as que faire de l'opinion internationale. Depuis le début que tu dis que c'est ton combat à toi. Ça l'est toujours. Washington et Paris te laissent tomber? Tant pis. Faut continuer. Tu as encore bien des atouts, notamment toute l'opinion anglo-canadienne et la moitié de celle du Québec. Tes appuis sont encore solides. Bats-toi. Je n'ai pas dit mon dernier mot à Washington.

Se battre avec qui? Il n'est même plus sûr de ses amis. Une bien mauvaise journée qui se termine pour le premier ministre du Canada.

CHAPITRE XVIII

LA CAPITALE NATIONALE POTINE

L'effervescence est toujours palpable dans tout le Québec. L'agitation ambiante se prolonge jusque dans un quartier branché de la capitale, bientôt vraiment nationale, où notre douzaine d'amis, fidèles comparses malgré quelques divergences idéologiques, partagent un repas en refaisant le monde à partir du Québec qui en est l'épicentre. Que du beau monde à cette réception dont le couple Néron-Piché est l'hôte. Rue bourgeoise, maison cossue, mais sans tape-à-l'œil, bien campée dans le quartier des quartiers à Québec : le quartier Montcalm. Lise a mis les petits plats dans les grands, argenterie à l'avenant. Originaire de Chicoutimi, elle connaît son rang, surtout qu'elle se sent un peu coupable d'avoir délesté Stanley et Paule de leur beau vase chinois qui a pris le bord lors de la soirée référendaire. Elle saura bien le remplacer, la Chine faisant partie de son prochain itinéraire de voyage. Et des vases *made in China*, il n'y a que cela.

Déjà la conversation est bien amorcée au salon. La bande est au complet. Même Guy qui colle avec la même blonde depuis deux ans, la spécialiste des sondages. Elle doit lui être drôlement utile pour ses cours de sciences po à l'UQAM pour que cela dure autant. Laurent arrive de Los Angeles où la foire la plus surréaliste du multimédia vient de se terminer. Sa blonde, Marie-Julie, en a long à raconter sur les guerres intestines qui secouent Radio-Canada depuis quinze jours. Le couple gars-gars, Arnaud et Louis, sont tout attentifs aux propos de celle-ci, inquiets qu'ils sont de plusieurs de leurs amis en train de squatter la moitié des étages de la tour de télévision fédérale. Enfin, Lucie et Richard, frère de Paule, s'attardent aux derniers petits fours en attendant d'embarquer dans la ronde.

— Alors, les amis, si vous voulez bien poursuivre à la table, j'aurai au moins la chance de placer un mot. Quand j'entends Stanley colporter les derniers et plus extravagants canards du Haut-Canada, j'en ai froid dans le dos.

— Faut dire que ton décolleté arrière fournit tout l'espace pour y donner prise.

— Cher p'tit frère, on ne peut en dire autant du col roulé de ta blonde. C'est chauffé chez nous. Allez, Stanley à ma droite, Anne à sa gauche.

Ainsi en allait le plan de table que compliquait le couple Arnaud et Louis brisant l'alternance gars-fille. Lise se réservait près d'elle ceux qu'elle voulait convaincre. Bien campée entre le prof de l'UQAM et le mandarin fédéral, elle pouvait jouer à l'arbitre ou, du moins, le prétendre.

La conversation s'engage plutôt mollement pendant que l'hôtesse dépose dans les plats de ses invités son entrée favorite : un tartare d'huîtres au piment d'espelette. Pour accompagner ce plat exquis, un Riesling que son fonctionnaire de mari se charge de verser généreusement.

— C'est vrai Stanley, ces bruits à Ottawa de coup de force contre Romain et tous les ministres québécois? Ça n'a pas de bon sens, surtout que Romain est notre meilleur argument pour faire la souveraineté!

— Écoutez, je ne suis pas dans le secret des dieux, mais la rumeur est persistante et porte Robin à la tête de cette fronde qui, semble-t-il, aurait rallié plusieurs ministres à sa cause. Et même quelques premiers ministres provinciaux.

— Comment se fait-il que l'on n'en sache pas plus que cela au Québec de ce mini coup d'État, de s'interroger le prof de Sciences po. Cela me révolte de voir l' « establishment » anglophone tenter de prendre toute la place en tassant les Québécois pourtant élus démocratiquement, tout autant qu'eux. C'est bien typique de la conception que les Anglo-saxons se font de la démocratie. La démocratie, c'est bon pour eux, les autres, qu'ils se démerdent.

— *Listen*, d'enchaîner Stanley, bilingue fonctionnel avec prime. Tout ce que je vous dis là ne sont que pour vos petites oreilles. Ce ne sont que des rumeurs, que des ragots. Mais il est évident qu'il y a une lutte de pouvoir actuellement à Ottawa. L'atmosphère au Conseil privé traduit un énervement inhabituel. Le greffier est en queue de veau depuis quinze jours. Et nous, les galériens, on s'affaire à toutes sortes d'études liées aux résultats du référendum.

– Vous étudiez quoi au fait, s'enquiert Alex, sortant enfin de son mutisme qui dure depuis son arrivée, lui d'habitude si disert, bien servi qu'il est par son poste de haut fonctionnaire à Québec. Il est en lien avec les fédéraux depuis des lunes et il sait pourquoi il les déteste.

– Mon cher Alex, secret d'État! D'ailleurs, celles qui t'intéresseraient le plus de connaître sont du ressort du ministère de la Justice et, de ce fait, hors de ma portée. Beaucoup d'autres relèvent des Finances et vous pouvez imaginer leur contenu. Quant à celles menées par le Conseil privé, elles sont de nature hautement politique. Je ne peux pas en dire plus.

– Ça vaut bien la peine d'avoir à notre table un mandarin fédéral au cœur du pouvoir et des luttes qui le rongent et le voir faire le poisson rouge comme cela! Ou bien tu nous contes des pipes sur des études qui n'existent pas, ou bien t'es trop loin du pouvoir pour connaître vraiment les coups fourrés qu'Ottawa nous prépare. Sans doute de connivence avec les tribunaux, notamment avec cette Cour suprême qui a toujours l'air en party d'Halloween avec ses perruques!

En bon ex-marxiste de l'UQAM, Guy, qui n'a pas l'habitude de ces ronds-de-jambes de fonctionnaires, n'a que faire de ces faux airs de gens supposément au courant qui, pour mieux masquer leur ignorance, invoquent le secret d'État sous des regards entendus.

– Bien moi, je peux vous parler des torchons qui brûlent à Radio-Canada. C'est un secret de polichinelle, dans la tour, que des relations quasiment incestueuses unissent Romain et le PDG de la boîte. On dit que, dès la victoire du Oui, le soir même du référendum, Romain a appelé Kazanovitch pour lui dicter la marche à suivre. Lui, la nouille, comme parfait lèche-botte et ultra-fédéraliste de surcroît, a tout gobé. Qui, depuis le jour du vote, est invité aux émissions d'affaires publiques? Tous les analystes aux sympathies souverainistes sont rayés des ondes. Les entrevues avec nos leaders politiques à Québec se comptent sur les doigts d'une main. Même black out du côté des syndicalistes et du milieu culturel. On dirait que Radio-Canada est en grève!

— De toute façon, on l'a toujours perçue comme la chaîne privée fédérale. Surtout depuis l'arrivée de Kaza, en dépit des quelques missionnaires de l'intérieur qui ont, en effet, l'air d'être en exil depuis quelques jours, de sanctionner Guy, barré des ondes de la chaîne fédérale depuis des lunes. Heureusement que Radio-Québec a pris le relais et a pu compter sur les transfuges de Radio-Canada, ce qui lui donne un semblant de crédibilité en information. *Anyway*, Radio-Canada deviendra Radio-Québec, la première chaîne d'ici quelque temps. Le temps du mépris de Kazanovitch et compagnie achève.

— Faudrait pas oublier que si le Québec est au bord du pays, c'est en bonne partie grâce au rôle historique de Radio-Canada, de réagir Marie-Julie, un peu outrée des propos de son consultant politicologue.

— Ouais, mais c'est le Radio-Canada d'une autre époque.

— On va lui régler son compte à Radiocan bientôt, rugit Louis, voulant clore la discussion sur ce sujet. Moi, il y a une question qui me tracasse un peu plus, en tant qu'homme d'affaires. Lorsque j'entends la « gogauche » du PQ plaider pour un Québec solidaire, bel euphémisme en passant pour socialiste, quasiment à la chinoise d'ailleurs, ça m'inquiète un peu. Cela fait à peine deux semaines que l'on a mis un pied dans l'indépendance et déjà, on voit ressurgir l'éternel débat que rabâche l'aile dure du parti, avec son pendant idéologique à des lieues de ce que souhaite la majorité des Québécois. À l'heure où l'on devrait se serrer les coudes et mettre le cap sur l'essentiel, quelques macaques s'activent aveuglés par la lueur du grand soir. En plein ce qu'il faut pour faire peur au monde. Je ne sais pas ce qu'attend Baribeau pour leur river le clou.

Cette sortie ultra-libérale, trop au goût de Lise la passionnée hôtesse, la fait bondir.

— On n'a pas fait trente ans de militantisme pour finir par sombrer dans une révolution bourgeoise, trancha-t-elle. Si c'est pour reproduire le modèle actuel, autant ne toucher à rien. D'ailleurs, je ne comprends pas grand chose à tout ce chassé-croisé de propositions d'association qui sont sur la table : parlement commun, passeport commun, monnaie commune, défense commune. Bref, une indépendance bien commune! Les fédéraux nous rendraient un fier service en balançant tout cela.

— Ma chère, toutes les révolutions ont été bourgeoises, à commencer par la plus célèbre d'entre toutes : la Révolution française de 1789, glissa sentencieusement le politicologue attitré de la soirée aussi spécialiste des idéologies politiques. Et la plupart des autres qui ont suivi. À la différence que la nôtre ne raccourcira aucune tête. Vous ne vous attendiez tout de même pas à ce que Baribeau, le premier d'entre tous les bourgeois, prenne la tête du prolétariat. Plus à l'aise avec les financiers, les banquiers, les courtiers, bref les possédants. Louis tu vas apprécier, notre premier ministre, c'est la meilleure garantie que les intérêts américains pouvaient trouver sur place.

Heureux de sa sortie, bouffi d'aise d'avoir retrouvé les effets de faucille de son époque marxiste-léniniste, bien que le temps eut fait largement son œuvre et l'ait fait dévier vers la gauche caviar, le prof se rengorge.

— Les intérêts américains, on sait où ils logent, mais les intérêts français eux? Ne trouvez-vous pas la France bien discrète dans ses appuis tangibles à un Québec quasi indépendant? À part sa déclaration choc du départ, Bouillac et compagnie sont redevenus bien mièvres dans leur non-indifférence. Bien sûr qu'ils vont nous accompagner, ça fait vingt ans qu'ils le disent. Même si le Québec a fait un autre pas depuis, c'est toujours le même discours lénifiant qui prévaut.

— Tu es un peu injuste Paule. Serait-ce Stanley qui te contamine? La France ne peut pas aller plus vite que le Québec. Tu ne peux pas lui reprocher de ne pas reconnaître un pays qui n'existe pas. C'est une impossibilité juridique. D'autant plus que la faible majorité du Oui lui inspire sûrement des réserves. De toute façon, on ne connaît rien du soutien français sur le terrain des vaches. Qui vous dit que la France ne s'active pas en sous-main?

— Ta francophilie, Alex, va finir par t'emporter ou te déporter. Elle est vraiment à tout crin. Mais, que ça te plaise ou non, je continue de prétendre que la France est en train de nous laisser tomber. Ça devient leur spécialité! Avec tout votre réseau d'amitiés en France, votre ministère n'est pas en mesure de forcer la note? Lâchez les plans de table et affairez-vous sur le terrain! Sinon, on va finir par croire qu'Ottawa a davantage la cote à Paris et exploite mieux ses accointances avec les fédéralistes du Quai d'Orsay qui vont finalement avoir raison de leur président.

— Écoute Paule, je comprends tes inquiétudes. Et si la France nous fait faux bond, la partie sera extrêmement difficile. Mais j'ai confiance en notre ministre, qui vit en ce moment entre Québec et Paris, dont le pouvoir de persuasion est légendaire.

— Au fait, y en a combien autour de la table dont la job est mise en péril par la victoire du Oui?

Cette apostrophe de Stanley jette un petit froid sur le potage céleri-rave, par ailleurs délicieux. Un brin démagogique, puisqu'il sait bien que personne ici ne fera les frais de l'indépendance. Quelques-uns, bien bordés par leurs syndicats, d'autres, dont les affaires prospèrent et, les fonctionnaires, tout à fait sécurisés par leurs conditions de travail et leur retraite cossue. Bref, un petit monde dorloté et coussiné, assez loin des préoccupations de bien des Québécois.

— La question à poser n'est pas celle-là, mais bien celle qui dit comment le sort du peuple sera amélioré par l'indépendance du Québec. Là est le vrai débat, là est la vraie question. Qui d'entre nous aurait voté Oui à un gouvernement indépendantiste de droite? D'où tout le débat sur le projet de société qui a toujours accompagné la question nationale. Les partisans de l'indépendance d'abord, on verra le reste par la suite, m'ont toujours fait peur. Je n'aurais jamais dit Oui à un Duplessis souverainiste. L'obscurantisme de l'époque eût été total alors que l'on pouvait au moins compter sur un gouvernement fédéral plus ouvert et plus soucieux des libertés fondamentales. Voilà, Stanley, la question que tu aurais dû poser pour nous amener au cœur du véritable débat de l'indépendance, de plastronner Arnaud, fier de son effet, le premier de la soirée pour lui.

— C'est sans doute ta sensibilité d'artiste qui te fait parler comme ça. Mais il faut bien parler de dette, de déficit, de développement économique quand on veut être un vrai pays et non un futur gros Nouveau-Brunswick. À part ça, ça s'en vient lourd notre discussion. Alors qu'on est tous indépendantistes, à géométrie variable certes et mis à part les bémols de Stanley et quelques variantes à gauche pour mieux faire « Plateau », vous avez tous l'air de libéraux du camp du Non qui se tirent la pipe sur les premiers pas du gouvernement vers le futur pays. C'est bien typique de nous autres! On semble avoir hâte de voir Baribeau ou Blanchard, ou les deux, trébucher sur les premières arnaques que ne manqueront pas de nous réserver les fédéraux et leurs acolytes anonymes!

Dans la bouche de Richard, le boute-en-train de la bande toujours à l'affût du calembour, ce propos faisait encore plus sérieux. Et lui de continuer sur sa lancée.

— Ça a l'air d'être le repas de la dernière Cène. Pourtant, on a tous à se réjouir des manœuvres boursières de notre premier ministre. Il a convaincu nos grandes institutions de soutenir massivement le dollar canadien, coupant ainsi l'herbe sous le pied des fédéralistes pour qui c'était l'argument massue de nous faire peur avec la piastre à 50 cennes. On en est bien loin. Et que dites-vous de la réserve plutôt amicale de Washington sur la situation au Nord? Assez rassurant non? Ce qui doit faire rager le tout Ottawa. Bref, plutôt que jouer les pisse-vinaigre, même si c'est entre nous, on devrait avoir un regard plus réaliste sur la situation, qui est d'ailleurs loin des turbulences que l'on nous prédisait.

Ça vaut la peine d'avoir fait des études d'histoire ou de sciences po! Pire! De les enseigner! D'être plogués politiquement à Québec et à Ottawa et de faire une lecture si peu stratégique des événements. Sera toujours temps de faire les débats gauche-droite, de se choisir un régime politique à notre image, de débattre du futur mode de scrutin et d'enligner le partage des pouvoirs entre le centre et les régions. Me semble que dans l'immédiat, ce qu'il faut régler, c'est la négociation Québec-Ottawa, s'assurer de la bonne marche de la période transitoire, faire en sorte que les pensions de vieillesse se paient, que les fonctionnaires fédéraux fonctionnent, bref éviter le chaos. Entre temps, il nous faut travailler les appuis étrangers, maintenir la flamme à l'intérieur, aller chercher l'adhésion des souverainistes mous. Moi, si j'étais au gouvernement, je me mettrais sérieusement à la formation d'un gouvernement d'union nationale, allant débaucher une couple de libéraux forts et même un ministre à Ottawa pour les intégrer à ce gouvernement d'union sacrée. Cela enverrait le plus fort des messages à toute la population, sonnant le glas de la courte majorité. C'est ça que je ferais, sacrement! Excusez-là.

Cette sortie, inhabituelle chez Richard, laisse pantois tout l'auditoire qui, soudain, explose. Salve d'applaudissements qui en disent long sur cette sortie trempée dans le gros bon sens!

Lucie, sa blonde, et Paule, la sœur de Richard, ne dissimulent en rien leur fierté d'être liées d'aussi près à ce chevalier de l'indépendance. Larges sourires approbateurs. Lucie lui envoie une de ces œillades qui en dit long sur la fin de la soirée.

Et la conversation de se poursuivre longuement au-delà des fromages et de la crème brûlée, autour d'une bénédictine, sur la formation de ce futur gouvernement d'union sacrée, la trouvaille de la soirée! Qui, chez les libéraux d'Ottawa et de Québec, pourrait bien créer ce mouvement d'adhésion à ce futur Québec?

CHAPITRE XIX

LE QUÉBEC
EN DANGER DE CONSENSUS

La victoire référendaire est à peine vieille d'une semaine. La société québécoise est d'un calme étonnant après l'euphorie du 30 octobre. Bien loin des troubles appréhendés en dépit des appels affolés de quelques éléments parmi les plus paranoïaques de la société anglophone. À Ottawa, la situation politique est gluante. On ne s'est pas encore remis des résultats du vote. À Québec, tout semble baigner.

— Monsieur le premier ministre, j'ai eu, il y a quelques minutes au téléphone, le président du Conseil du patronat, peu de temps après l'appel du président de la FTQ. Serez-vous étonné d'apprendre que leurs propos étaient facilement interchangeables?

C'est le premier conseiller du premier ministre qui s'exprime ainsi. Un hyperactif, intelligent, futé, débordant d'idées et d'initiatives, tellement que plusieurs, dans l'entourage du premier ministre, ne le trouvaient pas reposant et à vrai dire, plutôt fatigant. Mais le premier ministre appréciait beaucoup ce Tintin de la politique, ce qui expliquait la grande marge de manœuvre qu'il lui laissait dans la conquête de la souveraineté. C'est de lui, d'ailleurs, qu'était venue l'idée de convoquer, dans les meilleurs délais, une manière de mini-sommet réunissant les principaux bonzes de la société civile, afin de les associer le plus étroitement possible au futur du pays à inventer.

L'idée avait séduit le premier ministre, en dépit du court laps de temps qui séparait la naissance de l'idée de sa concrétisation. Pourquoi n'y avoir pas songé plus tôt? Le Québec était friand de ces grands-messes où l'on faisait place autant aux thuriféraires du régime qu'aux sous-diacres de l'opposition. Plusieurs du camp du Non, notamment dans le monde des affaires, y seraient invités, faisant ainsi contrepoids aux poètes du pays.

— Et ils vous ont dit quoi ces deux-là?

– Si la FTQ est enthousiaste à l'idée, le Conseil du patronat, en revanche, s'y rallierait à la condition que le sommet ne soit pas détourné de son véritable objectif qui, vu sous l'angle des affaires, serait de jeter les bases socioéconomiques d'un Québec indépendant, mais solidaire du continent dans lequel il s'inscrit. En clair, il voudrait se servir du sommet pour faire la fête aux purs et durs et ramener à la raison la frange socialiste du parti.

– C'est quand même pas le Conseil du patronat qui va « câler » le quadrille de l'indépendance! Même si on peut convenir, entre nous, que ça ne ferait pas de tort que de rappeler à notre aile gauche le b-a-ba de l'économie nord-américaine, les avantages du libre-échange et les impératifs de la mondialisation. Et avez-vous rejoint les autres, ceux que l'on souhaite voir?

– J'achève ma tournée. La réponse est enthousiaste partout. Et on ne rechigne même pas à l'horaire carabiné qu'on leur impose. C'est un peu démentiel que de tenter de réunir tout ce monde dans dix jours, même si le lieu choisi aide à vaincre bien des résistances. L'équipe du Sommet est à pied d'œuvre, vingt heures par jour, pour préparer le tout. En réalité, l'opération est plus pédagogique et politique qu'autre chose. Mais votre charisme aplanira certainement les petits aléas que pourrait provoquer l'organisation du Sommet. Je dois vous signaler, par ailleurs, que cette idée de Sommet ne fait pas l'unanimité dans la députation.

– Pourtant, le Conseil des ministres s'y est rallié sans trop de discussion.

– Justement, faut dire que vous ne lui avez pas laissé beaucoup de place, se souvenait son conseiller qui était présent à la dite séance et où le débat sur le sujet avait été mené au pas de charge.

– Je n'ai que faire de tous ces trouillards qui appuient sur les freins en descendant une côte! Et puis c'est moi qui tiens le volant.

– Pourtant, le risque est réel de voir le Sommet illustrer un Québec séparé en deux et donner aux chantres du camp du Non la tribune qu'il n'a plus depuis la victoire. Et l'opposition officielle est invitée.

– Écoutez, on ne refera pas la bataille référendaire. La page est tournée. Et le risque est, selon moi, minime. L'objectif de l'opération est justement de rallier à la cause nos concitoyens les plus frileux et leur vendre l'idée que le pays doit se bâtir avec tout le monde. Qu'il en va de leur responsabilité sociale de reconnaître que la démocratie a parlé. Les convaincre que le pays sera, en somme, ce qu'ils décideront qu'il soit. J'ai pleine confiance en l'intelligence des gens ainsi qu'en la transparence de l'opération que nous saurons gagner.

Dix jours plus tard, un premier ministre rayonnant, sûr de lui, accueillait personnellement tous les leaders d'opinion rassemblés au Manoir Richelieu, dans un décor d'automne au crépuscule. L'air était frisquet et tranchait avec l'atmosphère chaleureuse que le hall cossu de l'hôtel dégageait. Tous les chefs syndicaux avaient accepté l'invitation du premier ministre, en dépit de la relation amour-haine qu'ils entretenaient avec le parti, sinon avec le pouvoir tout court et dans lequel, plus souvent qu'autrement, ils voyaient le patron employeur plutôt que le générateur de pays. Les patrons s'étaient aussi rendus nombreux à l'invitation certains, en raison de leur poids, ayant été conviés à titre personnel par le premier ministre. Ainsi en allait-il des Débarats, Germain, Bilodeau, Gagnon bref, les grandes fortunes du pays qui, pour la plupart, avaient été les chantres inconditionnels du fédéralisme. Heureusement que de grandes institutions financières y étaient représentées et capables d'agir en sous-diacres du premier ministre, comme la Caisse de dépôt et le Mouvement Desjardins. Aussi, tous les apparatchiks du milieu culturel et du monde communautaire sont fidèles au rendez-vous. Comment en eût-il pu être autrement pour les meilleurs alliés du pouvoir? Sans parler des milieux associatifs et universitaires qui, pour rien au monde, n'auraient raté cet exercice de concertation.

Au total, près de deux cents personnes, incluant les ministres clefs du gouvernement et les chefs politiques des partis d'opposition. Invités à une réception qu'agrémentaient quelques élèves du Conservatoire de musique, les participants qui, pour la première fois depuis la victoire du Oui, avaient l'occasion de se rencontrer, entamaient déjà les échanges du lendemain. La nuit serait sans doute propice à des discussions de couloir, pour conforter des alliances que le peu de temps réservé à la préparation matérielle du Sommet n'avait pas permis de sceller. C'était le gratin à l'œuvre.

Si le premier ministre avait multiplié les apartés lors de la soirée, il ne savait pas vraiment comment ce vaste happening allait tourner. Plutôt optimiste de nature, il voyait ce Sommet comme la revanche du Québec à la nuit des longs couteaux qui, quinze ans plus tôt, l'avait mis au ban de la fédération canadienne. Après un toast porté au pays et à tous ses bâtisseurs, anciens et nouveaux, le premier ministre prit congé de ses invités et, suivi de sa garde rapprochée, s'engouffra dans sa suite pour y recevoir quelques invités de marque, triés sur le volet, histoire de préparer le plan du match à venir et les débats du lendemain.

Dès 8 heures, au jour dit, la salle de bal où se déroule le Sommet a fait le plein des invités avant même que ne démarrent les travaux. Habituellement, les retardataires y sont nombreux, histoire de bien se faire voir à leur arrivée. Le modérateur du forum, particulièrement bien nommé pour la circonstance, appelle le début des échanges.

— Monsieur le premier ministre, à vous la parole.

« Mesdames et messieurs,

Je suis d'abord fier de constater qu'au moins le tiers de nos participants sont des femmes qui proviennent, d'ailleurs, de tous les milieux. Cela augure bien du pays à venir.

S'ensuivent les salutations d'usage et le rappel des objectifs du Sommet qui souhaite rallier l'ensemble de la société civile à la plus éminente corvée à laquelle le Québec ne s'était jamais attaqué. Développer la plus grande solidarité entre tous les corps constituants. Avoir tout le Québec derrière son Assemblée nationale et son gouvernement dans les négociations qui ne tarderaient pas à s'amorcer avec le gouvernement fédéral, dans les suites du référendum. Et le premier ministre de rappeler brièvement les thèmes qui feraient l'objet des discussions Québec-Ottawa.

En fait, vous êtes et serez encore davantage des partenaires majeurs dans la construction de ce nouveau pays et je souhaite ardemment qu'au sortir de cette journée, le Québec parle d'une seule voix tant à nos amis canadiens qu'étrangers. Vous avez sans doute toutes et tous conscience du moment historique que nous vivons et je vous convie à être du bord de ceux qui font l'histoire. »

Des applaudissements, d'abord polis, puis de plus en plus nourris, accueillent cette déclaration d'ouverture du premier ministre qui sourit d'aise. Ce n'est pas un public gagné d'avance qui occupe les sièges, public en général assez avare de ses marques d'approbation.

Comme convenu avec l'organisation du sommet, le président d'assemblée accorde la parole au chef de l'opposition.

— Merci monsieur le Président. Permettez-moi d'abord une remarque préliminaire. Je n'ai pas l'impression que la composition de ce Forum traduise bien le partage des votes du 30 octobre au soir. Mais, soyons bon prince. Convenons que ce Sommet veut surtout illustrer la victoire du Oui. Et j'ajouterais même que j'y vois une certaine légitimité…

Tout a été dit, écrit, supputé, analysé, commenté à propos des résultats référendaires. Et je ne reviendrai pas sur le fait qu'un Québécois sur deux a choisi le Canada. La majorité, même lilliputienne, a parlé. Même si je m'y suis rallié dans les heures qui ont suivi, et que l'allure que revêt le débat à Ottawa me dit que ce choix était et demeure juste, je vous dis à tous que je serai le chien de garde à l'Assemblée nationale et sur toutes les tribunes publiques, de cette autre moitié du Québec qui a cru à notre discours. Je le dis également à nos compatriotes anglophones pour qui la rupture du pays est un drame quasi personnel. Aussi à ces minorités culturelles qui, pour la plupart, ont choisi de vivre ici parce qu'elles fuyaient des situations d'instabilité et de discrimination politiques et qui ont voté pour le Canada et non contre le Québec. L'euphorie d'une moitié peut-elle nourrir l'inquiétude de l'autre? La longue quête du pays s'est certes toujours faite dans le plus strict respect des règles démocratiques et j'ai forte raison de croire que ce n'est pas au moment de la victoire du Oui que les frustrations risquent de surgir. Je fais néanmoins appel à la vigilance de tous, et particulièrement à celle de monsieur le premier ministre, pour empêcher toutes les dérives, qu'elles viennent de l'intérieur ou qu'elles soient le résultat de provocations venues d'ailleurs. La partie n'est pas encore jouée. Et les négociations, qui devront bien s'amorcer un jour, pourront être l'objet de toutes les outrances. Le gouvernement du Québec souhaite des institutions communes avec le Canada. Cette ouverture, il faut la maintenir en dépit des discours ravageurs, pour employer un euphémisme, dont une partie de la presse canadienne-anglaise a épousé les contours.

C'est la mort dans l'âme que je vois se dissoudre le pays auquel j'ai cru. Mais l'espoir d'un autre pays, ouvert, fraternel et solidaire, me fait me joindre à la cause et je travaillerai dans ce sens auprès de mes concitoyens qui ont vécu le même combat.

Ce discours de chef d'État, que personne, à vrai dire, n'attendait étant donné le mutisme un peu boudeur du chef du camp du Non depuis le débat à l'Assemblée nationale, a laissé tout le public sous le choc. Une fois la stupeur passée, une salve d'applaudissements retentit. Dans un geste théâtral, le premier ministre se leva et, fort ému, traversa la salle pour donner l'accolade au chef de l'opposition qui n'en espérait pas tant. En effet, le premier ministre l'avait plutôt ignoré depuis la soirée référendaire. Faut dire qu'il avait eu bien d'autres chats à fouetter.

— Monsieur le Président, puis-je?

Le meneur de jeu reconnaît le président du Conseil du patronat à qui il accorde bien volontiers la parole.

— Merci, monsieur le Président. Monsieur le premier ministre, ai-je besoin de souligner, d'entrée de jeu, que ceux que je représente n'étaient et ne sont toujours pas aux premières lignes des chevaliers de l'indépendance. Chevaliers de l'industrie que nous sommes. Si nous avons reconnu la victoire du Oui au référendum, nous reconnaissons aussi qu'elle fut bien courte. Mais, comme nous vivons dans un pays de droit, nous en suivons les règles. Convenons cependant que, pour les discussions à venir avec le fédéral, la glace est mince et le rapport de forces, pas très lourd en votre faveur, monsieur le premier ministre. Le monde des affaires, sauf exception, n'est pas partisan du discours et du ton qu'a semblé vouloir adopter l'autorité fédérale, et nous l'avons fait savoir en haut lieu à Ottawa. Le meilleur service qu'elle peut rendre à nos concitoyens anglophones du Québec et du Canada, c'est de reconnaître le nouvel état de fait.

Le premier ministre ne pouvait dissimuler sa satisfaction en écoutant les propos du patronat, ce monde de fédéralistes à tout crin qui n'a pas hésité à utiliser le langage de la peur tout au long de la campagne référendaire, à l'endroit de leurs concitoyens. Mais, le premier ministre avait si brillamment joué sa « carte affaires », à l'issue du référendum, que tous les calculs des sorciers financiers avaient été déjoués par les manœuvres habiles du gouvernement auprès du milieu, rassurant ainsi tous les inquiets du portefeuille.

Le président du Conseil du patronat d'enchaîner :

– Nous savons gré à votre ministre des Finances et sans doute un peu aussi à vous-même, monsieur le premier ministre, d'avoir joué efficacement le jeu de la Bourse et rassuré les marchés financiers tant canadiens que new-yorkais. La stabilité de notre dollar impressionne tous les acteurs de la haute finance et rassure quant à la suite des choses. Il ne faudrait pas, par ailleurs, que le langage outrancièrement provocateur de l'aile marchante de votre parti s'aliène le capital de sympathie qui est en train de se constituer dans le monde des affaires. Celui-ci a, vous le savez monsieur le premier ministre, horreur des têtes brûlées. Québec n'est pas un pays socialiste et vous n'en n'êtes pas le chantre, monsieur le premier ministre. Mais les milieux financiers, vous le savez, sont particulièrement chatouilleux et attentifs à ce qui pourrait être perçu comme des menaces à la stabilité tant politique qu'économique du pays. Le capital est la matière la plus volatile du monde et les appels à la nationalisation des ressources naturelles des derniers jours ne manqueront pas d'ébranler les colonnes de la Bourse, allergique à ce genre de propos. Cela dit, monsieur le premier ministre, le monde des affaires est très sensible, dans tous les sens du terme, à l'évolution de la société québécoise et, sans jeter de l'huile sur le feu, ne manquera pas de condamner les écarts de votre gouvernement, tout en continuant de donner la chance au coureur. La glace est à peine prise et les bandes de la patinoire sont mal ancrées, si vous me permettez cette image. Dans la mesure où vous réussirez à rassurer nos partenaires, nous sommes prêts à vous appuyer sans, pour autant, vous signer un chèque en blanc. Je vous remercie.

— Merci, monsieur Dubois. Si vous permettez, monsieur le premier ministre, je sais que vous brûlez de répondre au Conseil du patronat. Mais, si vous voulez bien réserver vos commentaires à la fin du tour de table, cela aidera, je crois, à l'articulation de nos propos et éventuellement de nos propositions. Oui, monsieur Tassé, président de la FTQ.

— Merci, monsieur le Président. Je suis très heureux de prendre la parole tout de suite après monsieur Dubois. Je me réjouis d'abord et je félicite le Conseil du patronat de son attitude responsable depuis la victoire du Oui. Même si les haut-parleurs de la finance n'ont pas tous le même sens de l'histoire et que certains, heureusement une minorité, sont encore agités du bocal et au bord de l'apocalypse, fort heureusement le Conseil a emprunté la voix de la raison. Même chez nous, dans le monde syndical, nous avons accumulé bien des indulgences à négocier avec ce gouvernement et ceux de son parti qui l'ont précédé. Ce n'est pas le bonheur total et perpétuel. Il nous a châtiés autant qu'il nous a aimés et Dieu sait que monsieur Baribeau nous aime!

Un immense éclat de rire, annonciateur du temps de Noël qui s'en vient, fend l'air de la salle de bal. Tous en reconnaissent la source, ce qui crée un effet d'entraînement chez les participants, rompant ainsi avec les débuts souvent crispés de ce genre de forum.

— On peut en rire maintenant…de continuer le chef syndical. Mais je voudrais revenir sur quelques propos de celui qui m'a précédé. Sans agiter de menaces précises, on sert des mises en garde à un gouvernement qui serait trop entreprenant sur le plan social. Rassurez-vous, on est loin de 1917 et des Soviets, et *Le Capital* n'est pas notre livre de chevet. Cela dit, si tout le mouvement syndical a appuyé le camp du Oui et qu'il est partisan de l'indépendance, ce n'est pas pour propulser un gouvernement de droite. Tous les poètes du libéralisme à tout crin vont devoir rejoindre la chorale nationale si l'on veut des lendemains qui chantent. Pour continuer sur la même note, le chantage à la petite semaine que semble vouloir distiller le monde des affaires, genre « on se rallie, mais à la condition que tout tourne comme avant », eh ben! nous, on ne le prend pas. Donner naissance à un pays va exiger des efforts de tous, patrons et syndiqués. Si nous nous inscrivons très bien dans le contexte nord-américain, il n'est pas interdit de faire des affaires à notre manière, d'autant plus que la mondialisation qui nous guette exigera de nous beaucoup d'imagination et de volonté pour en tirer le meilleur parti. Initiés au libre-échange nord-américain, nous sommes bien armés pour y faire face, mais en sortant de la rhétorique habituelle un peu western du bon capitaliste et du méchant syndicaliste.

Monsieur le premier ministre, nous sommes prêts, nous du monde syndical, et je suis mandaté en cela par nos centrales partenaires, à faire tout ce qui est en notre pouvoir pour faire surgir ce pays naissant que nous avons appelé de tous nos vœux. Sus à tous les petits corporatismes, d'où qu'ils viennent, incluant nos propres démons. Enfin, étape non négligeable, nous avons obtenu de notre vis-à-vis syndical canadien qu'il publierait incessamment une déclaration appuyant l'indépendance du Québec et, mieux encore, qu'il ferait pression sur le NPD pour que celui-ci rengaine sa vision centralisatrice du Canada et appuie formellement le résultat du vote démocratique des Québécois. Si le parti de droite de l'Ouest, qui n'est pas particulièrement entiché du Québec, a pu le faire, je vois mal comment des socio-démocrates canadiens pourraient continuer d'aller à l'encontre de la volonté de tout un peuple.

Des applaudissements bruyants accompagnent la fin de la déclaration d'ouverture du président de la FTQ qui traduisait, de façon concrète et à sa manière habituelle, le sentiment majoritaire de l'assemblée.

Tout se déroulait à la perfection pour le premier ministre, ce qui le confortait dans sa volonté de multiplier les adeptes à sa cause par des gestes inspirés mais qui auraient pu se révéler suicidaires. Comme la tenue de ce Sommet, organisé dans des délais démentiels, alors que l'opinion était encore fluide et que les appuis internationaux adoptaient, hors la France, une sémantique un peu guimauve, inspirés en cela par des résultats référendaires trop serrés. Mais ce sommet, s'il se révélait un succès, aurait sans doute des effets positifs, d'abord au Québec, ensuite au Canada et enfin à l'étranger.

L'espèce de nuage sur lequel flottait le premier ministre s'épaississait au fur et à mesure des prises de parole. Le discours le mieux senti, et servi dans une langue de poète, fut livré par la présidente de l'Union des artistes. Les meilleurs chantres du pays, c'était eux depuis le tout début. Le cœur et l'âme de la cause qui avaient hanté toutes les tribunes publiques ces deux derniers mois, et qui n'étaient que le prolongement naturel des vingt-cinq dernières années, avaient atteint leur point d'orgue aujourd'hui. N'étaient-ils pas, ces artistes, l'épicentre du pays, en même temps que ses meilleurs ambassadeurs à l'étranger. Le Québec connu, aimé, envié sur plusieurs plateaux internationaux était, la plupart du temps, celui de nos chanteurs, poètes, comédiens, danseurs, artistes circassiens et quoi encore. Et de conclure la présidente en disant que « chez les artistes, l'indépendance et la liberté sont les clés de toute création. Il en va de même du pays. »

Aux artistes succédait le monde des jeunes, l'espoir du Québec, qui vibrait, bien sûr, à l'appel de la nation, mais davantage à de nouvelles valeurs reliées à l'environnement et à la solidarité notamment internationale. De tous les intervenants, ce furent eux qui tinrent le plaidoyer le mieux senti sur l'ouverture du Québec à la planète. L'apprentissage des langues, la coopération, la solidarité avec le Tiers-Monde, l'économie équitable, bref un tour de piste étonnant pour des jeunes fraîchement émoulus du giron familial.

Ce long tour de table, outre l'effet de catharsis qu'il jouait entre les participants, atteignait bien sa cible d'une opération politique aux vertus pédagogiques évidentes. Le premier ministre souriait d'aise à toutes les interventions qui avaient occupé l'essentiel de la journée.

Journée un peu tribale aux yeux de monsieur Débarats, milliardaire aux fourches bien longues dans les médias. Fédéraliste biologique, il commençait à trouver la tribu tricotée un peu trop serrée à son goût. En dépit de la longue pratique des Sommets au Québec, il n'en avait fréquenté aucun. Il ne le regrettait pas au vu de cette grand-messe redondante et ennuyeuse où tous les thuriféraires en remettaient. Et le Conseil du patronat qui avait l'air d'embarquer dans le même marais. Sans parler du chef du camp du Non, un ancien de sa boîte, qui semblait avoir reçu avec bonheur l'accolade du chef ennemi. C'était plus qu'il n'en pouvait supporter. Invité comme observateur parmi la vingtaine de capitaines d'industrie qui prenaient place dans la même section, il ne pouvait prendre la parole. Il lui fallait, par ailleurs, illustrer sa frustration par un geste d'éclat. Sachant qu'une horde de journalistes faisait le pied de grue à la sortie de la salle, il attendit que le premier ministre prenne la parole pour conclure ce tour de table, pour quitter la salle de façon ostentatoire, suivi de deux amis du même camp. Témoin de la scène, quasi au pas de course, le conseiller politique du premier ministre les suivit hors de la salle et réussit à les rejoindre avant qu'ils n'atteignent les journalistes.

— Monsieur Débarats, votre départ précipité du Sommet est un affront grave au premier ministre du Québec dont vous êtes l'invité personnel et qui, à ce que je sache, vous a traité avec toute la déférence requise. Vous savez que toute la presse est à l'affût et que votre réaction peut avoir des conséquences funestes pour l'avenir du Québec.

— Écoutez, jeune homme, je suis à tu et à toi avec tout ce qui compte sur la planète. Simpson, le président des États-Unis, fut mon invité personnel au printemps dernier.

— Et s'il avait quitté la table après le plat principal, ne l'ayant manifestement pas apprécié, comment auriez-vous réagi?

Un peu désarçonné, monsieur Débarats ne sut que marmonner...

— Monsieur Débarats, laissez-vous au moins le temps d'une conversation avec le premier ministre que je me charge d'organiser dans les meilleurs délais.

— Tous ces discours « nationaleux » me donnent des boutons, comme si la planète tournait autour du Québec! Mais, vous avez raison. Une bonne engueulade avec le premier ministre me fera le plus grand bien. Je serai dans ma suite, attendant votre téléphone.

De retour dans la salle, le conseiller du premier ministre vit ce dernier terminer son discours, apparemment peu troublé par la sortie intempestive du plus fédéraliste de ses invités.

— Il n'est pas faux de dire, au terme de ce Sommet, que le Québec, dans toutes ses composantes, vit au même diapason. Peut-être devra-t-il souffrir quelques exceptions, notamment chez nos maîtres de la finance que le grand capital international sera, par ailleurs, fort heureux de combler. Je vous remercie tous et chacun de votre appui, de votre solidarité et de votre sens de l'histoire. Ce très large consensus, objectif que poursuivait ce rassemblement de la société civile, il nous le fallait pour bien asseoir la position du Québec, de tout le Québec dans ces négociations qui s'annoncent serrées, ardues. Mais je vous sens tous derrière nous, derrière nos équipes à Québec qui amorcent le dernier tournant dans cette longue marche de notre peuple vers son émancipation.

Je vous en remercie chaleureusement et que la terre du Québec nous soit légère!

Après plusieurs mains serrées, accolades, éclats de rire échangés, le premier ministre dut s'engouffrer rapidement dans une salle attenante réservée pour la conférence de presse. Sa déclaration d'ouverture faite, une première question fuse rapidement du journaliste de *La Presse* :

« Monsieur le premier ministre, est-il vrai que monsieur Débarats a quitté les lieux avec fracas? »

CHAPITRE XX

OTTAWA, LE PRINCE QU'ON SORT

Mardi, le 7 novembre. La capitale fédérale est à l'image de cette journée grise et froide. Les feuilles jonchent les trottoirs. Le mois des morts. Le parlement pointe ses flèches grises qui se perdent dans un ciel bas. En cette fin d'après-midi, pourtant, les oreilles du premier ministre doivent tinter tellement l'atmosphère est fébrile dans un salon fermé d'un restaurant plutôt discret de la capitale. Une table regroupe six personnages bien en vue de By Town : le ministre Brian Robin et cinq de ses collègues qui organisent la dissidence, sinon un coup d'État.

Bien en verve, le jeune ministre semble mener la discussion. Il pose vraiment en leader, malgré sa courte expérience politique à Ottawa. Mais, ses années de militantisme depuis le High School au sein du Parti libéral de sa province, puis du Parti libéral du Canada par la suite, lui ont valu de tisser un réseau d'amitiés dont les dernières semaines lui ont permis de tester la solidité. Son assurance étonne d'autant plus qu'il a affaire à des collègues plus expérimentés que lui. Au premier chef, le ministre de la Justice dont la prestance a assuré sa réélection de façon régulière, depuis douze ans, dans le comté le plus huppé de la ville de Toronto. Membre de l' « establishment » du parti et ténor de son groupe en Ontario, le ministre Fleming représente incontestablement le poids lourd de la rébellion. Un coup de Jarnac pour le premier ministre qui le considère comme son bras droit dans le parti et son alter ego pour l'Ontario. Lui, l'homme de confiance de Romain, s'apprête à le trahir, pire à signer son arrêt de mort politique. Pourtant, depuis quelques jours, c'est lui, Fleming, comme ministre de la Justice, qui pilote les études, en cercle très fermé, commandées par le premier ministre, sur des sujets on ne peut plus sérieux et même dangereux, notamment la partition du territoire québécois et tous les travaux reliés à la contestation judiciaire des résultats. Le loup dans la bergerie ce Fleming, que le premier ministre considère toujours comme son allié, sinon comme son ami. Ont rejoint le groupe les ministres de l'Industrie, des Anciens Combattants, du Revenu et de la

Francophonie. Sans être des ministères de second ordre, leurs titulaires ne jouissent pas d'une autorité, ni d'un ascendant notoire sur leurs collègues. Ils ont cependant l'avantage de représenter les grandes régions du Canada et l'un de ceux-là, le ministre du Revenu, a agi comme organisateur en chef du parti pour la dernière campagne électorale.

Déjà engagée, la discussion se poursuit autour d'une bière.

— Vous croyez vraiment Don, qu'il faut frapper le grand coup dès le Conseil des ministres de demain, s'enquiert le ministre de l'Industrie, Bill Smith, qui n'a jamais péché par excès de dynamisme dans tous les ministères où il a servi?

— Je crois vraiment qu'il est temps de passer à l'action. Il faut profiter de la surprise et éviter que la contre-réaction s'organise. Bien sûr, le premier ministre est déjà au fait du mouvement de révolte mais doute sûrement que l'action suivra rapidement. Il pense probablement qu'il a le temps de prendre les devants, de tuer dans l'œuf toute conspiration naissante. D'autant plus, renchérit Robin, qu'il croit m'avoir convaincu de sa thèse, de sa capacité de rebondir et de gagner du temps avec les Québécois en laissant croire à sa volonté de conciliation tout en préparant la contre-attaque.

— Sur combien de ministres pensez-vous pouvoir compter, Brian, lors de la réunion de demain, s'enquiert Don Fleming?

— Très certainement au moins la moitié du Conseil des ministres, ce qui signifie les deux tiers des ministres anglophones.

— Qu'est-ce qui vous permet d'être aussi optimiste demande, dubitatif, le ministre du Revenu qui a innocemment testé le premier ministre de sa province sur une éventuelle implication de ce dernier dans la négociation à venir? Sa réponse ne lui permettait pas de partager la vision, un peu trop rose à son goût, du jeune ministre des Pêches.

— Mon intervention lors du Conseil des ministres, au lendemain du référendum, m'a valu plusieurs commentaires très encourageants sur ma perception de l'avenir du pays. Vous êtes bien placés pour savoir que l'opinion canadienne, autant chez les conservateurs que chez les libéraux d'ailleurs, commence à en avoir ras-le-bol des leaders du

Québec, omniprésents à Ottawa. Je ne vous parle pas des mandarins, tout aussi présents, et qui en mènent large dans les sociétés d'État, sans parler des cours de justice. La défaite du camp du Non a fait déborder la coupe. Je crois que le terrain est miné pour les Québécois à Ottawa. La situation est mûre pour un changement radical de paradigme, comme disent les hauts fonctionnaires.

— Cette exaspération est très perceptible, j'en conviens, auprès des leaders d'opinion anglophones, mais cela m'apparaît moins évident auprès de la population qui a encore grande confiance au premier ministre, du moins hors Québec. C'est une carte à jouer prudemment d'autant plus que Baribeau risque de faire ses choux gras de ce changement de garde qu'il aura tôt fait d'assimiler à un coup d'État. Il gagnera sur les deux tableaux. D'abord en déchirant sa veste sur la place publique, dénonçant cette mutinerie de ministres qui bafouent la démocratie quand leurs intérêts sont en jeu. Ensuite, en se félicitant secrètement d'avoir devant lui des interlocuteurs qui ne risquent guère de soulever les passions au Québec et qui, avec les provinces dans l'équipe de négociation, mettront les vraies affaires sur la table. En somme, nous lui offrons le Parlement à l'italienne dont il rêvait. Ne risque-t-on pas, de surcroît, l'opprobre international qui pourra déceler, dans ces gestes, un double affront au processus démocratique canadien?

Cette sortie du ministre de la Francophonie révélait-elle quelques fissures dans le mur anglophone? Son analyse politique visait passablement juste, d'après les réactions non verbales que l'on pouvait percevoir autour de la table.

— Bien sûr qu'il y a des risques, de rétorquer Robin, mais c'est à cela que se prête la nouvelle situation au pays. Vous surestimez, à mon avis, la solidité du leadership du premier ministre et sa crédibilité dans le pays. De toute façon, s'il s'accroche à son poste et veut continuer la bataille de ruelle conforme à son personnage, cela aura un effet boomerang, car je crois qu'une majorité d'anglophones veut passer à autre chose, laisser le Québec à son destin, et qu'il aille se faire foutre. D'ailleurs, le changement de garde que l'on évoque s'accompagnera d'une proposition de négociation avec le Québec, sans en préciser les termes ce qui, et cela j'en suis sûr, sera bien reçu. D'ailleurs, il faut bien avoir à l'esprit l'évolution de l'opinion au Québec même. Loin des cataclysmes appréhendés, la province semble vivre, par les temps qui courent, une période d'accalmie qui peut même paraître un peu suspecte. L'adhésion de quelques grands bonzes de la société civile au scénario de monsieur Baribeau témoigne là aussi d'un changement de décor qui s'ajuste au nôtre, celui que l'on souhaite. Sauf que nous, nous les attendons au tournant. Et tout ce charabia autour des institutions communes, ils vont le ravaler!

— Comment entendons-nous procéder au Conseil des ministres de demain alors, de s'enquérir Don Fleming?

La réponse de Robin est déjà toute prête, sa stratégie bien arrêtée.

— Ce que je propose, c'est que, d'entrée de jeu, quelqu'un de nous mette sur la table la question de la légitimité du premier ministre et des ministres du Québec dans leur fonction, et que l'on demande leur démission.

— Et monsieur Romain et ses collègues de l'accepter sur le champ! Me semble que votre stratégie manque de subtilité, d'avancer Tom Morgan, ministre du Revenu.

— La stratégie est brutale, avoue Robin, mais il faut compter sur l'effet de surprise, le premier ministre étant convaincu que nous n'oserons pas poser la question de confiance dès maintenant. Il sait qu'un petit groupe de mutins est à l'œuvre, mais qu'il aura tôt fait de nous convertir à sa propre stratégie d'affrontement, sinon de nous mettre au pas et qui sait, exiger, en bout de ligne, notre démission à tous les six. C'est pourquoi il faut le prendre de vitesse et, dès le début de la séance passer à l'attaque. Partagez-vous mon point de vue?

— Moi, je suis d'accord avec cette approche de commando, de dire Fleming. C'est la tactique habituelle du premier ministre. Il faut l'attaquer sur son propre terrain. Mais, j'apprécierais que cela soit fait dans les formes, pour bien faire comprendre au premier ministre et à tous nos collègues, que le Canada est à une époque charnière, qu'il est devenu nécessaire de le redéfinir sur d'autres bases. Et ces bases n'incluent pas le Québec qui s'est de lui-même retiré des scénarios futurs, hormis quelques arrangements administratifs qu'il faudra bien conclure avec lui. Ce faisant, les ministres du Québec ne peuvent se qualifier pour négocier le retrait du Québec de la fédération et bla, bla, bla.

— Que cela soit fait dans les formes, je veux bien. Mais la trahison dans l'élégance, il n'y a rien que nous pour songer à cela, d'interpeller Morgan. Et le premier ministre va très certainement résister.

— Tom, tu emploies de bien gros mots. Ce n'est pas une trahison ni un coup d'État. C'est de la « real politik », d'objecter Robin. Et s'il résiste, il ne nous restera pas beaucoup de choix. Mais cela m'étonnerait. Vous l'avez vu comme moi, le gouvernement est encore désorganisé, et ce, plusieurs jours après le fait. Il ne s'était absolument pas préparé à une défaite. Toutes les hypothèses de contestation auxquelles le premier ministre s'accroche sont, quant à moi, de la bouillie pour les chats. Il est le seul à y croire. Le seul ministre capable d'étoffer les scénarios du premier ministre est avec nous, n'est-ce pas Don? Il croit tout ton ministère à l'œuvre alors qu'à peu près rien n'a bougé depuis le référendum. De plus, les ministères importants sont détenus par les nôtres : Finances, Défense, Justice, Industrie, Ressources humaines, Santé, Solliciteur général. Ne nous échappent que les Affaires étrangères et ce n'est pas cela qui va faire la différence… Non, à part un baroud d'honneur de sa part, par ailleurs légitime, le premier ministre va vite se rendre à l'évidence que plus personne ne le suit dans son combat d'arrière-garde. Il finira bien par entendre raison.

— Vous n'avez quand même pas l'intention de le mettre en résidence surveillée, pire en état d'arrestation, commence à s'inquiéter Bill Smith?

— J'espère que nous n'aurons pas à nous rendre jusque-là. Vous savez, des arguments en espèces sonnantes et trébuchantes sont parfois bien plus convaincants…

— Voyons messieurs, nous sommes en plein délire, de s'exclamer le doyen de la réunion, Don Fleming. Si le premier ministre s'acharne, son directeur de cabinet est un fin politique. Il est déjà probablement au fait de ce que nous tramons. Il saura sans doute le convaincre de quitter la scène dignement. Écoutez, je dois partir. Nous pourrions épiloguer longuement sur la mise en scène du Conseil de demain. Je suggère de confier à Brian le soin d'engager le débat, dès le départ, comme convenu, et de jouer le reste à l'oreille, nous relayant dans la discussion. Nous pourrions tenter, ce soir, de convaincre d'autres collègues, mais à trop ébruiter la chose, cela pourrait jouer contre nous. Je suggère donc que l'on s'en tienne à nous six, ne doutant pas de l'adhésion ultérieure du reste de nos collègues anglophones. D'ici là, je vais tenter de dompter ma conscience qui se rebiffe à l'idée de trahir de si longues années de fidélité à mon premier ministre.

Profitant du départ du ministre de la Justice, le groupe se disperse, laissant au jeune loup le soin de préparer la guillotine pour le lendemain, 10 heures.

La salle du Conseil bourdonne de conversations inaudibles qui se déroulent dans une atmosphère faussement détendue. Les sourires, que s'échangent certains ministres, ont l'air crispé. Sans être dans le coup de la bande des six, la plupart des ministres anglophones sentent bien que le Conseil auquel ils vont assister leur réserve des moments forts, sans doute déchirants. Règne une atmosphère de fin de régime, sans trop savoir de quoi sera faite la période qui va suivre. En attente du premier ministre, son directeur de cabinet fait la tournée, serrant la pince de quelques ministres, s'attardant un peu plus longuement auprès du ministre des Pêches.

— C'est pour ce matin le grand coup, Brian?

— Je ne comprends pas, de rétorquer ce dernier, feignant l'étonnement devant l'interpellation on ne peut plus claire du directeur de cabinet.

— Allons, allons. Le premier ministre est bien au fait de votre arnaque et vous attend de pied ferme. Je serais prudent à votre place. Vous jouez votre avenir à quitte ou double. Trop jeune pour avoir des instincts suicidaires, non?

— On peut aussi entretenir des instincts suicidaires pour un pays. N'est-ce pas ce que fait votre patron?

— Il est encore le vôtre, jusqu'à nouvel ordre, réplique sèchement le confident du premier ministre.

L'arrivée du premier ministre met un terme à cette conversation, assez annonciatrice de ce qui allait suivre.

— Mesdames, messieurs, je vous souhaite une bonne journée. Nous en aurons sûrement jusqu'à la fin de l'après-midi avec l'ordre du jour que vous avez devant vous. Décidément, on ne trouvera jamais le moyen de les alléger. Je suggère de reporter les points 5 et 9 en fin de séance. Quelqu'un a-t-il quelque chose à ajouter en varia?

— Oui, monsieur le premier ministre, dit Brian Robin. Je souhaiterais ajouter un sujet que je suggère de discuter dès maintenant : votre avenir comme premier ministre ainsi que celui de tous vos collègues du Québec.

Interloqué par cette intervention on ne peut plus brutale de son jeune ministre, le premier ministre qui ne l'avait pas vu venir, en tout cas pas si tôt dans la réunion, ne sait pas trop quoi répondre. Il blêmit sous le choc, mais reprenant ses esprits, il dit :

— Je vous trouve bien pressé de me remplacer. Je sais bien qu'aux âmes bien nées…

— Monsieur le premier ministre, l'heure n'est pas à la rigolade, le ministre de la Justice interrompant ce dernier. Moi aussi, je souhaite que l'on discute, dès maintenant, du sujet amené peut-être trop brutalement par mon collègue. Vous conviendrez qu'il n'y a pas de bonne manière de mettre un tel sujet sur la table. Cela nous épargnera, par ailleurs, un long ordre du jour qui devient, pour ainsi dire, obsolète.

Le premier ministre aurait été victime d'un infarctus qu'il n'aurait pas eu plus mal. Même s'il avait été prévenu que son ministre de la Justice rejoindrait peut-être le camp des factieux, il s'était refusé à y croire. Lui, son fidèle allié d'un quart de siècle, son frère d'armes pour l'Ontario, pire, son ami devenu son fossoyeur!

— Vous êtes plusieurs comme eux à réclamer ma mise à mort?

Quatre mains se levèrent, en signe d'acquiescement. C'était bien eux que son directeur de cabinet avait identifiés. La bande des six.

— Et les autres? Votre silence équivaut-il à un consentement?

Le premier ministre, la voix blanche, est incapable de poursuivre l'échange. La ministre responsable du Conseil du trésor vint à sa rescousse.

— Monsieur le premier ministre, venant du Québec, j'imagine qu'en prenant la parole, j'usurpe un droit que l'on ne me reconnaît plus. Mais, avant de me plier à ce coup d'État, puisque c'est bien de cela qu'il s'agit, laissez-moi dire à nos collègues anglophones, auteurs de cette félonie, qu'ils sont en train de trahir non seulement le premier ministre qui, pour la plupart, les a mis au monde politiquement, mais tous nos compatriotes du Québec, tant francophones qu'anglophones. Et les traîtres, l'histoire les attend toujours au détour!

Ce cri du cœur de la ministre québécoise n'a guère eu pour effet d'attendrir les mutins. Il semble même avoir provoqué, par son caractère un peu outrancier, le ralliement à la bande des six de ministres qui semblaient d'abord plutôt favorables au premier ministre.

— Monsieur le premier ministre, d'enchaîner le ministre de la Défense qui ne fait pourtant pas partie des insurgés, je crois qu'il faut crever l'abcès maintenant. Le grenouillage dure depuis le vote fatidique et est on ne peut plus nocif au Canada. Le pays ne peut continuer de naviguer dans ce brouillard où les ragots les plus absurdes hantent les murs de la ville, et même au-delà. Mesures de guerre, sécession du West Island, résidence surveillée, bref de la haute voltige. Je suis donc partisan d'une discussion immédiate sur votre légitimité à incarner le pouvoir suprême à Ottawa.

L'intervention de ce poids lourd du Cabinet, jointe à la dissidence du ministre de la Justice ne pouvait qu'emporter le morceau. Défait, le premier ministre consentit à ce débat, non sans en avoir placé les bornes.

— Je n'ai guère le choix d'acquiescer à la demande du ministre des Pêches. Je dis tout de suite que, primo, je ne veux rien entendre des éloges que vous seriez tentés de m'asséner avant le coup de poignard. Deuzio, je connais bien les arguments de mes contradicteurs quant à l'incurie de tous les francophones qui ont régné à Ottawa depuis vingt-cinq ans, à tous les niveaux. Notre incapacité chronique à dresser le Québec et à vaincre les séparatistes nous disqualifie à jamais dans la poursuite des pourparlers à venir, selon leurs dires. Donc, pas besoin d'en remettre là-dessus. Enfin, à la suite du tour de table auquel personne ne pourra se soustraire, j'exige un vote secret sur la question de ma légitimité et de celle de mes collègues du Québec à diriger le pays. Qui tire le premier?

S'amorce alors une longue série de monologues, tous plus redondants les uns que les autres qui, sur les vertus du Parti libéral à avoir historiquement bien fusionné les deux prétendues solitudes, les sublimant dans des valeurs canadiennes qu'il était le seul à promouvoir. Qui, sur les capacités du Canada à rebondir, à inventer de nouveaux fondements au pays, à inspirer un leadership ressourcé, bref tous les clichés que la gravité du moment aurait dû éliminer du discours ambiant. Mais, ce n'est pas tous les jours que l'on met un premier ministre à la porte. On ne sait jamais trop comment s'y prendre tout en espérant prononcer des paroles que l'histoire pourrait retenir.

Curieusement, dans ce tour de table interminable, peu de ministres avaient pris résolument la défense du premier ministre qui en espérait bien davantage même s'il avait mis un embargo sur les éloges. Bien sûr, les ministres du Québec s'étaient pourfendus de leur loyauté envers leur chef, mais probablement en pensant sécuriser leur propre siège.

En permettant ce débat, le premier ministre courait un grand risque. Mais avait-il vraiment le choix? Il n'ignorait pas que le ver se nourrissait de la pomme de plus en plus, mis au parfum régulièrement par son directeur de cabinet. La fronde avait pris une ampleur telle qu'il se demandait s'il allait pouvoir encore l'endiguer. Avant de demander une suspension de la séance, il laissa la parole à celui qui complétait le tour de table, son ministre de la Défense.

— Monsieur le premier ministre, je ne reprendrai pas les propos de mes collègues que je fais miens pour certains, non pour d'autres.

— Tu peux en venir au fait, de soupirer le premier ministre.

— Eh bien, je suis en total désaccord avec le ministre des Pêches et ses cinq collègues. La défaite du camp du Non est celle de tout le Canada et pas seulement celle de nos amis, ministres du Québec. Je dirais même que cette lecture politique sent le racisme, et je pèse mes mots. Les Québécois, même ceux qui ont voté Oui, sont des Canadiens jusqu'à nouvel ordre. Ils ont, en leur temps, voté pour des candidats, un parti, des hommes et des femmes à qui ils ont confié la charge de gouverner le pays. À moins d'un retour au peuple sur cette question, personne ne peut s'ériger en juge de la volonté populaire. Ce ne sont pas quelques conversations de couloir et des connivences circonstancielles, plus ou moins louches d'ailleurs, avec quelques premiers ministres provinciaux dont une bonne partie est constituée d'adversaires politiques, qui vont tenir lieu de tribunal capable de disposer des personnes, au gré des ambitions politiques et des rancunes historiques. Je récuse toute légitimité à ce prétoire populaire qui condamne tous les représentants d'une province. Au nom de quelle pureté, je vous le demande? J'arrête là mon réquisitoire, mais j'espère avoir convaincu suffisamment de mes collègues pour tuer dans l'œuf cette insurrection de fond de cour.

Le premier ministre n'en espérait plus tant. Son ministre de la Défense venait de lui fournir la parade qu'il lui fallait. Ragaillardi subitement par cette dernière sortie, en dépit de l'engourdissement provoqué par ce tour de table assommant, le premier ministre demande une suspension de la séance. Il s'engouffra quasi à pas de course dans le couloir, suivi à distance par son directeur de cabinet dont le tour de taille n'autorisait pas le même rythme que celui de son patron.

— Monsieur le premier ministre, je ne comprends absolument pas cette suspension de séance au moment même où Doyle vous fournissait la meilleure des perches. Il faut retourner tout de suite au Conseil des ministres, rameuter les troupes et procéder rapidement au vote afin de profiter de la sortie de votre ministre de la Défense. Sinon, vos adversaires se serviront de la pause pour rallier les indécis.

– Jean-P., je commence à en avoir marre et, en écoutant tout à l'heure cette bande de pleutres, je me demande si j'ai encore le goût de me battre, avec cette horde de dégonflés derrière. Avec nos six hyperactifs, la grogne risque de se perpétuer en sous-main, rendant le pays ingouvernable. Non, je me demande même si je devrais procéder au vote.

– Pour faire quoi, alors?

– J'aurais tellement le goût de leur réserver un chien de ma chienne! Prendre les devants, démissionner, dissoudre le Parlement et les forcer à affronter leur électorat. C'est cela que je ruminais avant d'entendre le cri du cœur de Jack Doyle. Je me suis dit, en effet, pourquoi pas un appel au peuple pour aller chercher cette légitimité que l'on me conteste. Ou encore organiser un référendum pancanadien sur la sécession du Québec. Bien d'autres idées me sont passées par la tête. Mais toute l'énergie que cela requiert, je me demande si je pourrai la déployer. Et si je perds le vote, je perds la face. Aux yeux de l'histoire, c'est la pire déchéance. Si je le gagne, ce sera une victoire à la Pyrrhus, je le crains bien. D'une façon ou d'une autre, je pars perdant.

– En réalité, nous nous sommes mal préparés à cette séance. On sentait venir le coup, mais pas aussi vite ni, surtout, aussi fort. Le jeune Robin, il est d'un culot innommable!

– Jean-P., que dirais-tu de tenter de joindre Baribeau. J'aimerais bien tâter le terrain. Ils sont habitués, au Parti québécois, à ce rituel d'assassinat des chefs.

Abasourdi par cette hypothèse, son chef de cabinet n'en croyait pas ses oreilles. Il fallait vraiment que le patron soit complètement déboussolé pour vouloir se confier au chef du camp du Oui!

– Monsieur Baribeau? Vous êtes sûr que c'est pertinent? Votre rencontre à Montréal n'a pas été des plus heureuses.

– Écoute, Baribeau, c'est un grand bonhomme et, entre Québécois, on se comprend. Tu te souviens de la façon dont il est devenu séparatiste, à la fin d'un voyage en train qui l'emmenait vers Calgary. Je me dis que mon voyage a été plus long, que j'ai mis plus de temps à comprendre.

La nuit des longs couteaux, quand on se la fait faire, ça écorche. J'ai l'impression d'avoir suivi, en quelques heures, un cours de lecture rapide…

Abandonnant son idée dont il se rend compte du caractère farfelu, le premier ministre s'est résigné à retourner à la salle du Conseil. Songeur, il reprend la séance.

— Tous de retour? Écoutez. Je n'ai pas le goût d'argumenter ni celui d'étaler mes états d'âme. Vous les imaginez, je suppose. Cependant…

— Monsieur le premier ministre, en temps que doyen de ce Conseil et après avoir servi sous trois premiers ministres, je me sens autorisé à prendre la parole, si vous le permettez.

C'était Ralph Glendale, ministre des Ressources naturelles qui, sans exercer un ascendant très fort sur ses collègues, pouvait néanmoins revendiquer ce statut de doyen.

— Je crois parler au nom de la majorité de mes pairs en vous disant que nous ne souhaitons pas prendre de vote, comme vous l'avez requis. Nous avons poursuivi la séance du Conseil en votre absence et sommes convenus, à vrai dire sans grande discussion, de donner à notre gouvernement et à son chef quelques semaines de répit pour redresser la situation. Vos états de service et votre grande pugnacité nous amènent à vous renouveler notre confiance pour la suite des choses. Avons-nous convaincu les récalcitrants? Nous osons croire que oui. Voilà ce que je voulais vous dire.

— Merci, mon cher Ralph. Je reconnais bien là votre grandeur d'âme et votre loyauté dont je n'ai jamais douté. Il s'est quand même dit des choses, lors de ce tour de table, qui me laissent songeur. Le pays est au bord du gouffre. En temps que premier ministre, j'en prends toute la responsabilité. Oh!, bien sûr, je n'assume pas seul les 236 ans d'histoire qui, depuis la conquête, ont laissé bien des cicatrices. Mais, du passé récent, j'ai été un acteur qui a assumé plus facilement ses victoires que ses défaites. Je dirais même que certaines victoires, ou que je croyais telles, se révèlent, avec le temps, aussi dommageables qu'une défaite. Ainsi, dans la victoire du Oui au Québec loge sans doute cette frustra-

tion de s'être vu refuser l'entrée dans la famille constitutionnelle canadienne. C'est tout cela que j'ai vécu en accéléré dans la dernière heure.
Dois-je continuer? Ai-je encore la flamme? Suis-je la bonne personne?
Comment reprendre l'initiative? Trop de questions me jettent dans l'incertitude. Je vais donc, à l'instant, demander au gouverneur général de
me recevoir demain à 11 heures.

CHAPITRE XXI

UN COUP D'ÉCLAT, UN COUP D'ÉTAT

Le premier ministre les avait tous pris de vitesse, croyait-il, par cet appel au gouverneur général. Qu'avait-il donc en tête? Dissolution du Parlement? Sans doute, sinon pourquoi alerter le vice-roi. Le dernier scrutin avait à peine deux ans et le Parti libéral était nettement majoritaire en Chambre avec ses 177 sièges. Bien sûr, le Québec lui avait fait faux bond, élisant cinquante-quatre députés du Bloc qui devenait ainsi l'opposition officielle. Mais, à Ottawa, on considérait cela comme une simple erreur de parcours et un hasard historique dû, notamment, au charisme de son chef. Peut-être valait-il la peine de corriger cette erreur par un appel au peuple précipité, qui aurait sans doute de forts relents référendaires, cette fois à l'échelle du Canada.

Pourtant, la bande à Robin avait joué d'astuce en proposant aux membres du Conseil des ministres de ne pas prendre de vote sur la destitution du premier ministre. En effet, pas suffisamment sûr de sa majorité au Conseil, Robin lui-même, après la sortie du ministre de la Défense qui en ébranla quelques-uns, avait suggéré de renoncer, pour l'instant, à ce vote. Surpris d'entendre le premier ministre évoquer sa rencontre du lendemain avec le gouverneur général, Robin devait réagir rapidement et, si possible, attaquer le premier ministre sur son terrain. Mais comment?

Le lendemain, à 11 heures pile, le premier ministre descendait chez le vice-roi. Ce dernier, politicien de courte obédience chez les libéraux, n'avait jamais transcendé l'histoire, peu s'en fallait. Originaire de l'Est du pays, personnage débonnaire, il n'avait rien de l'homme d'État. Et pourtant…

— Monsieur le premier ministre, je ne peux accepter de donner suite à votre requête sur-le-champ. Dissoudre le Parlement, à cette étape-ci de l'histoire canadienne, m'apparaît comporter de grands risques. Inutile d'en ajouter à ceux que contient la menace de sécession du Québec. J'ai bien entendu votre discours. Mais, permettez-moi de douter de la volonté canadienne de s'exprimer à ce moment-ci sur l'indépendance du Québec. D'ailleurs, à n'en pas douter, la campagne électorale ne porterait que sur la question québécoise, se transformant ainsi en élection référendaire. Comment alors en interpréter les résultats? Si votre parti devait être défait ou former un gouvernement minoritaire, hypothèse à ne pas exclure, cela signifierait-il que l'opinion canadienne soit d'accord avec l'indépendance du Québec, compte tenu de votre appartenance à la société québécoise? Pourtant, les autres partis, exception faite du Bloc, prôneront sans doute eux aussi l'unité canadienne. Par ailleurs, une victoire libérale au Canada, mais doublée d'une défaite retentissante au Québec, ne serait guère plus convaincante. Je m'interroge également sur la façon dont l'opinion internationale accueillerait cette initiative qui, aux yeux de la simple mathématique, induit une défaite pour le Québec qui vient pourtant de dire oui à son indépendance, et ce, de la façon la plus démocratique qui soit.

Le premier ministre n'en croyait pas ses yeux, encore moins ses oreilles. Le gouverneur général qui se permettait de réfléchir et de faire de l'analyse politique! Surtout de la part de celui qui était devant lui et qui s'était abstenu de le faire pendant toute sa carrière politique. Le premier ministre, éberlué, ne savait trop quoi répondre. C'était presque de l'insubordination.

— Voyons Aldéo, es-tu bien réveillé? Depuis quand un gouverneur général fait plus que les commissions? Ça vient d'où toutes ces petites gênes quant à la pertinence de ma demande? Même la reine d'Angleterre ne se permettrait pas d'avoir ces scrupules sur une demande formulée par son premier ministre. Elle a à peine le pouvoir de gérer ses chapeaux et ses sacoches! Imagine-toi le gouverneur général alors! Non. Je pense que tu comprends mal ta job.

— Excusez-moi, monsieur le premier ministre. Je connais parfaitement les limites de mes pouvoirs qui sont bien ténus, j'en conviens. Mais admettez que votre demande n'est pas orthodoxe. Le dernier scrutin fédéral n'a pas encore deux ans. Vous en êtes sorti avec une victoire confortable qui vous confère toute liberté pour gouverner. J'ai été sensibilisé, par ailleurs, à la grogne qui s'est levée au sein de la députation anglophone, atteignant même une proportion alarmante, me dit-on, de ministres hors Québec.

Coupant court aux réserves du gouverneur général, le premier ministre répondit sèchement :

— Des bobards, tout cela. Cinq ou six ministres qui ont tôt fait de se rhabiller devant le soutien que le reste de mon gouvernement m'a offert.

— Soutien fragile, susceptible de se fissurer davantage au gré de l'évolution de l'opinion, rétorqua le vice-roi sans être décontenancé par la riposte du premier ministre. D'ailleurs, la catastrophe appréhendée au Québec ne s'est pas encore produite. Et le Canada anglais semble de plus en plus se faire à l'idée du départ du Québec. Ce n'est pas ce que je souhaite, c'est ce que je constate. La prise de position d'une douzaine d'intellectuels anglophones appuyant le droit du Québec à l'autodétermination…

— De la foutaise que tout cela! S'il fallait qu'on laisse à des intellectuels le soin de gouverner le pays, on passerait vite de la civilisation à la décadence.

— Je croyais que votre mentor en politique se piquait d'en être un… Que faites-vous alors du désir de grandes entreprises canadiennes, notamment ontariennes, de continuer de vouloir faire affaire avec le Québec? Foutaise, cela aussi? Au fait, pourquoi vouloir dissoudre la Chambre si tout votre Cabinet est derrière vous, comme vous le dites? Cela a plutôt l'air d'une fuite en avant. Vous n'ignorez pas ce que porte la vague de fond de l'opinion publique : l'impréparation absolue du gouvernement fédéral devant la victoire du Oui. Si j'étais adepte de ce langage familier, je dirais qu'Ottawa s'est fait prendre les culottes baissées. Et là, il ne sait plus comment réagir. Je sais, j'ai tout entendu : la contestation devant les tribunaux sur la clarté de la question, celle portant sur les résultats du vote ou pire, la partition du Québec. On a même évoqué l'armée. Tout cela décrit bien l'état de panique qui nourrit les ragots les plus farfelus.

— Les contestations n'atteignent pas toutes le même degré de folie. Un référendum pancanadien ou ce qui pourrait en tenir lieu, une élection générale d'allure référendaire.

– Menée par le même premier ministre, esquissa le gouverneur général?

– Tu veux dire quoi, Aldéo?

– Vous savez bien, monsieur le premier ministre, que la contestation de votre leadership a des racines plus profondes que vous ne voulez le voir. Cette espèce de ras-le-bol de quelques-uns de vos ministres, qui sont d'ailleurs venus me l'exprimer personnellement hier, en soirée, traduit un courant non négligeable de la députation et, je dirais même, de quelques sénateurs. Moi-même issu de l'Est du pays, j'ai pu constater cette lassitude qu'éprouvent un nombre grandissant de nos concitoyens devant cette lancinante question du Québec qui hante tout le débat politique depuis le début des années soixante, sachant bien, en disant cela, que je masque des années d'autonomisme personnalisé par Duplessis. Mais, les « Maîtres chez nous » de Jean Lesage, les « Égalité ou indépendance » de Johnson père, l'« Option Québec » de René Lévesque, la « souveraineté culturelle » de Bourassa qui en remettait avec sa question de Bruxelles, le « Livre beige » de Ryan, l'autonomisme du petit dernier qui a même rejoint le camp du Oui, bref, toute cette chaîne de l'histoire portée par des leaders pourtant éloignés idéologiquement, pouvait-elle un jour avoir un dénouement autre que celui du 30 octobre? Et en face, qui? Toute une génération de Québécois s'abreuvant à l'idéologie de Trudeau, un Canada juste, bilingue, basé sur le multiculturalisme. Une vision qu'a faite sienne le Canada anglais qui, plus ou moins secrètement, espérait que ces leaders, issus du Québec, mettraient ce dernier à sa place. Un quart de siècle plus tard, manifestement, cela n'a pas réussi. Même si les Québécois francophones ont eu accès aux plus hautes fonctions dans le monde politique, judiciaire et administratif fédéral, la preuve n'était pas suffisante pour vos compatriotes.

C'est cette lecture que le monde anglophone est en train de faire, certains plus vite que d'autres, j'en conviens. J'admire votre courage, votre force de caractère, mais je pense qu'il est trop tard. Le Québec n'a manifestement pas acheté la vision « trudeauiste » du pays qui, au-delà de son caractère humaniste, privilégiait une approche trop centralisatrice pour pouvoir séduire vos compatriotes.

— Aldéo, ça fait quinze ans qu'on se connait, mais c'est bien la première fois que tu te livres autant. Ça fait longtemps que tu réfléchis à tout ça? Moi, je ne sais plus où j'en suis. Des fois, j'ai le goût de tout sacrer là, pis qu'ils s'arrangent avec leurs troubles. D'autres fois, je me dis que je n'ai pas le droit d'abandonner tous ceux qui croient en nous, qui croient au Canada, un des meilleurs pays au monde. Je me dis que ça n'a pas de bon sens de briser ce que nos pères ont construit. Repartir sur de nouvelles bases, mais lesquelles et au nom de qui? Tu sais ce qu'ils veulent ces ministres renégats? Que je démissionne comme premier ministre et que tous les ministres francophones du Québec quittent le Cabinet. Ils prétendent que nous n'avons plus la légitimité pour gouverner et encore moins celle d'entreprendre d'éventuelles négociations avec le Québec. Tu trouves cela normal, toi? Et qu'arrive-t-il alors des autres députés du Québec, autant ceux du Bloc que les nôtres? Une suspension du Parlement? Voyons donc. Ça a l'air d'un coup d'État. Tu vas cautionner cela toi, comme représentant de la reine?

— Je vois bien là votre manière particulière de présenter les choses. La déportation des Acadiens prendrait, dans vos termes de 1995, la forme d'un voyage organisé. Destination, Québec. Les anglophones ont, depuis lors, raffiné leurs pratiques. Non. Entre un congédiement forcé et une démission pleinement consentie, il y a place pour bien des aménagements quant à votre sort personnel. Vous avez suffisamment mérité de la patrie pour que votre sortie de la scène politique soit à la hauteur de vos états de services. En réalité, c'est le principal élément du scénario. D'ailleurs, réussir sa sortie est la marque des grands hommes. Ce n'est pas donné à tous d'y consentir. Par ailleurs, s'accrocher au pouvoir équivaut souvent à la signature des faibles. Et pour s'y maintenir, encore faut-il des appuis, ce qui semble se raréfier de plus en plus, notamment auprès des ministres anglophones les plus importants du Cabinet.

— Ouais! Moi qui pensais faire une petite visite de dix minutes à mon gouverneur général. De quoi vais-je avoir l'air maintenant, puisque tous s'attendaient à la dissolution de la Chambre des communes, y compris les plus rapaces, les journalistes. As-tu poussé ton analyse politique jusque-là? Comment sauver la face, hésitant que je suis entre la poursuite de la bagarre et le goût de tout balancer?

— Vous êtes bien meilleur politicien que moi. Je suis sûr que vous avez déjà toutes les réponses pour les journalistes. Mais, l'important, ce sont les réponses que vous donnerez à vos ministres et à vous-même.

— Un dernier mot avant de partir. Pourquoi as-tu accepté de recevoir mes contradicteurs au Conseil des ministres?

— Je n'ai pas eu le choix. Ils sont débarqués ici, à six, sans prévenir, bousculant presque mon garde du corps, avec ordre de les entendre. Après cette invasion on ne peut plus cavalière, le ton s'est adouci et la conversation s'est poursuivie fort tard en soirée, pour conclure finalement qu'un appel au peuple ne ferait que retarder de quelques mois l'échéance qui est déjà sur la table. Nous n'aurions plus eu beaucoup de temps devant nous puisque, vue du Québec, la date butoir est ferme. Le temps est devenu notre maître.

— Je pense que, malgré tout, cela m'a fait du bien de te parler.

Racontée par le premier ministre, sa rencontre avec le gouverneur général eut tôt fait de convaincre son directeur de cabinet que les carottes étaient cuites. En prenant toute la mesure de la crise constitutionnelle en pleine ébullition, Jean-P. Tessier dévisageait son chef dans l'espoir de lire le fond de sa pensée. Il en connaissait pourtant l'issue.

— Ils pensent que je vais démissionner comme cela, parce que le gouverneur général est de leur côté. Un francophone comme nous, prendre le parti des Anglais. En retour, un pont d'or. Réussir ma sortie politique, comme si c'était pour cela que j'y étais entré! Je te dis que je suis bien avancé. Un sextuplé de ministres qui exige ma démission. Un Conseil des ministres qui refuse de prendre le vote, que j'avais pourtant sollicité, sur une motion de confiance qu'il m'accorde par ailleurs à l'unanimité. Fausse confiance que je veux faire trancher par la dissolution de la Chambre, que le gouverneur général refuse, sous la pression des insurgés! Shakespeare n'aurait pas fait mieux…Je me sens comme le homard dans la cage à Baribeau!

— Votre démarche auprès du gouverneur général était sans doute un peu précipitée. Vous avez été pris de vitesse par ceux-là mêmes que vous vouliez piéger.

Manifestement piqué au vif par la dernière remarque de son conseiller, le premier ministre tonna.

— J'sais tout ça. Pas besoin de me le rappeler. Y a rien qui me tape plus sur les nerfs que de me faire raconter des évidences. C'est pas pour cela que t'es payé!

— Puisque vous le prenez sur ce ton.

— Bon, bon, pas besoin de prendre tes airs de diva. Excuse-moi. Je me sens complètement encerclé et à peu près seul. Je ne sais plus.

— En tout cas, la dernière chose à faire, c'est de déclencher une crise constitutionnelle. Manifestement, le gouverneur général outrepasse ses pouvoirs, mais on ne peut se livrer à une interprétation juridique simpliste de son rôle qui ne ferait pas le poids devant une analyse politique plus fine où là, nous ne sommes manifestement pas gagnants. Le gouverneur général n'est en fait que le dernier maillon de la chaîne de ceux qui contestent votre légitimité. Cela en ferait plusieurs à attaquer.

— Oublie ça. D'ailleurs, ma visite chez le gouverneur général est le résultat d'un mouvement de panique ou de bravade mal contrôlée, en me disant que j'étais plus fort que tous ceux que j'avais nommés au Cabinet. Mal m'en prit. Comment ne pas perdre la face totalement tout en donnant l'impression que je prends la balle au bond dans une nouvelle manœuvre qui confondrait mes adversaires. J'ai de plus en plus le goût de parler à Baribeau.

— Je ne comprends pas votre désir de le mettre dans le secret des dieux. Lui et les siens en savent déjà suffisamment comme cela.

— Curieusement, j'ai la bizarre impression, qui se confirme de plus en plus compte tenu de ce qui se passe ici depuis quelques jours, de me rapprocher de son camp. Cela me fait tout drôle de m'entendre. Est-ce par solidarité entre compatriotes québécois? Est-ce du dépit de voir mes supposés amis anglophones traficoter dans mon dos? Un peu des deux, sans doute.

– Si vous voulez absolument confier votre désarroi à un compatriote, je vous rappelle qu'en face de vous, à la Chambre des communes, il y a le chef du Bloc, l'alter ego de monsieur Baribeau, et ci-devant chef de l'opposition de sa Majesté. C'est d'ailleurs à ce titre que vous pourriez le consulter sur la suite du monde. Lui aussi en a sans doute long à raconter sur la trahison de ses ex-collègues.

– Pas fou, Jean-P. . C'est surtout pour cela qu'on te paie… Il connaît bien les Anglais à deux faces et je ne suis pas sûr qu'il soit si séparatiste que cela. En tout cas, il est moins intraitable que l'autre et l'on a en commun de partager la même cafétéria…

Pendant ce temps, la rébellion se raffine. Bien fière de son coup de force auprès du gouverneur général, la bande des six veut accélérer le tempo. Forcer le premier ministre à démissionner, mettre en place un Cabinet de transition avec un premier ministre intérimaire, en excluant les Québécois de toute charge ministérielle. Bien sûr, à l'exception du premier ministre pour des raisons évidentes, tous peuvent demeurer députés du Québec au sein du parti ministériel. Mais, il reviendra à chacun de décider de la suite, démission comme député, adhésion au Bloc et quoi encore. Acte suivant, mettre sur pied un comité de négociation chargé d'entreprendre les pourparlers avec le Québec. Comité formé à la fois de ministres et de fonctionnaires autres que les fonctionnaires fédéraux originaires du Québec, exclus pour les mêmes raisons, auxquels se joindraient des représentants des provinces, un pour l'Ouest, un pour le Canada central et un pour l'Est. À brève échéance, suspension des travaux de la Chambre pour éviter que ce scénario ne tourne à la foire politique, ce que les députés du Bloc ne manqueraient pas d'alimenter.

Voilà, en gros, de quoi discutaient les ministres putschistes en cette journée même où le gouverneur général avait dégonflé la balloune électorale du premier ministre. Mais comment faire la communication publique de ce théâtre politique d'avant-garde sans semer les ferments d'une guerre civile? En effet, les ministres dissidents avaient carrément opté pour une approche ethnique de la crise, excluant d'office tous les représentants québécois de toutes les sphères de décision. Cela ne passerait pas comme lettre à la poste au Québec où ce serait sans doute vu comme un affront. Surtout chez les fédéralistes pour qui cette politique d'exclusion ne ferait que réchauffer les braises de la sécession. Chez les souverainistes, leur idée était faite depuis longtemps. Cela ne ferait que confirmer une partie de leur discours sur la duplicité de leurs partenaires canadiens. Si cette approche avait pour avantage d'au moins confirmer la thèse des deux nations, elle augurait par ailleurs très mal de l'issue des discussions sur les institutions communes…

À quelques kilomètres de là, se tenait le tête-à-tête suggéré par le directeur de cabinet entre le premier ministre du Canada et le chef de l'opposition. Pour éviter tout regard malsain, le meeting eut pour décor le chalet d'un ami de Lucien Blanchard. Environnement plutôt morne d'un novembre déclinant. Le chalet est toutefois spacieux et particulièrement chaleureux, la devanture toute vitrée donnant sur le lac, tout calme ce jour-là. Les arbres dénudés élargissent l'horizon.

Accompagnés de leur directeur de cabinet, les deux chefs politiques ne perdirent pas de temps en salutations, se maugréant mutuellement des mots de bienvenue. Blanchard ne tenait pas son vis-à-vis en très haute estime avec ses comportements outranciers à l'égard de ses compatriotes. Le premier ministre, pourtant, admirait sincèrement les talents d'orateur du second, tout en misant sur ses approches très concrètes de la réalité politique. Mais, plus que tout, il mettait en doute sa foi souverainiste qui avait succédé à trop de retournements, le chef du Bloc ayant épuisé toute la palette des couleurs politiques du paysage canadien et québécois.

— Vous avez donc souhaité me voir pour des raisons d'État, m'a-t-on dit, s'enquit d'entrée de jeu, le chef de l'opposition?

— Vous permettez qu'on se tutoie, Lucien? Après tout, on est de la même génération.

— Faites, si cela vous chante.

— Lucien, nous sommes de ce côté-ci d'une crise politique majeure que personne n'avait vu venir et qui ne vient pas du Québec, en tout cas pas directement.

— J'avoue n'y rien comprendre. Que voulez-vous dire?

Le ton plutôt sec et froid du chef souverainiste n'inspirait guère son interlocuteur.

– Tu me tutoies, Lucien, sinon je te donne du vous. Je disais donc, crise politique majeure. En effet, c'est un premier ministre en sursis que tu as devant toi.

Le premier ministre de faire part à son interlocuteur, dans le détail, de tout ce qui était en train de se tramer dans les coulisses du pouvoir, jusque dans l'antichambre du gouverneur général. D'étonnements en interjections, le chef de l'opposition n'en croyait pas ses oreilles. Bien sûr, il avait eu vent d'une sédition naissante au sein du parti ministériel, particulièrement dans sa branche anglophone, mais jamais de cette ampleur. Il se doutait encore moins de l'appui objectif du gouverneur général à ces comploteurs. Quand le premier ministre eut terminé son récit, c'est à un chef de l'opposition plus empathique qu'il eut affaire.

– Ça parle au diable. Moi qui pensais les connaître. Ils sont encore pires chez les libéraux que chez les conservateurs. Dire que tous les prétendus experts de la chose politique appréhendaient quasiment la révolution au Québec, tout au moins quelques mois de troubles politiques, et voilà que c'est Ottawa qui s'embrase! La maturité politique et le sentiment démocratique semblent les choses les moins bien partagées dans ce pays. Et tu en es où dans ce scénario de va-t-en guerre?

– C'est pour cela que je souhaitais te voir, d'enchaîner le premier ministre. Me rendre, abdiquer, jouer le jeu des dissidents? J'avoue ne plus trop savoir. La fortune politique cause parfois de ces revers…Je ne sais même plus calculer mes appuis.

– En tout cas, au Québec, le décompte est assez simplifié. Au Canada anglais, c'est bien connu, on brûle régulièrement les veaux que l'on a adorés.

– Je ne suis pas sûr d'apprécier ton humour, Lucien… En fait, si je voulais te voir, c'est pour connaître ton sentiment sur ce qui se trame, et ensuite, en cas de reniement réussi, savoir où logerait l'opposition officielle? Peut-on compter sur elle pour réclamer la restauration du gouvernement légitime, celui issu des élections de 1993? Et enfin, que penses-tu que ferait le gouvernement du Québec en de telles circonstances?

Le chef de l'opposition essayait de réfléchir vite. Les révélations du premier ministre modifiaient considérablement la carte politique à Ottawa. Comment l'opinion publique réagirait-elle, notamment au Québec, où l'expulsion de tous les Québécois, très majoritairement francophones, de tous les postes de commande serait très certainement vue comme un affront de premier ordre. Cela servirait bien les arguments du gouvernement du Québec qui, de cette façon, élargirait sans doute sa base politique. Mais cela risquait aussi d'exacerber les relations entre anglophones et francophones au Québec même, sans trop savoir ce sur quoi cela risquait de déboucher.

— Lucien, tu fais tes propres calculs politiques, toi aussi?

— Non, non. J'essaie de voir. Il est sûr que l'opposition officielle réagira fermement à ce complot politique, le dénoncera sans réserve, notamment en raison du fait que le Canada existe toujours et que la contestation de la légitimité des francophones au sein du parti ministériel émousse la légitimité de tous les députés issus du Québec. Et cela est inacceptable.

Par ailleurs, il faut bien distinguer les révolutions de palais de la question de la représentativité de nos députés. Si vos nouveaux dirigeants vous permettent de continuer de siéger comme représentants de vos électeurs, l'opposition ne peut alors servir d'arbitre aux querelles entre libéraux. On peut bien déchirer notre chemise sur l'éviction de tous les ministres québécois du gouvernement, mais on peut aussi reconnaître que tous leurs arguments ne sont pas fallacieux. Vous aviez promis, toi et les tiens, de mettre le Québec au pas et ça n'a pas marché. On ne peut empêcher tes collègues de vouloir essayer autre chose, après un quart de siècle de promesses vaines.

— En somme, si je comprends bien, tu vas finir par t'accommoder d'un gouvernement d'Anglos dont le seul objectif sera de mettre le Québec en banqueroute en exigeant, en retour de son indépendance, la peau des fesses. La fin du dollar canadien pour vous, la moitié de la dette, les actifs fédéraux en sol québécois au prix fort, le remboursement des versements de péréquation depuis la prise du pouvoir par le PQ en 1976, c'est cela que tu veux? Car c'est bien cela qu'ils ont en tête. La revanche. Si tu crois que c'est par respect du vote démocratique au Québec lors du référendum que les Anglos veulent lâcher le morceau, tu te trompes royalement. Sur ce plan, mon cher, puisque tu aimes bien les images littéraires, je te dirais, qu'en termes stratégiques, tu regardes la Joconde avec une paille jusqu'à ce que les Anglos te la fourrent dans l'œil!

— Si l'image est percutante, elle est, par ailleurs, plutôt simpliste. Les négociations, ça se joue à deux. Dans cette partie de bras de fer qui s'amorce, le Québec jouit d'un rapport de forces qui se consolide de jour en jour, moins en raison de la victoire référendaire, que j'aurais souhaité un peu mieux assurée, que par la réaction de divers milieux anglophones, dont les milieux financiers. Et l'Ontario, qui s'est toujours prise pour le Canada, verra vite son intérêt à entretenir de bonnes relations avec le Québec. Il en va du sort de centaines de milliers d'emplois chez elle et de la majorité de ses exportations. La langue de l'Ontario, c'est l'argent! Et Machiavel se lit dans toutes les langues. Alors, tous vos schémas catastrophiques, vous êtes en train de les ravaler.

— Ton discours contient, j'imagine, ce que sera la réponse du Québec. Là aussi on sera officiellement choqué de la manœuvre tout en se félicitant, en sous-main, d'avoir enfin les vrais interlocuteurs à la table de négociation.

— Je ne peux parler au nom du gouvernement du Québec, mais je peux dire tout de suite que la position du Bloc s'ajustera tout à fait à celle du parti frère, pour ne pas dire à celle du Québec tout entier. Je peux vous dire, cependant, et là je m'adresse au premier ministre du Canada plus qu'au chef du parti ministériel, que ce n'est pas de gaieté de cœur que j'assisterai aux obsèques politiques d'une certaine vision du Canada, portée par une partie importante de mes compatriotes du Québec. Et de voir ce que la majorité anglophone réserve comme traitement aux leaders francophones, ministres et premier ministre de surcroît, qui ne sont plus politiquement payants, me choque au plus haut point. Je me ferai fort de le répéter sur toutes les tribunes. Ce comportement, que je qualifierais de typiquement colonial, aura, j'en suis sûr, des effets de retour dont j'espère, par ailleurs, que le Québec profitera. Cela dit, que comptes-tu faire?

– Je me suis longtemps accroché, davantage qu'au pouvoir, à mes rêves d'un Canada uni, fort et solidaire. La mort dans l'âme, j'en vois venir la fin. Continuer de me battre? Envers et contre les miens? Je n'en ai ni le goût, ni la force. La conclusion viendra d'elle-même.

– Tu sais, un pays nouveau émerge. Il a besoin de tous ses enfants…

– Comment peux-tu croire à cela alors que j'ai combattu ce projet depuis tant d'années. Écoute Lucien, les derniers jours m'ont convaincu de passer à autre chose. Ne reste que la manière de le faire. J'y arriverai. Au revoir.

Les deux chefs politiques se serrèrent la main, non sans émotion, les rêves brisés du premier ministre canadien s'échouant sur les rives d'un pays à la dérive.

CHAPITRE XXII

LA NUIT DES LONGS COUTEAUX

« Chers concitoyens,

Je m'adresse à vous pour la dernière fois. En effet, je veux vous faire part de ma démission comme premier ministre du Canada.

Dans la journée, le Cabinet du premier ministre avait réquisitionné toutes les chaînes de télévision et les stations de radio. Le premier ministre souhaitait s'adresser à tout le pays. À vingt heures, vêtu d'un complet marine, cravate à l'avenant, le premier ministre affichait une inhabituelle gravité dans le regard, tremblant légèrement de la main droite. Le ton se veut solennel malgré la voix mal assurée.

Ce qui fut le combat de ma vie a connu une défaite amère le 30 octobre dernier. Les Québécoises et les Québécois ont décidé de se donner un pays. Ce geste remet fondamentalement en cause toute mon action politique des trente dernières années ainsi que la fonction que j'ai occupée jusqu'à aujourd'hui. Non seulement, je renonce à mon poste de premier ministre, mais également à ma fonction de député. Je quitte donc la politique fédérale, je l'avouerai, la mort dans l'âme. J'aurais pu choisir de me battre, de tenter de convaincre mes compatriotes du Québec de poursuivre la lutte pour sauver l'intégrité du Canada. Tous les espoirs ne sont pas perdus de ce côté, les recours juridiques nous offrant encore beaucoup de possibilités. J'aurais pu faire un appel au peuple canadien pour trancher le nœud gordien. J'aurais pu… j'aurais pu… Le cœur n'y est plus.

Refoulant ses émotions, le premier ministre poursuivit :

Si le Québec s'était dit oui le 30 octobre cette année-là

Non, le cœur n'y est plus. D'autres prendront la relève. Comment s'articulera la suite? Demain, vous sera annoncée la formation d'un nouveau gouvernement, ma démission entraînant celle de tous mes ministres. J'ai, par ailleurs, confié la tâche de premier ministre désigné à l'actuel ministre des Finances qui assumera l'intérim, le temps que le parti se donne un nouveau chef.

Voilà, chers amis, le bref message que je souhaitais vous livrer. J'aurai servi avec cœur la population de ce pays. Puisse-t-elle le reconnaître un jour. Je vous remercie. »

À Québec, c'est le séisme. Bien sûr, les rumeurs couraient depuis quelque temps sur les luttes de pouvoir qu'Ottawa vivait. Mais rumeurs tellement folles qu'on y prêtait peu de crédibilité. Armée en état d'alerte, résidence surveillée, arrestation du premier ministre, mesures de guerre, blocus du Québec. Bref, l'apocalypse.

Au bunker, seul le premier ministre reste de glace. Alerté par son négociateur-en-chef qui l'avait mis, dans la plus stricte confidentialité, au parfum de sa conversation toute chaude avec le premier ministre fédéral, cette situation nouvelle l'inquiétait. Si, au départ, ce scénario déjà évoqué par le chef du Bloc, l'avait amusé, se gaussant du cannibalisme le long du canal Rideau, la réalité le rattrapait. Que couvait ce coup d'État? Devait-il réagir publiquement? Maintenant? Si le ministre des Finances, qui assumait l'intérim, avait plutôt bonne réputation au Québec où il faisait figure de modéré, par ailleurs de quels pitbulls s'entourerait-il? Saurait-il tempérer les ardeurs fédéralistes fondamentalistes de l'ex-ministre de la Défense toujours au garde-à-vous, prêt à larguer des troupes autour des propriétés fédérales au Québec?

L'air songeur et même soucieux du premier ministre avait, bien sûr, alerté son conseiller politique.

— Vous n'avez pas l'air d'apprécier le discours de monsieur Romain. Même si on est loin du ton gaullien, il faut quand même lui concéder une certaine dignité, non?

— Il vient de se faire sacrer à la porte, rugit le premier ministre! Tu penses qu'il se retire de son plein gré? Allons donc. Ce sont les Anglos qui l'ont forcé à se retirer. Et surveille bien la composition du nouveau Cabinet demain. Il ne risque pas d'y avoir beaucoup de ministres francophones.

– Mais, n'est-ce pas ce dont nous rêvions, d'avoir devant nous des gens en qui personne du Québec ne se reconnaîtrait? Même si, ce faisant, nous perdons en monsieur Romain un allié objectif de la souveraineté. Il était sûrement notre meilleur argument.

– Eux qui nous accusent occasionnellement de sectarisme, sinon de racisme, les voilà en plein délire communautaire. Il faut que je parle à Lucien. Tu veux bien m'organiser ce rendez-vous téléphonique. Il faut absolument coordonner nos réactions.

Pendant ce temps, sur la rive droite de la rivière des Outaouais, la scène politique est cahoteuse. Une atmosphère de crise sans aucun vernis britannique. Si la sortie du premier ministre avait eu l'air de revêtir une certaine élégance, celle-ci masquait mal la rudesse de l'opération menée au pas de course par les putschistes. Après leur visite au gouverneur général, précédant celle du premier ministre et qui avait donné lieu à cette fin de non-recevoir du vice-roi sur la tenue d'un scrutin, les événements avaient déboulé.

L'habileté du jeune loup de Terre-Neuve, par son repli stratégique lors du dernier Conseil des ministres, s'était transformée en un machiavélisme consommé. Le tour de table avait bien mis en évidence ses réels alliés, malgré les propos lénifiants qu'ils pouvaient tenir à l'égard du premier ministre. Si l'on faisait abstraction des ministres du Québec qui, de toute façon, seraient discartés en chemin, il regroupait, de façon très nette, une bonne majorité des ministres des autres provinces. C'est ce qui l'avait convaincu de faire l'impasse du vote qui lui permettrait de mieux rebondir le temps venu. Et Brian Robin jugeait que le temps était venu.

Le jour même de sa déconvenue auprès du gouverneur général, le premier ministre n'eut pas le choix de recevoir la délégation des six meneurs de jeu, présidée par le ministre des Pêches. Le directeur de cabinet conseilla à son patron d'accepter de les entendre. Cela valait mieux.

Sans fioritures, le premier ministre entama la conversation, sur un ton décidé.

— Ainsi donc, te voilà confirmé dans ton rôle de Judas, Brian. Qui eût cru que mon assassinat politique put venir non seulement de cette province traditionnellement libérale et dernière venue dans notre pays, mais aussi de celui que j'ai mis au monde politiquement.

— Vous avez une lecture un peu biaisée de la Bible, monsieur le premier ministre, et je dois ajouter que je n'ai aucunement l'intention de me passer la corde au cou…Non. Au nom de mes collègues qui, en passant, forment une majorité au Conseil des ministres, je suis porteur d'une mission qui ne peut que se terminer par votre démission. Nous sommes bien au courant des résultats de votre démarchage auprès du gouverneur général qui, dans ces circonstances exceptionnelles, ne pouvait agir autrement. Un appel au peuple, à ce moment-ci de notre histoire, outre que de ne rien régler, risquait fort de se solder par une défaite de notre parti. Désir de panser votre fierté ou… votre orgueil blessé? C'eût, en tout cas, été légitime. Mais, c'eût été aussi suicidaire. Il est peut-être utile que vous sachiez, à moins qu'on vous en ait informé, que nous vous avions précédé chez le vice-roi qui, lui aussi, n'a pas eu le choix de nous entendre ni de convenir avec nous de la réponse à vous faire.

Au fur et à mesure que le jeune ministre parlait, le premier ministre s'enfonçait un peu plus dans son fauteuil, l'air hagard, le regard perdu, en attente du verdict final.

— Je ne vous aurais pas cru aussi fourbes. Venons-en au fait. Vous exigez quoi?

Sans détour, le meneur de la bande émit le verdict.

— Votre démission comme premier ministre et comme député de votre circonscription. Il va de soi que votre présence à la Chambre des communes serait contre-indiquée, compte tenu de la période de turbulence qui risque de s'ensuivre avec le Québec, dans les négociations à venir. Outre votre démission, nous requérons vos services pour convaincre vos compatriotes du Québec, francophones et anglophones, de ne revendiquer aucun poste ministériel au sein de la nouvelle équipe du Cabinet. Nous voyons mal comment un ministre du Québec pourrait y·siéger, en perpétuel conflit d'intérêt qu'il serait dans la joute qui s'amorcera bientôt avec l'équipe québécoise de négociation.

De même, aucun haut fonctionnaire travaillant à Ottawa, mais issu du Québec, ne fera partie de cette négociation et nous comptons sur vous pour les en convaincre, issus qu'ils sont à peu près tous du sérail libéral.

Enfin, le Canada vous saura infiniment gré de la réserve politique qui devra être la vôtre au cours de la prochaine année, sachant que votre attachement au Canada demeurera plus grand que la rancœur que cette fin de règne pourrait vous inspirer. En retour, et en sus de la pension à laquelle votre carrière politique vous donne droit, le parti vous accorde, comme prime de départ, deux millions de dollars, libres d'impôt, comme contribution exceptionnelle à votre pays.

— Parce qu'en plus, vous m'offrez une commandite…

— J'appellerais cela autrement, monsieur le premier ministre. C'est d'ailleurs un bien faible retour que le pays vous consent pour tout ce que vous avez fait pour lui.

— Je n'ai que faire de vos millions. Je n'en veux pas. Est-ce tout?

— Pas tout à fait. Nous souhaitons que, pour conclure l'ensemble de l'opération, vous vous adressiez à toute la population canadienne pour annoncer votre retrait de la vie politique. Un projet de déclaration sera soumis à votre attention par nos bons soins. Nous la voulons brève, sans trop d'émotivité et comme allant de soi, comme il ira de soi que rien de ce qui vient de se passer ne saurait transpirer dans votre allocution. Un nouveau gouvernement sera annoncé dès demain avec, comme premier ministre désigné, le ministre des Finances qui, tout le monde le sait, n'a aucune ambition de vous succéder. Ainsi, son intérim coïncidera avec la campagne à la chefferie qui ne pourrait, vous le comprendrez, se tenir qu'au terme de la négociation avec le Québec.

— Vous avez pensé à tout. Si vous ne reconnaissez plus aucune légitimité aux députés du Québec, qu'arrive-t-il de l'opposition officielle que forment les députés du Bloc? Vous les excluez eux aussi du Parlement?

— Personne n'est exclu du Parlement.

— Sauf moi?

— Sauf vous, pour des raisons évidentes. Quant aux autres, ils n'y sont que pour le temps de la négociation, jusqu'à la rupture officielle de la fédération. De toute façon, tous les députés du Bloc rêvent de leur retraite fédérale.

— Votre coup d'État démocratique.

— Un bien grand mot!

— Non, c'est bien de cela qu'il s'agit. Puisque mon sursis achève, puis-je formuler une seule demande, ne serait-ce que pour garder un peu de vraisemblance au pays qui agonise? Pourriez-vous faire une place, au sein du nouveau Cabinet, à un ministre francophone du Québec? Il me semble que cela ne risque pas de modifier le rapport de forces que vous voulez instaurer dans ce gouvernement, nouvelle mouture.

Un peu surpris de cette demande inattendue du premier ministre, les six se regardèrent sans trop savoir quoi répondre. Le ministre de la Justice, qui n'avait pas dit un seul mot jusque-là, risqua une réponse en bon avocat.

— Nous allons prendre votre requête en délibéré, monsieur le premier ministre.

— Je n'en attendais pas tant de la part de mon ministre de la Justice, rompu aux formules de l'emploi. Je souhaite aussi m'adresser à mon caucus. Oh!, n'ayez crainte, je ne ferai pas état de votre perfidie. Je veux quand même transmettre une dernière fois à mes députés, avant de m'adresser à la nation, ma passion du pays, mon amour de ce métier que vous me contraignez à abandonner, l'affection que j'ai pour ceux et celles qui m'ont soutenu tout ce temps.

Dites-vous bien, cependant, que la vérité sortira un jour. Que votre volonté d'en finir avec le Canada pour lequel des générations se sont battues, vous reviendra en plein visage. J'espère qu'il se trouvera alors des femmes et des hommes capables de donner un sens à ce pays que vous vous apprêtez à brader pour satisfaire quoi? Des ambitions? Un ras-le-bol d'adolescents incapables de prendre ce défi à bras-le-corps, de porter un idéal à la hauteur de ceux qui ont forgé ce pays?

Et toi Bill, toi Brian et toi Norm et vous trois, Mike, Paul et Don, comment avez-vous pu? Personne de la bande, hormis Brian, votre nouveau gourou, n'a osé prendre la parole. Est-ce par couardise? Ou la honte qui vous étouffe? Le pays se souviendra de vous. Vous reste-t-il suffisamment d'honneur pour prétendre diriger ce pays à nouveau? Comment pourrez-vous fermer l'œil après cette nuit de toutes les trahisons?

– Monsieur le premier ministre, qui êtes-vous pour nous faire la leçon à ce chapitre? Rappelez-vous le référendum de 1980 et ses suites. En tout cas, le Québec, lui, s'en souvient! C'est le réalisme politique et, en aucun cas, une vindicte personnelle qui nous a guidés dans les événements des derniers jours. Laissons l'histoire nous juger. Elle saura sans doute faire la juste part entre une attitude incendiaire, à la limite de la guerre civile qui était la vôtre et celle, plus rationnelle, qui nous commandait de regarder la nouvelle réalité en face. Votre passion, qui tenait plutôt de l'aveuglement, nous aurait perdus et tout le pays avec. De toute façon, je crois que nous nous sommes tout dit.

Les six ministres dissidents quittèrent la pièce, saluant d'un geste furtif celui qu'ils venaient de détrôner. Le premier ministre détourna le regard, plus abattu qu'en colère. Le vin était tiré.

Deux jours plus tard, le nouveau Cabinet dirigé comme prévu par l'ex-ministre des Finances, Paul Jones, était assermenté en présence du gouverneur général. La plupart des ministres anglophones retrouvaient leur ancien portefeuille. Six nouveaux ministres accédaient au saint des saints. Brian Robin devenait, par ailleurs, ministre des Finances et ministre responsable des négociations avec le Québec. Un seul francophone du Québec était maintenu au Cabinet, ultime concession au chef déchu, et avait hérité du ministère des Anciens Combattants! Le vieil humour anglais reprenait le dessus. Au moins serait-il l'oreille du Québec aux délibérations du Cabinet.

Tout de suite après l'assermentation de son Conseil des ministres, le premier ministre désigné s'adressa à la presse, comme il se doit, et lut un discours qui concordait peu avec sa situation intérimaire.

« Mes chers concitoyens,

Avant toute chose, je me dois de saluer la contribution exceptionnelle de mon prédécesseur à la tête de ce pays. C'est la mort dans l'âme que tous mes collègues et moi-même avons accepté la démission de ce grand Canadien et grand chef d'État que fut monsieur Jean Romain. Pourtant, tous nous avons tenté, par tous les moyens, de le retenir, mais la victoire du camp du Oui lui apparaissait comme une défaite personnelle, comme la fin d'un rêve qu'il avait porté à bout de bras depuis un quart de siècle. Cruel destin que le sien alors qu'une majorité de ses compatriotes ont refusé de partager son rêve. Nous avons dû, comme gouvernement, nous rendre à la triste évidence qu'il n'avait plus le cœur à continuer. La patrie lui saura gré de tout ce qu'il a fait pour elle et l'histoire lui réservera une place de choix.

Désigné par mon prédécesseur et fort de l'appui de tous mes collègues, c'est avec beaucoup d'humilité que j'ai accepté de prendre la relève et d'assumer l'intérim de la première fonction au Canada. J'ai procédé, il y a quelques instants, à la désignation de mon Cabinet. Vous l'aurez remarqué, c'est un gouvernement de nature particulière qui répond à la situation hors de l'ordinaire que le Canada est en train de vivre. En effet, un seul ministre francophone du Québec est sur les rangs. C'est d'un commun accord avec monsieur Romain et ses ministres du Québec qu'il en fut ainsi. En effet, au moment où le Québec a décidé de suivre une route différente, décision qui risque de devenir effective d'ici un an, cela modifiait considérablement la donne à Ottawa. Il nous est apparu qu'une présence québécoise au sein du Cabinet, mis à part le ministre des Anciens Combattants, n'était guère indiquée, notamment en raison du conflit d'intérêt potentiel qui eût pu apparaître dans les discussions à venir avec le gouvernement du Québec.

Car, il y aura des discussions avec nos homologues québécois. Oh!, elles ne seront pas faciles et le Québec doit s'attendre à une dure joute de négociation. Le Québec veut faire cavalier seul? Soit. Sauf que la rupture qu'il nous impose aura un prix. Qui mieux que notre nouveau ministre des Finances, monsieur Brian Robin, pour évaluer la facture de cette rupture? Monsieur Robin devient ainsi notre négociateur-en-chef. Mais, comme le Canada est fort de ses provinces, deux premiers ministres provinciaux se joindront à l'équipe de négociation. Je suis très fier de vous annoncer ce soir que l'Ontario et l'Alberta ont accepté de jouer ce rôle qui, à n'en pas douter, sera historique. L'Est du pays sera représenté par le ministre Robin lui-même.

Ainsi, le psychodrame que le Canada a vécu le soir du 30 octobre, sans minimiser toute la douleur qui l'a accompagné ce soir-là, est en train d'épuiser sa phase de ressentiment pour faire place à un peu plus de raison. C'est cet appel à la lucidité et au réalisme politique que je fais ce soir à tous mes concitoyens de langue anglaise, partout au pays et, en particulier, à ceux du Québec. Je sais votre désir existentiel de demeurer Canadiens et de maintenir des liens solides avec le reste du pays. Je vous dis ce soir mon engagement solennel à faire tous les efforts possibles et inimaginables pour permettre à votre rêve de se concrétiser.

Quel Canada pourrons-nous nous offrir au terme de cette négociation? Il est bien sûr trop tôt pour le dire. Un Canada balkanisé, invivable géographiquement et politiquement? Personne n'en veut. Un Canada associé au Québec comme le laissent croire les indépendantistes québécois? On est loin de la coupe aux lèvres. Pourquoi tenter de rebâtir ce qui existe déjà, pour l'essentiel?

Permettez-moi de faire, ici, un ultime appel à la population du Québec et à son gouvernement. Leur est-il possible de comprendre que le rêve du pays qu'ils veulent se donner, se construira au détriment du pays qu'ils s'apprêtent à quitter? Comment peuvent-ils à ce point renier l'histoire qui est en train de se bâtir en Europe notamment où les pays de l'Union européenne sont justement à solidifier les bases de leur vouloir-vivre collectif? Comment le Québec peut-il être à ce point aveugle et marcher à rebours des sillons que l'histoire contemporaine nous trace? Nous espérons tous un dernier sursaut de nos concitoyens du Québec pour nous sortir de ce cauchemar que nous vivons depuis le 30 octobre dernier. Cet appel solennel que je fais au bon sens des Québécois, à leur conscience historique, je le fais avec toute l'espérance d'être entendu par le plus grand nombre. Dans cette année difficile qui s'amorce, j'espère mériter votre soutien et je fais appel à la Providence pour qu'elle nous éclaire tous et nous inspire les plus nobles sentiments.

Que Dieu nous vienne en aide! »

La presse parlementaire, pour la première fois de son histoire, n'eut pas droit à la période de question habituelle.

CHAPITRE XXIII

PREMIÈRE NÉGOCIATION

Un mois s'est écoulé depuis les événements dramatiques qu'a vécus la capitale fédérale. Presque tous au Québec ont dénoncé l'usurpation du pouvoir par la majorité anglophone. Tous les motifs y ont passé, de la félonie traditionnelle anglo-saxonne à l'ultime revanche que la majorité canadienne bafouée voulait reprendre. On ne s'est pas rendu à la juiverie internationale, manipulatrice de tous les complots, mais certains y ont vu la pointe de l'impérialisme américain, alimenté par la CIA qui avait fait cause commune avec ses cousins anglophones. Bref, on nage en plein délire.

Tous sauf un, le premier ministre du Québec. Manifestement outré par la manœuvre antidémocratique de l' « establishment » anglophone, il sut néanmoins camoufler son mépris, tempéré qu'il fut par la première déclaration du premier ministre fédéral intérimaire qui, sans doute par stratégie pour calmer le tollé québécois, invoqua, dès le départ, son désir d'amorcer les négociations avec le Québec. Cette ouverture inattendue eut l'effet escompté chez le premier ministre du Québec. Tout le reste nageait dans le flou intégral, notamment les bases sur lesquelles s'appuieraient les discussions à venir. Cela importait peu pour l'instant. Ce qui primait, c'était cette volonté nouvelle, pour la première fois invoquée par Ottawa, d'amorcer ce que le Québec espérait depuis toujours : un face à face d'égal à égal, de pays à pays. Dans ce contexte, déchirer sa chemise pour rescaper un adversaire du Québec, en l'occurrence l'ex-premier ministre, était non avenu. Enfin, Ottawa acceptait de s'asseoir à une même table de négociation. C'était donc lui, Jean Romain qui, par son obstination, avait délibérément fait fuir toute ouverture à la discussion. Ils avaient eu finalement raison de l'écarter du pouvoir. Il finit par croire que le putsch n'avait que trop tardé.

Du côté de Québec, l'équipe de négociation avait travaillé ferme. Plusieurs dossiers étaient dans leur version semi-finale. Le rapatriement des fonctionnaires fédéraux, les pensions de vieillesse, le programme de formation de la main d'œuvre, l'éducation postsecondaire, bref la plupart des dossiers dits « techniques » étaient mûrs pour la discussion. Faut dire que les ministères québécois avaient quelques longueurs d'avance, s'étant mis à l'œuvre depuis plusieurs mois. Certains des dossiers ne demandaient qu'une mise à jour puisqu'ils étaient déjà en vie depuis 20 ans! Du côté de la culture et des communications, tout était déjà ficelé. Même petit, ce ministère se situait, par son action, au cœur même de l'âme québécoise. La fidélité du Québec envers ses créateurs avait, depuis longtemps, transcendé les lignes partisanes pour en faire un dossier phare des négociations.

Et, bien sûr, le ministère des Finances, cerbère du nœud gordien, au centre de la plupart des dossiers dont les plus costauds à négocier : la dette, le partage des actifs, la péréquation, la monnaie, les accords internationaux.

En somme, la machine semblait bien huilée et menée par un timonier de première force pour qui la négociation était une seconde nature. Il était un alchimiste de ce type de pourparlers. C'est là qu'il s'y révélait totalement. Fin causeur, intelligent, érudit maniant la carotte et le bâton comme seul le pape noir des Jésuites pouvait le faire, Lucien Blanchard inspirait la confiance la plus totale à son équipe, elle aussi de haut niveau. Claude Ménard, premier fonctionnaire de l'État, rompu à la tauromachie fédérale-provinciale, brillait de la même lumière. Ces deux meneurs pouvaient compter sur une équipe de premier niveau et tous les galériens derrière cumulaient une force de travail et un savoir-faire assez exceptionnels.

Depuis longtemps, à Ottawa, on connaissait la qualité de l'expertise québécoise dans tous les secteurs qui émargeaient aux responsabilités des deux gouvernements. Ils éprouvaient le plus grand respect pour l'intelligence de leurs vues, la qualité et l'inventivité de leur argumentation, la finesse de leur stratégie de négociation. Bref, les riverains de l'Outaouais savaient qu'ils auraient une rude partie à jouer avec leurs amis d'en face.

Du côté fédéral, le mandarinat en place avait lui aussi solide réputation. Machine aguerrie, elle pouvait s'offrir les meilleurs consultants privés, tout en ayant un sérail bien garni au Conseil privé, le ministère du premier ministre. Outre l'expertise technique qui ne lui faisait pas défaut, la haute fonction publique fédérale s'appuyait également sur un esprit de corps qui avait réussi à passer à travers bien des fronts communs interprovinciaux. Centralisatrice, dominatrice, sûre de son bon droit, confiante en ses capacités et bercée par une certaine idée du Canada, cette équipe était aussi bien affûtée pour entreprendre la négociation avec le Québec. Et les mots d'ordre des patrons avaient été clairs. Québec va payer! Québec veut divorcer? Il fera les frais du divorce. Québec se croit assez riche pour s'autosuffire, Québec assumera les frais de son autosuffisance!

L'encyclique venait du plus haut niveau : le négociateur-en-chef lui-même, ci-devant ministre des Finances. Il aurait peu de résistance de la part de ses fonctionnaires, d'autant plus que tous les Québécois de la haute fonction publique fédérale avaient été mis sur une voie d'évitement, sous prétexte d'éventuels conflits d'intérêt. Cela dit, Robin avait, ce faisant, écarté d'excellents négociateurs pour qui l'indépendance du Québec était la pire des infamies. En somme, il avait, d'une certaine façon, rendu service au Québec en excluant ses mercenaires de l'équipe de front.

La première séance de négociation se tiendrait à Montréal, dans un hôtel du centre-ville, en terrain on ne peut plus neutre. La salle est spacieuse, le décor sobre, fait de bois clair et de fauteuils de cuir cossus, à l'allure confortable. En somme, rien dans ce salon ne pouvait détourner l'attention des deux équipes, d'autant plus que le secret le plus total entourait ce premier contact.

De part et d'autre de la table ovale, six personnes. Au bout de la table, dans une espèce de petite tente sous respirateur, deux interprètes tenus à la plus stricte confidentialité. La politique de bilinguisme officiel du Canada valait plus pour le ketchup albertain que pour la très unilingue haute fonction publique fédérale, en tout cas celle à l'œuvre aujourd'hui. Nos deux campeurs interprètes étaient essentiels à la poursuite de la discussion.

Parmi les principaux sujets de discussion, figurait d'abord l'ordre du jour de la prochaine réunion! En réalité, les deux parties avaient convenu d'une première séance de débroussaillage sur les sujets à discuter, la manière de procéder, en séances plénières ou en sous-comités, et enfin, une discussion ad lib sur des sujets d'intérêt général.

C'est par le point trois que le bal a débuté. L'atmosphère est glaciale. Les deux négociateurs-en-chef se connaissent bien puisqu'ils se font souvent face aux Communes. Ils se détestent cordialement et ne se privent pas d'en faire montre devant leur équipe. L'entame vient de Robin.

— Au nom de mon gouvernement, je vous souhaite la bienvenue à Montréal en espérant qu'un terrain neutre favorisera la civilité de nos propos, ce à quoi ne nous a pas habitués le chef de l'opposition.

Interloqué par cette entrée en matière pour le moins cavalière, Lucien Blanchard refusa ce duel auquel le conviait son vis-à-vis fédéral.

— Je comprends que la civilité libérale a peu à voir avec la civilité tout court et j'aurais espéré une introduction plus élégante. Mais, je ne tomberai pas dans le piège que me tend mon interlocuteur et je fais appel à la raison, les sentiments de dépit, pire de haine, que l'on peut éprouver, par ailleurs, étant les plus mauvais des conseillers.

Sur ce, je désire rappeler à tous l'esprit de collaboration dont nous ferons preuve, nous du Québec, tout au long des négociations. Forts de la victoire, mais soucieux de l'avenir de nos relations entre pays, nous souhaitons faire montre de la plus grande ouverture dans l'aménagement de nos relations futures. Nous ne sortons pas de la guerre de Corée et nous souhaitons ardemment donner suite aux engagements que le gouvernement du Québec a pris, en période référendaire, quant à la zone commune de pouvoirs que le Québec indépendant désire partager avec nos amis canadiens.

— Je vous arrête tout de suite, l'interrompit Robin. Il ne faut pas penser que la victoire référendaire confère au Québec le pouvoir de donner le ton à la négociation. Si vous permettez, c'est du « *wishful thinking* » de votre part que de penser que le Canada va sauter à pieds joints sur vos propositions de partenariat. C'est de la pensée magique que de croire à une monnaie commune, à un passeport commun, pire à un Parlement commun. Ce décor d'opérette, que vous avez monté pour la période référendaire et auquel, j'en suis convaincu, votre premier ministre n'adhère même pas, n'aura pas fait long feu dans notre négociation. Bien sûr, le passeport, la monnaie, l'armée quant à y être, feraient bien votre affaire. Mais, soyons clairs, nous, du Canada, ne sommes pas ici pour faire votre affaire. Vous refusez le pays qui est le vôtre encore pour un temps, nous ne vous ferons pas la faveur de vous faire partager les éléments forts de ce pays.

En clair, et pour le bénéfice de la discussion à venir, nous vous disons : le Québec veut être indépendant, soit! Mais le Québec qui pense pouvoir s'offrir ce luxe, va devoir le payer. La dette, les actifs détenus par le fédéral en territoire québécois et la péréquation, tous ces versements faits au Québec depuis 1976 devront nous être reversés. La richesse du Québec ou ce que vous prétendez tel, s'appuie en bonne partie sur la richesse des autres provinces. C'est essentiellement grâce à nous si vous vous croyez, aujourd'hui, en mesure de revendiquer votre indépendance. Vous nous le devez et vous devez nous le rendre.

– J'arrête là notre nouveau ministre des Finances dont je reconnais la toute jeune et bien courte compétence dans ce domaine. Comment pouvez-vous avancer de telles inepties qui, heureusement pour vous, ne sont pas télévisées? Sinon, le ridicule vous aurait achevé. Prétendre que la richesse du Québec origine du bien-être social canadien est de la démagogie de haut rang. J'ai hâte que vous passiez la parole à vos experts qui, eux, sont en mesure de faire la différence entre actif et passif. Si je poursuivais votre logique, j'exigerais du fédéral qu'il reverse alors au Québec tout l'impôt qu'il y a prélevé depuis l'élection du Parti québécois puisque c'est à cette date que vous faites remonter le déluge. C'est du loufoque intégral que d'appuyer vos revendications sur ces bases.

Non, c'est à nos experts qu'il revient de discuter de tout cela. Nous avons, de notre côté, mis sur papier les bases à partir desquelles le partage de la dette et des actifs devrait s'effectuer, actifs dont une bonne partie a été payée par les impôts prélevés au Québec. Le Québec doit payer, dites-vous? Le Québec paiera la part qu'il lui revient d'assumer, sans plus ni moins. Nous avons, à cet égard, des propositions à déposer, en temps et lieu, notamment quand le climat s'y prêtera. Vous sembliez reprocher à votre ex-premier ministre son ton agressif et provocateur. Nous espérons que vous ne le reprendrez pas en cours de négociation. Nous ne céderons devant aucun chantage. Je vous dis simplement, par ailleurs, dans cette espèce d'attitude belliqueuse que vous affichez, que vous pénaliserez, en même temps, un Québécois sur deux qui a voté pour le Canada. Drôle de façon de panser les plaies. Enfin, pourquoi avoir tant tenu à nous si, à vous entendre, nous sommes à ce point une charge pour vos concitoyens des autres provinces? Être l'enfant pauvre du pays ne peut être un programme de gouvernement, ni du nôtre ni du vôtre. Et vivre de la péréquation qui garde le Québec en état permanent de perfusion, ne nous intéresse absolument pas. Vous souhaiteriez nous voir avec ce soluté jusqu'à la fin des temps?

La réputation de négociateur futé qui accompagnait le chef du Bloc n'était pas surfaite. Son charisme, sa force de persuasion, son intelligence, sa ruse même avaient subjugué l'auditoire. L'argument a visiblement porté. D'ailleurs, les fonctionnaires fédéraux accompagnant leur ministre éprouvaient manifestement un certain malaise devant les propos tenus par ce dernier. Trop grossier comme argumentation pour des collaborateurs sans doute plus subtils. Sans perdre pied, le ministre des Finances relance son discours.

— Et puis, je me demande à quoi rime tout cela, ces négociations dont votre gouvernement a déjà décrété la fin et sans doute les résultats. Votre Assemblée nationale est déjà programmée pour, au plus tard dans un an, proclamer l'indépendance du Québec. Est-il utile, dans ce contexte, de passer ou plutôt de perdre des mois à négocier un statut et des conditions qui, dans votre tête, sont déjà réglés?

— Peu s'en faut. Je crois que nous abordons là le vrai sujet. En réalité, il faut nous entendre entre nous sur la gestion de la période intérimaire d'abord, nous assurer, par exemple, que les pensions de vieillesse continueront d'être versées. Ensuite, convenir d'un minimum de sujets qu'impose l'indépendance du Québec. Cette base minimale comprend sans doute le partage des actifs, celui de la dette et le transfert des fonctionnaires fédéraux à l'administration québécoise. C'est, il me semble, le minimum qui doit accompagner la passation des pouvoirs de pays à pays. Quant à toutes les autres questions que nous serions susceptibles d'aborder et qui forment le cœur d'un partenariat futur Canada-Québec, il vous revient d'en disposer, le Québec ayant déjà publiquement et à plusieurs reprises dit son intérêt à y donner naissance. Monnaie, passeport, défense et même éventuellement un Parlement communs dont les pouvoirs seraient bien balisés. Le Québec y croit profondément, ce qui lui a fort probablement valu un vote majoritaire lors du référendum. Quant aux partisans du Non, il n'est pas présomptueux de croire qu'ils se rallieraient d'emblée à ce genre de partenariat, non seulement inscrit dans l'histoire, mais qui leur fournira encore des ancrages solides à ce pays qui ne les abandonnerait pas.

Ainsi, quant à nous, il n'y a rien de réglé. La négociation démarre. En toute bonne foi, de notre côté. En espérant qu'il en sera de même du vôtre. Je suggère donc que notre prochaine réunion se concentre sur ce que serait la base minimale du futur traité que seront appelés à signer les deux nouveaux États.

L'air bougon, mais sentant que le leader québécois avait convaincu la majorité des gens autour de la table, le négociateur fédéral se rallia.

– Bon, d'accord, la base minimale étant le partage de la dette et des actifs. Je vous redis par ailleurs que la présumée richesse du Québec, qui s'appuie en bonne partie sur la prospérité canadienne, fera partie des facteurs qui serviront à boucler la facture finale.

– J'avoue ne pas comprendre ce discours à la fois flou et querelleur où le Canada, se comportant en vainqueur, exigerait du vaincu, comme à la fin d'une guerre, paiement de réparations pour les dommages causés pendant la bataille. D'abord, s'il devait y avoir un vainqueur, c'est plutôt vers le camp du Oui qu'il faudrait se tourner. Mais, je me refuse à voir notre victoire référendaire sous cet angle-là. C'est d'ailleurs en seul terrain québécois que le débat a porté, mis à part votre « forfait tout inclus » offert en fin de campagne à Montréal. Bien sûr, le Canada en subit les effets collatéraux, mais c'est d'abord et avant tout une décision québécoise, prise en fonction de son droit à l'autodétermination que le référendum de 1980 avait consacré. C'est dans cette seule perspective que doivent se dérouler nos négociations, les soustrayant à toute volonté vindicative, de part et d'autre. Car, si revanche il doit y avoir, vous risquez de partir avec quelques décennies de retard…

– Écoutez, on ne fera pas ce débat-là maintenant. Convenons par ailleurs de nous revoir, disons dans un mois, après qu'un groupe de travail eut déblayé le terrain sur ce que serait une base minimale d'entente entre nous. Mon représentant à ce comité sera mon sous-ministre aux Finances, assisté du greffier du Conseil privé. Ça vous va, Bob et Michael?

Le ton avait baissé, ce qui réjouissait le négociateur québécois qui s'empressa d'acquiescer à la proposition fédérale.

– Cette façon de faire, par comité, me convient tout à fait. Notre sous-ministre des Finances assistera le secrétaire-général du gouvernement à la présidence du comité québécois. Je crois qu'il serait sage également de travailler en groupes restreints pour les autres questions.

— Commençons par ce premier comité de travail. Après, on verra. Quant aux questions plus proprement politiques et dont je n'ai pas particulièrement le goût de discuter, on y pourvoira le temps venu.

— À votre guise. Monsieur Robin, puis-je vous dire que je suis très satisfait de ce premier contact alors que l'entrée en matière ne laissait guère entrevoir ce genre de résultat. Une question cependant. Votre comité de négociation devait comprendre, me semble-t-il, deux représentants de très haut niveau des autres provinces canadiennes, soit l'Ontario et l'Alberta, si je ne m'abuse. Le Québec souhaite vivement cette présence à la table de négociation. L'Ontario a des intérêts manifestes à ce que les ponts ne soient pas rompus avec le Québec puisqu'il lui garantit des milliards d'entrées de fonds et plusieurs centaines de milliers d'emplois. Quant à l'Alberta, elle n'avait jamais masqué son aversion pour la centralisation fédérale, aux antipodes de l'autonomisme albertain, souvent calqué sur celui du Québec, d'ailleurs. Bien sûr, la rhétorique pancanadienne de ces deux provinces fait partie du discours officiel, mais en sous-main, leurs intérêts sauraient les ramener à la raison, le moment venu.

— Oui, oui, elles y seront à la prochaine rencontre et je me charge de les informer des résultats de celle-ci. De toute façon, elles avaient été prévenues du caractère très préliminaire de notre réunion d'aujourd'hui et avaient souhaité nous déléguer en éclaireurs. Mais, si cela peut vous rassurer, la fermeté de leur discours vous étonnera. Elles aussi font partie du couple à qui on vient d'apprendre la rupture.

— On ne repartira pas les vieux prêches. Comme si elles ignoraient qu'un gouvernement souverainiste dirigeait le Québec… Pour notre part, la réunion a épuisé son ordre du jour. On se revoit dans un mois, nos adjoints se chargeant de l'intendance. Merci et à bientôt. En espérant que nos interprètes ne sont pas trop épuisés par la traduction de nos passes d'armes qui ne seront sûrement pas reproduites dans la Pléiade, fort heureusement d'ailleurs!

ÉPILOGUE

Un an s'est écoulé depuis la victoire référendaire. Le Québec vit désormais au rythme d'un pays indépendant. Contrairement à toutes les prévisions, ce fut une année politique relativement calme. Il faut dire que la collusion tacite Paris-Washington a grandement facilité la transition. C'est curieusement de l'extérieur qu'est venue la paix intérieure. Bien sûr, la collaboration active de Paris avait peu en commun avec la neutralité bienveillante de Washington, même si, en termes concrets, c'est du Sud que sont parvenues les mesures les plus rassurantes. Situé aux marches de l'empire, le Québec a bien su profiter de ses richesses, de ses appuis et de ses dollars. Aussi bien encadré, le Québec n'a pas eu à subir très longtemps les foudres de la nouvelle équipe en poste à Ottawa. C'est de tout cela, et des principaux faits d'armes de la dernière année, dont discutait la bande des douze, à nouveau réunie chez les Goldberg-Dion, les seuls à pouvoir recevoir confortablement, à Montréal, cette horde d'hyperactifs. Ils avaient préféré cette sauterie privée à la masse du demi-million de Québécois qui déferlaient rue Sainte-Catherine.

La conversation roule déjà depuis une bonne heure au moment où les invités sont passés à la table. C'est la cacophonie la plus totale. La journée est à marquer d'une pierre blanche. Surexcités, tous les invités tentent de placer leur mot que l'on voudrait aussi historique que la journée. Le champagne coule à flots, chacun ayant dû en fournir une bouteille pour pouvoir franchir le seuil de la maison.

— Guy, tu es habitué de demander le silence dans tes salles de cours, alors peux-tu t'exécuter, requiert le jubilaire de la soirée, Alex Néron, fraîchement promu sous-ministre adjoint au futur ministère des Affaires étrangères du Québec?

— Ça n'a pas plus d'autorité que cela, un SMA, comme vous dites?

— Eh bien oui, figure-toi, mais pas ici où règne l'anarchie alors que toi, tu es sans doute habitué à composer avec à l'UQAM. Alors, je veux porter un toast au Québec, à son indépendance et à notre premier ministre, notre premier vrai chef d'État.

— À Baribeau, à Blanchard et à nous tous. Longue vie au Québec!

L'instant est solennel. En effet, c'est cet après-midi même que le Québec a été admis à l'ONU comme 187ième pays membre.

— Vous avez vu comment notre premier ministre était rayonnant. Quel port de tête! Émouvant! Mon Dieu qu'on en est fier! Et sa femme, d'un chic et d'une allure à faire tourner bien des têtes.

Guy Drolet, le prof du groupe, un peu casse-pieds avec son discours habituel de politisé de l'UQAM, postmarxiste, file curieusement petit-bourgeois, ce jour-là.

— J'avoue, j'avoue, j'ai un petit pincement au cœur. Même si on est loin de la révolution permanente avec le trois-pièces au pouvoir, j'avoue avoir été ému par ces images de New York accueillant le chef de l'État québécois. Je dois concéder que Baribeau a particulièrement brillé au cours de la dernière année. D'abord, avec son gouvernement d'union sacrée. De la grande politique que d'avoir rapatrié dans son Cabinet deux ex-ministres libéraux dont l'un d'Ottawa, rescapé de l'enfer Romain! Et le jeune Dupont qui a drainé avec lui une clientèle aux antipodes de mes valeurs, mais tout de même, ça élargissait le cheptel! Il a bien manœuvré avec Paris et même avec Londres dont il se sent un peu le fils spirituel, diplômé de la London School. Il a également su bien tirer son épingle du jeu avec Washington. Chapeau! Mais alors, c'est au Canada même qu'il a mis dans la petite poche de sa veste tous les Anglos du pays, urbi et orbi.

— Tu lui fais la part drôlement belle, toi qui, généralement, es plutôt porté à lui tirer dessus. Le champagne, sans doute. Mais tu oublies un peu Blanchard dans tout cela. C'est lui en réalité qui a fait le gros du travail avec les fédéraux, de plaider Laurent qui n'oubliait pas ses racines saguenéennes et retrouvait, sans chauvinisme, sa solidarité avec le monde du Lac.

— Bien sûr, toi Laurent, Blanchard c'est ton preacher. Bien sûr qu'il est populaire, qu'il a bien travaillé, mais il fut le plombier de toute cette opération, Baribeau en étant le véritable architecte. D'ailleurs, si

Blanchard avait eu le premier rôle, je suis prêt à parier ma sécurité d'emploi qu'on n'en serait pas là aujourd'hui. C'est lui, Baribeau, qui a forcé le jeu, qui a tenu à ce qu'on ait un référendum dans un délai rapproché, qui a donné l'ordre de marche après la victoire, qui n'a pas eu peur de parler clair aux Québécois, les forçant ainsi à des bains de vérité qui furent tout autant des expériences de maturité.

— Mon Dieu Seigneur, Guy, on croirait entendre un « *born again* » souverainiste. Baribeau t'a-t-il promis une job à son Cabinet?

— Ne crains rien, Lucie. Je garde toute ma lucidité et mes credos socialistes demeurent intacts. Je peux quand même être un analyste percutant, oui oui, de la scène politique québécoise, confondant ainsi bien des sceptiques autour de cette table, au demeurant fort charmante. Mais on dirait que l'indépendance nous a fait prendre de la maturité, n'est-ce pas Stanley.

— Je me sens interpellé par le fils spirituel de Trotsky lui-même? Je suis vraiment interloqué par tes propos. Quant à savoir si j'ai maturé en cours de route, je ne sais pas trop. J'ai par ailleurs très certainement vieilli. Mais, puisque tu m'en fournis l'occasion, je voudrais que, dans votre euphorie par ailleurs légitime, vous n'oubliiez pas le rôle joué par quelques ministres à Ottawa qui ont sans doute permis, par leur lucidité, que les choses tournent de cette façon. Rappelez-vous, il y a un an jour pour jour, le discours incendiaire de l'un des vôtres, l'ex-premier ministre Romain. N'eût été de la fronde salutaire menée par Robin, le pays aurait peut-être plongé en pleine guerre civile. Je suis bien placé pour en parler. Ottawa était, le soir du référendum, en pleine panique. Le premier ministre qui semblait vouloir tirer dans tous les sens, rappelez-vous. Référendum canadien, appui aux partitionnistes du Québec, contestation judiciaire des résultats, envoi de l'armée au Québec, toutes les hypothèses les plus farfelues et les plus dangereuses étaient sur la table. C'est finalement quelques membres de son Cabinet qui lui ont fait entendre raison et, à la limite, qui ont sauvé le Québec en forçant sa démission.

— Stanley, je comprends ton sentiment, mais faudrait pas tenter de nous faire croire qu'ils ont fait cela par amour du Québec. Le *love-in*, c'était du chiqué. Ils ont fait cela pour garder le pouvoir, voyant que

Romain donnait dans la folie et les entraînait dans sa dérive quasi suicidaire. Cela dit, objectivement, cela a servi le Québec. Mais rappelle-toi leurs discours de la première heure. Ils ont voulu nous saigner à blanc, nous faire reculer de vingt ans sur le plan économique. Des charognards quant à moi!

Le haut fonctionnaire, encore plus haut maintenant, ne faisait jamais dans la dentelle lorsqu'il était question des Canadiens anglais. C'était naturel chez lui que de les détester.

— En tout cas, Alex, j'espère que l'indépendance aura chez toi un effet de catharsis à l'égard des Anglos dont je fais partie, en passant.

— Allons Stanley, tu sais bien que tu es mon Anglais préféré, mon exception culturelle.

— Et si l'on portait un toast, cette fois-ci, à la reine d'Angleterre. Nous sommes bien à la veille de la fête des morts, non? Ça se souligne.

Et Richard, pince-sans-rire, y alla de son *Dies irae* le plus tonitruant.

— J'aurais une question qui s'adresse à tous, de risquer Arnaud. Je ne veux pas jouer au rabat-joie, mais maintenant qu'on est indépendant, qu'est-ce que ça va changer pour nous, dans notre vie de tous les jours? Ça fait un an qu'on est en marche vers, mais il me semble que le quotidien est à peu près le même qu'à pareille date l'an dernier. Comme artiste en arts visuels, je suis toujours sous le seuil de la pauvreté. Pensez-vous que ça va bouger un jour?

Paule, une militante de la première heure, incontestablement la pasionaria de la joyeuse tablée, est éberluée par la question de son ami artiste.

— Franchement Arnaud, ça fait trois heures que le Québec est indépendant! Ça veut dire quoi, l'indépendance? Ça veut dire la liberté. La liberté de nos choix en santé, en éducation, en environnement, en culture. Liberté de disposer de nos impôts selon nos priorités. Liberté de protéger notre langue, de la promouvoir. Ainsi, la langue ne sera plus un lieu de résistance, mais un lieu d'accomplissement. Liberté de nos alliances sur le plan international et de nous exprimer tel que nous sommes. Et je pourrais continuer longtemps comme cela à disséquer notre nouvel espace de liberté. Mais de ramener cela à ta petite personne, ça me dépasse. Me semble que les artistes étaient les derniers à ramener cela à de minables intérêts corporatistes. Pas fière de toi!

— Seigneur, Paule, je suis aussi souverainiste que tu peux l'être. Mais est-ce trop espérer qu'un Québec indépendant prenne davantage soin de ses citoyens les plus démunis dont la grande majorité de ses artistes?

— Ton chum, qui fait dans les affaires, ne fait pas particulièrement sans-abri, il me semble. N'oublie pas que tu es en train de siroter de la Veuve Clicquot. Comme démuni, on a vu pire, mon pauvre Arnaud.

— Tu parles comme un macho, Paule. Je voulais simplement demander ce que l'indépendance pouvait apporter comme changement au quotidien, dans la vie de tous les jours, pour le commun des mortels. Je ne voulais pas provoquer de sermons de la part de nos nouveaux curés. Heureusement que le Vatican refuse l'ordination des femmes!

— En réalité, Arnaud posait, de façon un peu primaire, la question de fond qui a divisé le mouvement souverainiste depuis ses débuts : l'indépendance, pourquoi faire, plastronna Guy l'universitaire? Ce n'est pas la première fois que l'on aborde cette question entre nous. Ce ne sera sans doute pas la dernière car, je vous le prédis, le Parti québécois ne survivra pas à l'indépendance. Maintenant que son objectif premier est réalisé, les vieux débats referont surface entre la gauche et la droite du parti. La question nationale contre la question sociale. Une scission est à prévoir, j'en suis certain.

— Et tu prendras sans doute la tête de la gauche, toi Guy le communard?

— Je n'ai pas cette prétention, Richard. D'ailleurs, je me situe à la gauche de la gauche, la gauche étant trop caviardée à mon goût.

— Et trop champagne aussi, peut-être?

— Richard qui se réveille, deux questions de suite, ironisa le prof.

— Oui, je me réveille. Si tu permets, j'en ai un peu marre de toutes ces discussions de Jésuites. On est vraiment Québécois jusqu'à la moelle! Le bébé est à peine né que déjà on lui trouve les orteils trop courts, les oreilles un peu décollées et le cou trop long. Sacrement! On vient de passer de locataire à propriétaire et on trouve encore le moyen de faire la fine gueule. Mon autre qui, bien assis sur sa minicharge de travail à l'UQAM, gras dur avec sa sécurité d'emploi, son année sabbatique aux sept ans et ses colloques à l'étranger aux six mois, invité par ses collègues qui n'attendent que la pareille. Non mais vraiment! La gauche de la gauche. Puis Arnaud qui déjà se demande s'il va pouvoir se payer d'autres pinceaux! Tu t'achèteras de l'acrylique, calvaire, si tu ne peux pas te payer de l'huile. Je n'en reviens pas. À l'heure où on devrait célébrer la naissance de notre pays après lequel on court depuis tant d'années, ben non, on niaise, on déconne, on fabule. Je n'en reviens pas. Ça me décocrisse ben raide!

— Mon Dieu Richard, on parle pour parler, de s'exclamer Marie-Julie. J'étais journaliste à Radio-Canada, jusqu'à il y a six mois. J'ai été virée. Je n'en fais pas un drame et je ne demande pas à Québec de me trouver une job. Je suis pigiste et ça fait mon affaire. Même si, aux yeux de mes collègues, j'ai pris une débarque, cela a peu à voir avec l'indépendance, ou si peu. Mais, c'est sûr que si l'on ramène tout à soi-même, on aurait été aussi bien de voter non. Ça aurait été moins déstabilisant. Cela dit, je suis bien contente d'avoir enfin un pays.

— Parlons-en du pays. Moi, ce n'est pas de cela que je rêvais quand j'imaginais mon Québec indépendant. Vais-je être « Canado-québécoise » quand je vais présenter mon passeport à l'étranger? Ma monnaie sera toujours canadienne? À ce compte-là, on aurait dû adopter le dollar américain. Il a plus d'avenir. Non, je nous trouve encore coincés dans des ornières fédérales qui limitent nos marges de manœuvre un peu partout. Jusqu'au Parlement commun! Je ne sais vraiment pas à quoi il va servir. À récupérer nos députés du Bloc qui subitement se retrouvent sans domicile fixe?

— Écoute Lise, tu réfléchis comme en 1965 avec le RIN. Ça fait cent fois qu'on s'en parle entre nous. L'indépendance absolue, y a rien que toi qui turbines encore à ça! Avec la mondialisation, encore moins. Et le Québec de 1995 est loin du Québec d'il y a trente ans. Son assurance comme nation a pris bien du gallon. On est en mesure, d'égal à égal, de convenir d'un modus vivendi avec le Canada qui préserve l'essentiel pour le Québec. Même avec une monnaie commune, le Québec aura sa Banque centrale qui composera, par ailleurs, avec la Banque centrale du Canada. Et un passeport commun, qui n'est qu'un outil d'utilité, ne signifie en rien l'ajustement de la politique étrangère québécoise sur celle du Canada. Non, ce genre d'ententes m'apparaît visionnaire et c'est tout à l'honneur des dirigeants québécois et canadiens. On a déjà rêvé du grand soir. On a peut-être accouché de petits matins à tes yeux, mais des matins qui chantent. Vous avez vu d'ailleurs les derniers sondages, le taux de satisfaction à l'endroit du gouvernement frise les 70 %!

— Toi, tu prêches pour ton gouvernement, Alex. Mais, je sens là toute l'influence de notre négociateur-en-chef, pas plus souverainiste que ma grand-mère! Je ne sais pas comment il a pu vendre ça à Baribeau.

— C'était déjà dans l'entente du 12 juin. Au contraire, moi, je me demande quels arguments il a pu faire valoir pour convaincre ses vis-à-vis canadiens de la pertinence de ces outils communs. Il est vraiment fort!

— Bon, écoutez, on n'est pas ici pour se crêper le chignon. On est ici pour fêter la naissance du pays. Au moment où l'on se parle, presque tout est réglé avec Ottawa. Nous en sommes à bâtir notre réseau diplomatique. Ambassades confirmées dans trente-deux pays, les principaux. Le Canada est en train de se redéfinir et le Québec pourra y jouer une carte maîtresse en y étant un partenaire important. Les institutions communes se mettront bientôt en place. Bref, un travail de titans accompli en un an. C'est cela que nous fêtons, ce soir. Laissons du temps au temps. Acceptons de nous fêter nous-mêmes en toute amitié et célébrons l'arrivée de Stanley dans la fonction publique québécoise.

— Est-ce un actif ou une dette, de s'enquérir Richard, revenu à son statut de clown officiel des partys de la bande des douze?

– Et l'hymne national, quelqu'un y a songé, de s'enquérir Arnaud?

– Bonne question l'artiste. En tout cas là, au moins, on est sûr de ne pas avoir de toune commune avec le Canada! J'imagine que le gouvernement y a déjà songé, hein Alex? En tout cas, ça pourrait faire l'objet d'un beau concours public, n'est-ce pas Gens du pays?

– Bien sûr Richard, d'approuver Alex. J'avoue n'être pas dans le secret des dieux là-dessus. Mais, ce qui est bien plus intéressant, c'est le travail fait par l'Assemblée constituante autour de la Constitution et des nouvelles institutions. Même si le débat est un peu technique, il est quand même intéressant de constater qu'on se dirige vers un régime parlementaire se rapprochant davantage de la république française que du régime présidentiel américain. Un président de la république élu au suffrage universel avec pouvoirs bien définis, notamment en politique étrangère. Pouvoir également de nommer son premier ministre qui formera son Cabinet. On a tout l'air de privilégier la création de deux chambres. L'Assemblée nationale, formée de députés élus à la proportionnelle modulée et la Chambre des régions, avec un nombre égal de représentants par région, peu importe sa population. Voilà en gros de quoi ça retourne même si tout n'est pas attaché. De toute façon, les Québécois auront à se prononcer là-dessus lors d'un référendum.

– On n'est pas sorti de l'auberge, si tu permets. Cela nous a pris quinze ans à dire oui à une question bien simple. Imagine-toi la question qu'on nous réserve; « Peuple du Québec » et suivent douze pages d'interrogations précédées d'un préambule de trois pages!

– Tu rigoles Louis. La population aura eu le temps de se familiariser avec la proposition. Ce ne sera pas une question à choix multiple, mais un projet qui aura fait l'objet d'un débat public préalable où nous aurons eu l'occasion d'intégrer tous ces concepts.

– Qu'arrive-t-il au fait des députés du Bloc à Ottawa? J'imagine qu'on pourra en recycler un certain nombre dans le futur Parlement commun, mais dont les pouvoirs sont tellement limités que ce ne sera pas attrayant pour bien du monde, prédit Guy le cartomancien. De toute façon, ils seront nommés, si j'ai bien compris, par l'Assemblée nationale et la Chambre des communes, le Québec disposant du quart des sièges. Belle façon de parquer les copains. Beaucoup plus intéressant sera le Tribunal d'arbitrage chargé de régler les différends entre les deux pays. Là résidera un vrai pouvoir.

— Et le nouveau Canada lui, ça intéresse encore quelqu'un ici, de s'interroger Richard? Me semble qu'un pays balkanisé, discontinu sur le plan géographique ne risque pas de durer. J'imagine que la Colombie-Britannique sera beaucoup plus attirée par sa frontière sud que par les patates de l'Île-du-Prince-Édouard.

— C'est là, je pense, que les vraies affaires vont se révéler, renchérit Louis, toujours aiguillonné par la business. Finies les pleureuses sur les Rocheuses! L'Est du pays a beau se regrouper en une seule province, le Centre et l'Ouest en deux blocs, le sentiment national risque fort de s'éroder. Depuis le temps qu'on le dit que le Canada est un pays artificiel, les relations se jouant beaucoup plus sur une base nord-sud qu'est-ouest. À moins que notre Parlement commun le sauve. Ils ne peuvent même pas invoquer la différence de langue.

— Un peu cynique comme perspective. Si jamais cette vague vers le sud devait se concrétiser, je ne donne pas cher du Québec comme pays indépendant, d'opiner Stanley féru de ces grandes analyses stratégiques.

— Moi aussi, cela m'apparaît un peu farfelu comme hypothèse, de renchérir Alex. Ce qui a fait l'unité nationale canadienne jusqu'à maintenant tient au fait que, pour la plupart des Canadiens, leur vrai gouvernement était à Ottawa. Si on excepte l'Alberta, le mouton noir du monde anglophone, c'est Ottawa qui gérait le pays. Ce n'est pas parce que le Québec n'y est plus qu'ils vont se sentir moins Canadiens. Le rapprochement idéologique entre la Colombie-Britannique et l'Île-du-Prince-Édouard n'était pas plus probant avant que maintenant et la géographie était la même. Ça va continuer comme avant. Des rattachements aux États-Unis, rien n'est moins sûr, dans un avenir rapproché en tout cas. Et le Québec Tanguy, qui ne se décidait pas à quitter le nid familial, ayant enfin pris son envol, qui sait si les liens unitaires ne seront pas plus forts à partir de maintenant, pour justement mieux circonscrire les forces centripètes.

– Mon Dieu qu'il est intelligent mon Alex, de minauder Lise. Cela a plein d'allure ce que tu dis et je préfère ce scénario parce que dans l'autre, la course vers l'empire américain, je ne donne pas cher de notre peau. 1 contre 50!

– Un autre toast, de gueuler Richard. Je n'ai pas envie de défendre ma thèse de maîtrise en sciences politiques, ce soir. Aux obsèques politiques de Romain, celui qui nous a finalement convaincus de voter Oui, il y a un an. Un digne faux jeton!

– À Romain dans la fosse aux lions!

– Avant de passer à autre chose, y a-t-il quelqu'un qui pourrait, très simplement, en deux mots, m'expliquer comment fonctionne l'acceptation d'un nouveau membre à l'ONU, s'enquiert Marie-Julie, tendant bien sûr la perche au gourou de l'UQAM?

– Rien de bien sorcier, ma chère. En deux mots, il revient au gouvernement du Québec, par son premier ministre, de faire sa demande d'admission au secrétaire-général des Nations Unies, lettre dans laquelle le Québec s'engage à respecter les principes et les obligations de la Charte. La demande est transmise au Conseil de sécurité, sorte de comité exécutif des Nations Unies, qui en recommande l'admission, par un vote majoritaire (9 sur 15), à l'Assemblée générale. Celle-ci doit l'accepter par un vote des 2/3 des membres présents. Il y a présentement 186 États membres, le dernier à avoir été admis avant le Québec étant la république de Palaos avec ses 20 000 habitants et le dollar américain comme monnaie! Une bouteille de champagne à celui ou celle qui me la situera sur une carte! Et le Québec en est devenu membre le jour même de l'adoption de la résolution par l'Assemblée générale. Voilà.

– Merci, cher maître. Autre question? Après cela, on commence à parler des autres. Oui, Laurent.

– J'avoue n'avoir pas trop suivi le détail des négociations. Je sais bien ce que tout le monde sait : assurance-emploi, enseignement supérieur, pensions de vieillesse, fonctionnaires fédéraux et tout et tout, mais sur la dette et le partage des actifs, quelqu'un peut me démêler? Stanley, le seul actif fédéral que je connaisse, tu peux m'expliquer?

— Oh la, la, quelle question! Comment faire simple, là-dessus? Disons d'abord que tout ce qui a été négocié fait partie de ce que l'on appelle le Traité de partenariat Québec-Canada. Celui-ci règle toutes les questions qui devaient l'être, allant de la gestion de la voie maritime du Saint-Laurent jusqu'aux accords de réciprocité sur le traitement des minorités en passant par la question de la citoyenneté. Donc, il y a du stock!

— Du bon stock j'espère, s'inquiète Richard, toujours le premier à tirer une ligne dans un débat.

— Du bon en effet, espèce de poteux! Traité de partenariat économique et politique donc entre deux États égaux, instaurant un marché commun avec liberté de circulation des capitaux, des biens et des personnes.

— Mais, la dette?

— J'y arrive. Son règlement s'inscrit dans le cadre de ce traité qui instaure donc un espace économique commun, sans douanes ni passeport. Ce marché commun se double d'une union monétaire, donc même monnaie pour les deux pays qui disposent chacun de leur Banque centrale, par ailleurs forcés de s'entendre sur des politiques communes comme les taux d'intérêt, par exemple. Chaque pays est un peu moins souverain, mais c'est par ailleurs avantageux pour les deux pays, notamment pour leur stabilité économique. Rassurant également pour les investisseurs étrangers.

— Es-tu essoufflé, Stanley? La dette peut attendre.

— Non, j'y suis. Le gros morceau. Alex, tu me corriges si j'erre. Là, deux visions s'affrontaient, le Canada qui souhaitait partager la dette en fonction de la démographie, le Québec devant donc en assumer environ le quart, ce qui correspondait au prorata de sa population. Monsieur Baribeau suggérait, pour sa part, que le partage de la dette s'arrime à la capacité de payer du Québec, celle-ci correspondant à la part du produit intérieur brut (PIB) du Québec en rapport avec le PIB du Canada. Cette approche ramenait ainsi à environ 19-20 % la portion de la dette devant être assumée par le Québec. C'est finalement ce qui a prévalu, le Canada anglais n'étant pas intéressé à saigner son partenaire.

— Si tu permets, Stanley, je signale à l'auditoire suspendu à tes lèvres que, s'il n'y avait pas eu d'entente sur la dette, Ottawa restait avec l'entière responsabilité légale de cette dette, de compléter Alex.

— Très juste, de sorte que la raison a prévalu. Je termine sur le partage des actifs fédéraux en territoire québécois, ses propriétés, ses terrains, ses parcs, Radio-Canada par exemple. Je vous signale au passage que le fédéral possédait environ le tiers du Vieux-Québec! Comme ces actifs avaient été financés par le service de la dette et que celle-ci avait fait l'objet d'un règlement, automatiquement, ses avoirs en sol québécois devenaient propriété québécoise. Je termine mon cours en disant que le traité d'association vaut pour 30 ans, renouvelable indéfiniment.

— Bravo Stanley. Aussi clair que monsieur Baribeau!

— Dernier détail. Vous avez tous, à compter de ce soir, la double citoyenneté, si ça vous chante.

— Si tu penses, ça m'a pris 128 ans, à moi et à mes ascendants, pour m'en débarrasser. *No way*, comme on dit au Lac-St-Jean! *I drink to that!*

— Il fallait bien que le Québec devienne indépendant pour que le Lac-St-Jean se mette à l'anglais!

FIN

TABLE DES MATIÈRES

Dans la même collection

GAUTHIER, Serge, *L'Acropole des draveurs. Pour faire suite à Menaud, maître-draveur*, 2007.

Les ouvrages des Éditions du Québécois sont en vente dans toutes les bonnes librairies ou au www.lequebecois.org

JOURNAL *LE QUÉBÉCOIS*

Lisez le bimestriel indépendantiste *LE QUÉBÉCOIS* !

OUI!, je veux m'abonner au journal *LE QUÉBÉCOIS* au prix de 25$ pour un an (cinq numéros) et contribuer à son rayonnement par un don de _____$

Total de la commande : _____$

Nom : _____

Prénom : _____

Adresse : _____

_____

Ville : _____

Code postal : _____

Tél.: ( )_____Courriel : _____

Retournez votre chèque libellé au nom du Journal Le Québécois à l'adresse suivante :

Journal LE QUÉBÉCOIS
4, 15e rue ouest
Sainte-Anne-des-Monts, Québec,
G4V 2R2

Pour information: (418) 763-7247 ou www.lequebecois.org

Fondé en 2001, LE QUÉBÉCOIS est le premier journal consacré essentiellement à la couverture de la question nationale et animé par une ligne éditoriale indépendantiste au Québec depuis les années 1970. LE QUÉBÉCOIS se veut un outil destiné à donner enfin la parole à ceux qui feront bientôt en sorte que notre rêve devienne réalité, ce rêve de l'avènement du pays du Québec. Encourageons la presse libre! Chroniqueurs vedettes : Pierre Falardeau et Claude Jasmin.

Imprimé sur du papier 100 % postconsommation
traité sans chlore, certifié Éco-Logo
et fabriqué dans une usine fonctionnant au biogaz.

Marquis imprimeur inc.

Québec, 2007